国际贸易
理论、政策与实务学习指导

江苏大学国际贸易课程组　主编

江苏大学出版社
JIANGSU UNIVERSITY PRESS
镇江

图书在版编目(CIP)数据

国际贸易理论、政策与实务学习指导／江苏大学国际贸易课程组主编．—镇江：江苏大学出版社，2014.2(2017.3重印)
ISBN 978-7-81130-683-5

Ⅰ.①国… Ⅱ.①江… Ⅲ.①国际贸易理论－教材②国际贸易政策－教材③国际贸易－贸易实务－教材 Ⅳ.①F74

中国版本图书馆 CIP 数据核字(2014)第 022367 号

国际贸易理论、政策与实务学习指导
GUOJI MAOYI LILUN ZHENGCE YU SHIWU XUEXI ZHIDAO

主　　编／江苏大学国际贸易课程组
责任编辑／柳　艳
出版发行／江苏大学出版社
地　　址／江苏省镇江市梦溪园巷 30 号(邮编：212003)
电　　话／0511-84446464(传真)
网　　址／http://press.ujs.edu.cn
排　　版／镇江文苑制版印刷有限责任公司
印　　刷／江苏凤凰数码印务有限公司
开　　本／718 mm×1 000 mm　1/16
印　　张／18.5
字　　数／268 千字
版　　次／2014 年 2 月第 1 版　2017 年 3 月第 4 次印刷
书　　号／ISBN 978-7-81130-683-5
定　　价／28.00 元

如有印装质量问题请与本社营销部联系(电话：0511-84440882)

前　言

为进一步提高“国际贸易理论”“国际贸易实务”以及“国际贸易理论与实务”课程的教学成效，强化学生在课程学习过程中的系统训练，以练促学，并且借此推进试题库建设、统一考试和教考分离等教学改革实践，江苏大学国际经济与贸易系组织多年从事国际贸易理论与政策、国际贸易实务课程教学工作的骨干教师编写了这本《国际贸易理论、政策与实务学习指导》（以下简称《学习指导》）。

《学习指导》的编写兼顾了“国际贸易理论”“国际贸易实务”“国际贸易理论与实务”三门课程的教学需要，参照现有国际贸易理论、实务方面的规划教材、精品教材的体系构架与内容布局，参阅了相关课程教材所附思考题和相关专业（职业）资格的考试试题，依据课程教学目标、内容和要求，分别赋予不同类型、不同层次的训练和测试项目。《学习指导》分上、下两篇共21 章，上篇“国际贸易理论与政策”由陈云香（第 1—3 章）、吕白（第 4—8 章）、陶忠元（第 9—11 章）、张鸾（第 12 章）编撰，下篇“国际贸易实务”由姜苑（第 13—16 章）、杨丽丽（第 17—19 章）、陈彪（第 20—21 章）编撰。

《学习指导》内容涉及国际贸易的理论、政策、实务等领域，重点突出、题型规范、难易合理、释义准确、答案扼要、条理清楚，便于自学和自测，是学生学习“国际贸易理论”“国际贸易实务”和“国际贸易理论与实务”课程不可多得的辅助材料。

《学习指导》在习训栏目设置与形式上力求多样、灵活，既能帮助学生复习、巩固基础理论知识，又能启发学生的延伸性思考。其中，一类主要用于训练、考察学生记忆，包括名词解释、判断题和问答题等；另一类主要训练、考察学生分析、理解与灵活应用能力，包括单项选择题、多项选择题、计算题和案例分析题等，并附有相应的答案或要点提示。《学习指导》力求凸现内容上的新颖性，将国际贸易理论与实践发展的一些新变化和业务操作中的一些新规范（诸如《UCP 600》《INCOTERMS 2010》等）通过相关知识点置入相应的习训栏目之中。

在《学习指导》的编写过程中，我们广泛参阅了相关课程教材所附思考题和各类专业考试网站所示的考试试题，在此一并表示衷心感谢！同时，尽管本书的编写、试用、修订历时两年之久，但由于水平所限，且编写这种形式的教辅资料也是我们的初步尝试，故而其中肯定存在诸多不尽如人意甚至错误之处，恳请读者在使用过程中提出宝贵意见，以便再版时进一步改进与完善。

江苏大学国际贸易课程组

2013年12月

目 录

上编 国际贸易理论与政策

下篇　国际贸易实务

上篇　国际贸易理论与政策

第一章 导 论

一、习 题

（一）名词解释

1. 国际贸易
2. 国际贸易额
3. 贸易顺差
4. 转口贸易
5. 对外贸易依存度
6. 贸易条件
7. 总贸易
8. 专门贸易
9. 国际贸易惯例
10. 国际条约

（二）单项选择题

1. 一定时期内，若一国一定量商品出口所能换得的进口商品量增加，该国贸易条件便（　　）。

A. 恶化　　　　B. 不变

C. 改善　　　　D. 不确定

2. 对外贸易依存度是指进出口总额占(　　)的比重。

A. 进口额　　B. 国内生产总值

C. 国民收入　　D. 出口额

3. 净贸易条件指数是指(　　)。

A. 投资环境　　B. 初级产品与制成品的比价

C. 进出口商品比价　　D. 市场价格水平

4. 上海进出口公司经香港商人从美国进口电脑,(　　)。

A. 因货物从美国直运上海,不属转口贸易

B. 因属转口贸易,货物必须经香港转运

C. 货物虽不转运,仍属转口贸易

D. 因属转口贸易,货物必须在香港过境

5. 世界贸易统计中(　　)。

A. 世界出口总额等于世界进口总额

B. 世界出口总额大于世界进口总额

C. 世界进口总额大于世界贸易额

D. 世界出口总额小于世界贸易额

6. 日本某公司向西欧出口货物,在运输过程中由香港转船,这种贸易可称之为(　　)。

A. 直接贸易　　B. 间接贸易

C. 转口贸易　　D. 第三国贸易

7. 一定时期内,一国同类商品进口多于同类商品出口称为(　　)。

A. 净出口　　B. 复出口

C. 净进口　　D. 复进口

8. 国际分工形成和发展的决定性因素是(　　)。

A. 社会生产力　　B. 自然条件

C. 国际生产关系　　D. 国际贸易

9. 当前国际分工的主要形式是(　　)间的分工。

A. 发展中国家与发达国家

B. 发展中国家

C. 新兴工业化国家与发达国家

D. 发达国家

10. 国际分工的形成与发展受到各种因素的影响，其中先天性因素是(　　)。

A. 自然条件　　B. 社会生产力

C. 上层建筑　　D. 生产关系

11. 一国有形商品进出口额和无形商品进出口额(　　)。

A. 同时显示在该国海关的对外贸易统计上

B. 同时显示在该国国际收支平衡表上

C. 前者仅显示在该国海关的对外贸易统计上

D. 后者同时显示在该国的国际收支表和海关的对外贸易统计上

12. 转口贸易的商品从生产国运到消费国(　　)。

A. 只能采取间接运输

B. 只能采取直接运输

C. 既可直接运输，也可间接运输

D. 只能过境运输

13. 反映国际贸易地理方向的指标有(　　)。

A. 各国的出口额占世界出口总额的比重

B. 各国的进口额占世界进口总额的比重

C. 各国的制成品出口额占世界出口总额的比重

D. 各国的制成品进口额占世界进口总额的比重

14. 以国境和关境作为标准，国际贸易可分为(　　)。

A. 进口贸易和出口贸易

B. 有形商品贸易和无形商品贸易

C. 总贸易和专门贸易

D. 过境贸易和转口贸易

15. 按照是否有第三国参加作为标准，国际贸易可分为（　　）。

A. 出口贸易和进口贸易　　B. 直接贸易和间接贸易

C. 总贸易和专门贸易　　D. 过境贸易和转口贸易

16. 某年世界的出口货物贸易额为1.6万亿美元，进口货物贸易额为1.7万亿美元，该年国际货物贸易额为（　　）。

A. 0.1万亿美元　　B. 1.6万亿美元

C. 1.7万亿美元　　D. 3.3万亿美元

17. 2010年某国的出口贸易额为1 840亿美元，进口贸易额为1 400亿美元，该国的国民生产总值为20 000亿美元，则该国的对外贸易依存度为（　　）。

A. 12.8%　　B. 14.7%

C. 16.2%　　D. 18.5%

18. 各国在编制进出口统计时采取不同的方法，我国采取的是（　　）体系。

A. 总贸易　　B. 专门贸易

C. 对外贸易　　D. 国际贸易

19. 以2000年为基期，2010年某国的进口价格指数为120，出口价格指数为144，则该国的净贸易条件是（　　）。

A. 1.2　　B. 0.83

C. 1.1　　D. 1.3

20. 在进出口贸易实践中，对当事人行为无强制性约束的规范是（　　）。

A. 国内法　　B. 国际法

C. 国际贸易惯例　　D. 国际条约

21.《联合国国际货物销售合同公约》确定货物贸易“国际性”的标准为

( )。

A. 买卖双方当事人营业地处于不同国家

B. 买卖双方当事人具有不同国籍

C. 订立合同行为完成于不同的国家

D. 货物必须由一国运往另一国

22. 进出口货物贸易业务流程中可能不涉及的行业部门是( )。

A. 海关　　B. 保险公司

C. 运输公司　　D. 教育部门

23. ( )与我国进行货物进出口贸易关系最大,也是最重要的一项国际条约。

A.《联合国国际货物销售合同公约》

B.《国际贸易术语解释通则》

C.《跟单信用证统一惯例》

D.《托收统一规则》

24. 下列不属于国际货物买卖特点的为( )。

A. 一种涉外经济活动　　B. 交易数额比较大

C. 交易过程较复杂　　D. 符合经济规律

(三) 多项选择题

1. 根据货物或服务的流向,可以将国际贸易划分为( )。

A. 出口贸易　　B. 进口贸易

C. 过境贸易　　D. 转口贸易

E. 对外贸易

2. 根据有无第三方参加,可以将国际贸易划分为( )。

A. 直接贸易　　B. 进口贸易

C. 过境贸易　　D. 转口贸易

E. 间接贸易

3. 一国对外贸易中，当进口总额超过出口总额时，可称之为（　　）。

A. 贸易顺差　　B. 贸易逆差

C. 贸易赤字　　D. 出超

E. 入超

4. 第二次世界大战后，关于发展中国家的对外贸易，下列说法中正确的有（　　）。

A. 在世界贸易中的地位不断上升

B. 贸易发展严重不平衡

C. 进出口商品结构恶化

D. 贸易条件持续改善

E. 出口市场和进口来源地主要是发达国家

5. 对外贸易促进了资本主义生产方式的发生和发展，这一命题是指对外贸易提供了（　　）。

A. 劳动力　　B. 货币资本

C. 提高了劳动生产率　　D. 海外市场

E. 剩余价值

6.《国际贸易》课程的研究对象，具体包括以下几个方面：（　　）。

A. 国际生产关系　　B. 各国上层建筑

C. 国际商品流通的一般规律　　D. 国际贸易理论与学说

E. 国际贸易政策

7. 对国际价值量不起影响作用的因素有（　　）。

A. 劳动生产率　　B. 国际分工的广度和深度

C. 劳动强度　　D. 自然条件

E. 消费者的消费习惯

8. 我国对《联合国国际货物销售合同公约》提出保留的条款为（　　）。

A. 关于公约适用内容的保留

B. 关于公约适用范围的保留

C. 关于公约适用程度的保留

D. 关于合同形式的保留

E. 关于合同要件的保留

（四）判断题

1. 输入本国的货物未经加工制造再输出时，称为复出口。（　）

2. 世界贸易额即世界各国进出口总额的总和。（　）

3. 总贸易体系和专门贸易体系都是以国境为标准统计进出口货物。（　）

4. 当一国一定时期的出口总值大于进口总值时，出现贸易盈余，称贸易顺差或者贸易黑字。（　）

5. 国际贸易课的任务是提示各国生产关系的性质及其发展规律。（　）

6. 国际贸易值是以货币表示的，而国际贸易量是以数量表示的。（　）

7. 货物生产国与货物消费国通过第三国进行的贸易，对第三国来说是转口贸易。（　）

8. 过境贸易时，部分商品允许进入过境国市场销售。（　）

9. 一国的国际收支恶化并非仅由该国的贸易收支逆差所致。（　）

10. 国际上的复出口在我国称为加工复出口。（　）

11. 一国出现净出口现象并不表示贸易出超。（　）

12. 贸易量指数是指以基期的不变价格为标准计算的各期贸易值。（　）

13. 依照专门贸易体系，以国境为标准统计进口，凡进入国境的商品，不论其是否办理通关手续，一律列入进口，作为总进口的一部分。（　）

14. 收入贸易条件是出口价格指数与进口价格指数之比。（　）

15. 直接贸易是指货物必须从出口国直接运往进口国。（　）

（五）问答题

1. 国际贸易与对外贸易有无区别？在什么时期正式形成了国际贸易？

2. 各国间为什么会发生贸易？国际贸易理论又是从哪些方面加以解释的？

3. 为什么说对外贸易是资本主义生产方式本身的产物？

4. 简述贸易条件变化如何影响国际贸易利益在两国间的分配。

5. 国际贸易与国内贸易有哪些异同？

二、部分参考答案

（五）问答题

1. 对外贸易亦称进出口贸易，是指一国（地区）同别国（地区）进行货物和服务交换的活动；国际贸易是指世界各国或地区对外贸易的总和，反映世界各国之间的相互依赖关系。对外贸易是从一个国家的角度来看的，国际贸易则是从国际范围的角度来看的。地理大发现以后，开始形成了真正意义上的国际贸易。

2. 要点：贸易利益。供给和需求。

3. (1) 对外贸易可提高利润率；(2) 通过对外贸易取得国外市场；(3) 对外贸易有助于社会产品价值的实现；(4) 对外贸易促进劳动生产率的提高；(5) 对外贸易部门可带动相关经济部门的发展。

4. 一国出口产品价格的相对上升意味着该国可以用较少的出口换得较多的进口产品，有利于该国贸易利益的获得，不过，出口价格上升不利于出口数量的增加，有损于出口国的贸易利益；反之，出口商品价格的下降有利于出口商品数量的增加，但是这意味着该国用较多的出口换得较少的进口产品。对于进口国来讲，贸易条件变化对国际贸易利益的影响是相反的。

5. 国际贸易与国内贸易既有一定的共同性，又存在着一定的差别。

共同性表现为:(1) 在社会再生产中的地位相同;(2) 有共同的商品运动方式;(3) 基本职能一样,都受商品经济规律的影响与制约。

主要区别表现为:(1) 语言、法律及风俗习惯不同;(2) 各国间货币、度量衡、海关等制度不同;(3) 各国的经济政策不同;(4) 国际贸易的风险大于国内贸易。

第二章

古典贸易理论

一、习　　题

（一）名词解释

1. 绝对优势
2. 绝对优势理论
3. 比较优势
4. 比较优势理论
5. 相对价格
6. 贸易所得

（二）单项选择题

1. 在比较利益模型中，国际市场中参与贸易的两种商品的相对价格（　　）。

A. 在两国贸易前的两种商品的国内比价之上

B. 在两国贸易前的两种商品的国内比价之下

C. 在两国贸易前的两种商品的国内比价之间

D. 与贸易前的任何一个国家的国内比价相同

2. 比较利益理论认为国际贸易的驱动力是（　　）。

A. 劳动生产率的差异　　　　B. 技术水平的差异

C. 产品品质的差异　　D. 价格的差异

3. 在资本主义自由竞争时期，对外贸易政策的基调是（　）。

A. 重商主义　　B. 自由贸易

C. 保护贸易　　D. 协调管理贸易

4. 亚当·斯密认为两国进行贸易的基础是（　）。

A. 两国商品绝对成本的差异

B. 两国商品相对成本的差异

C. 两国商品价格的绝对差异

D. 两国商品价格的相对差异

5. 提出按比较优势进行国际分工的西方经济学家是（　）。

A. 亚当·斯密　　B. 大卫·李嘉图

C. 赫克歇尔·俄林　　D. 海尔斯

6. 主张按照绝对优势进行国际分工的西方经济学家是（　）。

A. 大卫·李嘉图　　B. 亚当·斯密

C. 赫克歇尔·俄林　　D. 萨缪尔森

7. 绝对成本学说是相对成本学说的（　）。

A. 同一形式　　B. 发展形式

C. 特殊形式　　D. 理论形式

8. 大卫·李嘉图的代表作是（　）。

A.《国富论》　　B.《政治经济学及赋税原理》

C.《域际与国际贸易》　　D.《投入—产出经济学》

9. 亚当·斯密和大卫·李嘉图分别认为国际分工建立在（　）之上。

A. 绝对成本与比较成本　　B. 绝对成本与绝对成本

C. 比较成本与绝对成本　　D. 比较成本与比较成本

10. 国际分工与国际贸易理论的创始者是（　）。

A. 亚当·斯密　　B. 大卫·李嘉图

C. 俄林　　D. 格鲁贝尔

11. 如果A国可用1个工时生产3单位的X产品或3单位的Y产品，B国可用1个工时生产1单位的X产品或1单位的Y产品，假定劳动是唯一的投入，那么(　　)。

A. A国在两种商品的生产上均具有绝对优势

B. B国在两种商品的生产上均具有绝对优势

C. A国在两种商品的生产上均具有比较优势

D. B国在两种商品的生产上均具有比较优势

12. 以劳动价值论来解释其贸易理论的学说是(　　)。

A. 比较成本说　　B. 要素供给比例说

C. 要素价格均等化说　　D. 人力资本说

(三) 多项选择题

1. 中国和美国生产一单位小麦的成本(劳动人数/年)分别为2和1，中国和美国生产一万米布匹的成本(劳动人数/年)分别为2和3，那么正确的选项是(　　)。

A. 美国小麦生产的绝对成本低于中国

B. 美国小麦生产的相对成本低于中国

C. 美国布匹生产的绝对成本高于中国

D. 美国布匹生产的相对成本高于中国

E. 美国布匹生产与小麦生产的绝对成本都高于中国

2. 中国生产单位手表需要8个劳动日，生产单位自行车需要9个劳动日，印度生产这两种单位产品分别需要12和10个劳动日，因此(　　)。

A. 中国生产和出口手表有比较利益

B. 印度生产和出口手表有比较利益

C. 中国生产和出口自行车有比较利益

D. 印度生产和出口自行车有比较利益

E. 中国生产两种产品都有比较优势

3. 甲国生产笔和纸的单位成本分别是6和8,而乙国生产笔和纸的单位成本分别是4和6,则下列说法中正确的有(   )。

A. 甲国在笔和纸的生产上都具有绝对优势

B. 乙国在笔和纸的生产上都具有绝对优势

C. 甲国在纸的生产上具有比较优势,在笔的生产上具有比较劣势

D. 乙国在笔的生产上具有比较优势,在纸的生产上具有比较劣势

E. 甲国应向乙国出口纸,乙国应向甲国出口笔

4. 根据西方的国际分工理论,发展中国家应该向发达国家出口本国(   )。

A. 比较成本低的产品　　B. 比较成本高的产品

C. 资本密集型产品　　D. 劳动密集型产品

E. 绝对成本高的产品

(四)判断题

1. 绝对优势理论成立的前提之一是贸易双方实行完全分工。(   )

2. 亚当·斯密认为绝对优势是指一国相对于另一国在某种产品生产上劳动生产效率高。(   )

3. 具有绝对优势的产品不一定具有比较优势。( )

4. 根据绝对优势理论,一国两种产品都处于绝对劣势时仍可以参与互利贸易。(   )

5. 如果某国所有产品生产效率低于其他国家,则该国不会存在出口贸易行为。(   )

6. 大卫·李嘉图是资产阶级经济学古典学派主要奠基人之一,其代表著作《对国民财富性质和原因的研究》。(   )

7. 如果一国工资水平高于贸易伙伴国,则其产品不具有出口的比较优势。(   )

8. 相互需求理论揭示的是"两利相权取其重,两弊相衡取其轻"。(   )

9. 国际市场价格离本国国内交换价格越近，则本国通过贸易获得的利益就越大，反之则越小。（　　）

10. 相互需求理论认为，两国互利交换比例范围由两国国内交换比例决定。（　　）

（五）问答题

1. 简述并评价斯密绝对优势理论的主要内容。

2. 简述并评价李嘉图比较优势理论的主要内容。

3. 有比较优势的一定有绝对优势，但有绝对优势的不一定有比较优势。请对这句话进行分析。

4. 假设 A，B 两国的生产技术条件如表 2-1 所示，那么两国还有进行贸易的基础吗？解释原因。

表 2-1　A，B 两国 X，Y 产品的单位产出所需的劳动投入

产品	A 国	B 国
X	4	8
Y	2	4

5. 甲乙两国同时生产汽车和机床，甲国比乙国生产汽车成本低 1/3，生产机床成本低 2/5，按照李嘉图的比较优势理论，在其他条件一样时，甲国应专门生产什么？

6. 试用现代经济学分析方法来阐述比较优势理论。

（六）计算题

1. 表 2-2 列出了加拿大和中国生产一单位计算机和一单位小麦所需的劳动时间。假定生产计算机和小麦都只用劳动一种生产要素，加拿大的总劳动为 600 小时，中国的总劳动为 800 小时。

表 2-2　中国与加拿大计算机与小麦的单位产出所需投入的劳动

小时

国家	计算机	小麦
中国	100	4
加拿大	60	3

(1) 计算不发生贸易时各国生产计算机的机会成本。

(2) 哪个国家具有生产计算机的比较优势？哪个国家具有生产小麦的比较优势？

(3) 如果给定世界价格是 1 单位计算机交换 22 单位的小麦，加拿大参与贸易可以从每单位的进口中节省多少劳动时间？中国可以从每单位进口中节省多少劳动时间？如果给定世界价格是 1 单位计算机交换 24 单位的小麦，加拿大和中国分别可以从进口每单位的货物中节省多少劳动时间？

2. 本国生产黄油的单位劳动投入为 1/5，生产布的单位劳动投入为 1；外国生产黄油的单位劳动投入为 1，生产布的单位劳动投入为 1/3。

(1) 本国在哪样商品生产上拥有比较优势？外国在哪样商品的生产上拥有绝对优势？

(2) 本国用 5 单位黄油换取外国 3 单位布，本国与外国的贸易得益分别是多少？为什么？

(3) 本国用 5 单位黄油换取外国 6 单位布，本国与外国的贸易得益分别是多少？为什么？

3. 本国共有 1 500 单位的劳动，能生产大米和小麦两种产品。大米的单位产品劳动投入是 5，小麦的单位产品劳动投入是 2。

(1) 用小麦衡量的大米的机会成本是多少？

(2) 贸易前，大米对小麦的相对价格是多少？

4. 表 2-3 列出了中国和美国生产 1 单位钢铁和 1 单位大米所需的劳动时间。假定生产钢铁和大米都只用劳动，美国的总劳动为 500 小时，中国的总劳动为 1 000 小时。

表 2-3　中国和美国生产单位钢铁和单位大米所需劳动时间

小时

国家	钢铁	大米
中国	40	5
美国	20	4

(1) 计算不发生贸易时各国生产钢铁的机会成本。

(2) 哪个国家具有生产大米的比较优势？哪个国家具有生产钢铁的比较优势？

(3) 如果给定世界价格是 1 单位钢铁交换 7 单位大米，美国参与贸易可以从每单位的进口中节省多少劳动时间？中国可以从每单位进口中节省多少劳动时间？如果给定世界价格是 1 单位钢铁交换 24 单位大米，贸易是否会发生？

(4) 在自由贸易的情况下，各国应生产什么产品，数量是多少？整个世界的福利水平是提高还是降低了？试用图分析(以效用水平来衡量福利水平)。

(七) 案例分析题

1. (1) 全球咨询公司 PAC 集团的调查数据显示，2008 年，通用、丰田、福特 3 家顶级汽车制造商的在华零配件采购额将比预期减少 80 亿美元，到 2010 年，将总共减少 160 亿美元，本土零部件制造商赖以生存的低成本比较优势正急速丧失，汽车零部件中国造遭遇边缘化危机。(2) 中国纺织工业协会统计，2007 年前三季度，超过 2/3 的企业低于全行业的平均利润率，其平均利润率只有 0.61%，总亏损额接近 100 亿元，并归因于“中国大部分服装企业都是生产型企业，没有一个强大的品牌设计规划”。这也就意味着在外贸产业链中，订单客户始终是把中国作为一个成本中心。试用国际贸易相关知识对此进行分析。

2. 比尔·盖茨先生无论在编写软件还是打字速度上都强于他的秘书。

比尔·盖茨先生编写软件的速度是秘书的 N 倍，打字的速度是秘书的 2 倍。由于盖茨在编程和打字上都强于其秘书，他是否应该自己来完成全部的工作，以节省下每天付给秘书的 20 美元的薪水（据说盖茨如果掉了 100 美元，他是不会弯腰去捡的，因为弯腰的 5 秒钟会使他丧失 1 万美元）。试用学过的贸易理论来解释盖茨先生是否要自己做编写软件和打字的全部工作。

二、部分参考答案

（五）问答题

1.（1）主要内容：各国按照各自的绝对优势进行分工交换，专门生产并出口其具有绝对优势的产品，进口其绝对劣势的产品，将会使各国的资源、劳动力和资本得到最有效的利用，将会大大提高劳动生产率和增加物质财富，使各国从贸易中获益。（2）评价：① 贡献：开创了对国际贸易进行经济分析的先河；具有重大的现实意义；推动了历史进步。② 局限性：关于交换引起分工，而交换又是人类固有的倾向这一观点是错误的；著名的“斯密假定”存在较大的局限性，不具普遍性。

2.（1）主要内容：大卫·李嘉图发展了亚当·斯密的观点，认为在两国都能生产同样两种产品的条件下，如果其中一国生产两种产品的劳动生产率均高于另一国，该国可以专门生产优势较大的产品，处于劣势地位的另一国可以专门生产劣势较小的产品。通过国际分工和贸易，双方都能取得比自己以等量劳动所能生产的更多的产品，从而实现社会劳动的节约，给贸易双方都带来利益。（2）评价：① 贡献：比较优势论比绝对优势论更全面、更深刻；比较优势理论具有普遍适用性；李嘉图的经济自由主义思想和自由贸易政策主张在历史上起过重大的进步作用。② 局限性：静态分析的局限性；极端的专业分工模式在现实世界中并不存在；李嘉图劳动价值论是不完全的和具有不彻底性；李嘉图模型对国际贸易产生原因的剖析不全面。

3. 这句话混淆了比较优势和绝对优势的概念。如果一国生产某产品的机会成本(用其他产品衡量)低于其他国家生产该种产品的机会成本的话,则称该国在该种产品的生产上具有比较优势;如果一国生产某种产品的单位劳动投入低于其他国家生产该种产品所需要的单位劳动投入,则称该国在该种产品的生产上拥有绝对优势。因此,正确的表述应该是:有比较优势的不一定有绝对优势,有绝对优势的也不一定有比较优势。

4. 要点:从绝对优势来看,A 国在两种产品中都有绝对优势;从比较优势来看,两国不存在相对技术差异。所以,两国没有进行国际贸易的动机。

5. 要点:机床。因为甲国机床生产相比汽车生产具有比较优势。

6. 现代经济学采用一般均衡分析和局部均衡分析的方法对比较优势理论展开论述。(1) 局部均衡分析方法考察贸易后的相对价格变动、价格效应和收入效应。贸易双方两种产品的国内相对价格不同,相对价格较低的一方具有比较优势,成为该产品的唯一生产者。出口使该产品在出口国的国内相对价格上升,需求量下降;反之,该产品在进口国的国内相对价格下降,需求量上升,即产生价格效应。由于参与贸易的各国不仅通过出口增加了收入,而且还由于进口便宜产品而节省了原来用于消费同量产品的开支,各国总的消费量都增加了。国际贸易使各国按实物衡量或按原来物价计算的总收入增加(假定贸易品是一种正常品,收入的需求弹性为正),使需求增加,即产生收入效应。(2) 一般均衡分析通过对生产可能性曲线、社会无差异曲线来分析说明贸易所得。参与国际贸易的总收益包括“分工所得”和“交换所得”两部分。交换所得是产品在消费领域的重新配置所得,分工所得是资源在生产领域的更有效配置所得,在总体上,都可称为“配置所得”。根据比较优势形成的专业化分工和国际贸易使贸易双方生产能力没有发生变化,但贸易品的消费量增加。

（六）计算题

1．解：

（1）中国和加拿大生产计算机的机会成本分别是 25 和 20。中国：100/4＝25；加拿大：60/3＝20。

（2）加拿大在生产计算机上具有比较优势，中国在生产小麦上具有比较优势。

（3）在世界价格为 1 单位计算机交换 22 单位的小麦时，加拿大和中国参与贸易可以从每单位的进口中分别节省 3/11 小时和 12 小时劳动时间；在世界价格为 1 单位计算机交换 24 单位的小麦，加拿大和中国分别可以从进口每单位的货物中节省 1/2 小时和 4 小时劳动时间。

2．解：

（1）本国生产黄油有优势，外国生产布有优势，因为本国生产黄油的成本低于外国生产黄油的成本。

（2）本国：进口 3 单位布只出口 5 单位黄油，但若国内交换则需 15 单位黄油，节约 10 单位黄油。外国：出口 3 单位布可进口 5 单位黄油，但若国内交换只得 1 单位黄油，获利 4 单位黄油。

（3）同理：本国贸易所得为 25 单位黄油，外国贸易所得为 3 单位黄油。

3．解：

（1）5/2；（2）5/2。

4．解：

（1）进行贸易前，中国和美国生产钢铁的机会成本分别是 8 和 5。

（2）中国和美国分别在生产大米和钢铁上具有比较优势。

（3）如果给定世界价格是 1 单位钢铁交换 7 单位的大米，美国参与贸易可以从每单位的进口中节省 8/7 个劳动时间，中国可以从每单位进口中节省 5 个劳动时间；如果给定世界价格是 1 单位钢铁交换 24 单位的大米，中国不会参与贸易。

(4) 假设国际市场 1 单位钢铁＝6 单位大米。美国生产钢铁 25 单位，中国生产大米 200 单位，世界福利水平提高。如图 2-1 所示。

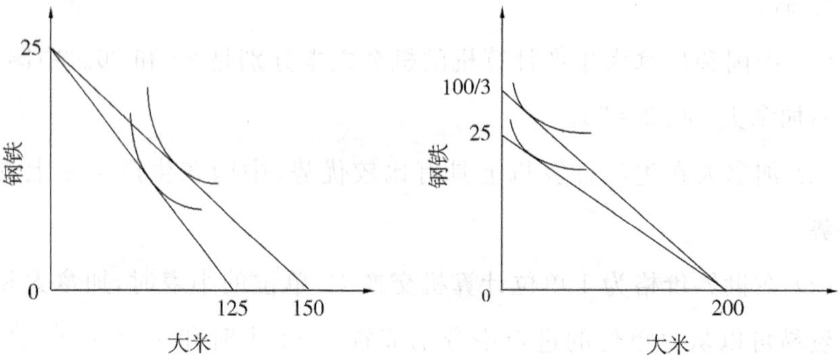

(1) 美国　　(2) 中国

图 2-1　中国和美国自由贸易时福利的体现

（七）案例分析题

1. (1) 适用理论：大卫·李嘉图比较优势论认为，国家间应按照“两利相较取其重、两弊相较取其轻”的比较优势原则进行分工，各国都应专门生产并出口其具有比较优势的产品，进口其具有比较劣势的产品。

(2) 分析：由于人民币升值、原材料价格上涨、税收政策改变、劳动力成本上升、新《劳动法》出台、环保新规及石油价格上涨造成的物流成本上升等原因，在不到一年的时间里，一些中国产汽车零部件的出口成本提高了 16％，中国零部件的制造成本不再低廉，特别是一些低附加值产品以及对物料、人工等原材料消耗较大的产品，是竞争力丧失最为明显的两大类产品。案例说明，由于各种因素的变化，中国日益缺乏能达到质量要求且价格低廉的本地汽车零部件供应商，即中国汽车零部件的比较优势正逐渐丧失。

(3) 启示：在开放的国际经济环境中，一国应根据其所具有的比较优势决定其分工模式和贸易模式，即专业化生产和出口其具有比较优势的产品，进口其具有比较劣势的产品，如此可通过专业化分工和贸易，节约社会劳动，增进社会福利。但在依据比较优势时，必须注意比较优势的动态性，而不能单纯地依赖现有的比较优势，进而陷入比较优势刚性陷阱，削弱甚至阻碍对外贸易发展的可持续性；应通过自主创新、技术革新、新产品开发、“干中学”、技术引进、利用FDI、品牌创建等不断树立新的比较优势，保证比较优势的动态化和可持续性。

2. 不应该。因为盖茨先生编写软件相对于打字而言更具有比较优势，根据“两利相较取其重，两弊相较取其轻”的比较优势原则，盖茨应专业从事软件编写。

第三章 新古典贸易理论

一、习　　题

（一）名词解释

1. 提供曲线
2. 生产要素禀赋
3. 要素丰裕度
4. 要素密集度
5. 要素禀赋理论
6. 里昂惕夫之谜
7. 要素密集度逆转
8. 斯托尔帕—萨缪尔森定理
9. 要素价格均等化定理
10. 特定要素定理

（二）单项选择题

1. 俄林认为一国应出口（　　）。

A. 相对丰裕生产要素所生产的产品

B. 相对稀缺生产要素所生产的产品

C. 劳动成本相对低的产品

D. 劳动成本相对高的产品

2. 赫克歇尔—俄林模型认为国际贸易的根本原因是（　　）。

A. 各国生产要素禀赋不同

B. 各国劳动生产力不同

C. 各国技术水平不同

D. 各国产品技术含量不同

3. 下列关于生产要素禀赋理论的观点正确的有（　　）。

A. 同一商品的价格差异是国际贸易产生的利益驱动力

B. 同一商品的价格的绝对差异是国际贸易产生的直接原因

C. 同一商品价格的绝对差异是由生产同种产品时的成本差异造成的

D. 各国生产同种产品时的成本差异是由各国生产要素的价格不同造成的

4. 根据提供曲线，两商品进行国际贸易的比价线（　　）。

A. 在两国贸易前的国内比价线之上

B. 在两国贸易前的国内比价线之下

C. 在两国贸易前的国内比价线之间

D. 与两国贸易前的国内比价线相同

5. 赫克歇尔—俄林理论认为，进行贸易的结果是各国之间的要素相对价格的差别将（　　）。

A. 扩大　　B. 不变

C. 消失　　D. 扩大、不变或消失

6. 一国拥有充裕的资本要素，所以该国应该专门生产资本密集型产品进行对外交换，这种说法来自（　　）。

A. 李嘉图的比较成本理论

B. 俄林的生产要素禀赋理论

C. 亚当·斯密的绝对成本理论

D. 林德的需求偏好相似理论

7. “劳动丰裕的国家应当生产和出口劳动密集型商品，进口资本密集型商品。”该结论源于(　　)。

A. 比较成本说　　　　B. 人力资本说

C. 要素禀赋论　　　　D. 产业内贸易说

8. 里昂惕夫悖论说明了(　　)之间存在的矛盾。

A. 绝对利益论与相对利益论

B. 相对利益论与要素禀赋论

C. 实践的验证结果与要素禀赋论理论结论

D. 实践的验证结果与相对利益论理论结论

9. 赫克歇尔与俄林提出了(　　)学说。

A. 绝对成本　　　　B. 比较成本

C. 相互需求　　　　D. 要素禀赋

10. 按照要素禀赋理论，在中国与西方发达国家的贸易中，中国应出口(　　)。

A. 劳动密集型产品　　　　B. 资本密集型产品

C. 技术密集型产品　　　　D. 土地资源密集型产品

11. 俄林提出，在自由贸易下各国可以按照(　　)状况，专心生产其最为有利和有利较大或不利较小的产品，促成各国的专业化。

A. 要素丰缺　　　　B. 自然条件

C. 比较利益　　　　D. 资本多寡

(三) 多项选择题

1. H-O 理论的基本假设包括(　　)。

A. 规模报酬递增　　　　B. 完全竞争市场

C. 两国生产要素禀赋不同　　　　D. 生产要素在国际间不流动

E. 两国实现完全专业分工

2. H-O 模式认为要素禀赋的差异决定了(　　)。

A. 国际分工　　B. 比较优势
C. 贸易模式　　D. 要素生产率的差异
E. 要素密集度的差异

3. 主张实行自由贸易政策的学者有(　　)。
A. 亚当·斯密　　B. 李斯特
C. 凯恩斯　　D. 大卫·李嘉图
E. 俄林

4. 里昂惕夫之谜形成的原因有(　　)。
A. 劳动力的不同质　　B. 要素禀赋的差异
C. 要素密集度反向　　D. 需求偏好差异
E. 人力资本的存在

5. 广义的要素禀赋学说内容包括(　　)
A. 生产要素供给比例说　　B. 绝对成本说
C. 要素价格均等化说　　D. 比较成本说
E. 保护幼稚工业说

(四) 判断题

1. 依据特定要素模型,贸易会使专用于出口部门的要素利益受损。(　　)

2. 依据赫克歇尔—俄林理论,国家倾向于进口那些使用其充裕要素所生产的产品。(　　)

3. 依据赫克歇尔—俄林理论,稀缺要素所有者会因贸易获益。(　　)

4. 依据要素价格均等化定理,国际贸易将会替代国际投资。(　　)

5. 在赫克歇尔—俄林理论中,生产技术决定生产要素的相对充裕度。(　　)

6. 生产要素禀赋理论认为,在技术水平相同的情况下,各国生产要素的相对丰裕的程度是各国比较利益形成的基础。

7. 要素价格均等化会使两国生产同一产品的要素密集度均等化。(　　)

8. 要素禀赋论的假设前提是两个国家、两种商品、两种生产要素和产品市场之间的不完全竞争。(　　)

(五) 问答题

1. 试对比分析比较成本说与要素禀赋论的区别。

2. 假设A国是作为一个小国参加自由贸易,且该国劳动力充裕,以劳动力和土地两种要素生产服装和玉米。服装是劳动密集型产品,玉米是土地密集型产品。

(1) A国会出口什么产品?

(2) A国国内服装和玉米的价格会发生什么变化?

(3) 假设突然有大批移民进入A国,对该国的生产、贸易量和福利有何影响?请简要说明。

(4) 如果A国是个大国,上述3题的结论还会一样吗?

3. 如果假定法国生产葡萄和汽车,土地是生产葡萄的特定要素,资本是生产汽车的特定要素。工人可以在这两个部门之间自由流动。请在特定要素模型的框架内,讨论国内要素的报酬怎样变化。

(1) 世界市场上葡萄的价格上升5%;

(2) 有大量外国汽车厂商到法国投资;

(3) 生产葡萄和汽车的工人都减少。

4. 简述赫克歇尔—俄林定理的基本内容并予以评价。

5. “中国加入世贸组织会造成工人工资下降,失业增加。”你同意这种观点吗?请阐述理由。

6. 什么是“里昂惕夫之谜”?如何解释?

7. 什么是要素密集度逆转,在什么情况下才会发生这种现象?

8. 试对下列说法加以评价:

(1) 由于发达国家工资水平高于发展中国家,所以发达国家与发展中国家进行贸易会无利可图;

(2) 因为美国的工资水平很高,所以美国产品在世界市场缺乏竞争力;

(3) 发展中国家的工资水平比较低是因为国际贸易的缘故。

9. 如果两个部门的要素密集度完全相同,那么要素禀赋差异还会引发国际贸易吗?

10. 在土地便宜的美国,用来养牛的人均土地要高于用于种植小麦所用的人均土地。但是在那些比较拥挤的国家里,土地昂贵而劳动力便宜,人们用于养牛业的人均土地通常比美国用于种植小麦的人均土地更少。是否仍然可以说,与种植小麦相比,养牛业是土地密集型?为什么?

11. “中国工人每小时工资为 2.5 美元,如果允许中国无限制地向美国出口,美国工人的工资也会降到这个水平。你不可能只进口 5 美元/件的 T 恤衫,而不进口 2.5 美元/小时的工资率。”请分析这段话。

(六) 计算题

1. 假定本国有 1 500 单位劳动和 1 200 单位资本,外国有 1 600 单位劳动和 1 400 单位资本,分别生产小麦和布,生产单位小麦需要投入 8 单位劳动和 6 单位资本,生产单位布需要投入 5 单位劳动和 5 单位资本,通过计算说明:

(1) 小麦和布的要素密集性质;

(2) 本国和外国的要素禀赋状况;

(3) 自由贸易条件下本国和外国的分工模式和贸易模式。

2. 本国有 1 000 单位劳动力(L)和 1 200 单位的土地(F),用于生产食品和衣服。生产 1 单位食品需要 5 单位劳动力和 8 单位土地,生产 1 单位衣服需要 5 单位劳动和 5 单位土地。

(1) 分别确定食品和衣服的要素密集度。

(2) 本国是否可用本国资源生产 100 单位的食品和 100 单位的衣服?

为什么？

(3) 画图表示土地和劳动对该国生产的约束。如果本国要素全部就业，计算本国的均衡产量。假如劳动供给增加 100 单位，题(3)中的约束有何变化？

(4) 如果外国有 800 单位劳动力和 1 000 单位的土地，生产食品和衣服的要素投入比例与该国一致，则分析国际分工模式和贸易模式。

3. 假设在自给自足条件下，中国的汽车价格是 20 万元/辆，需求量为 100 万辆。中美两国进行汽车贸易，国际市场价格为 15 万元/辆，中国自己生产 60 万辆，从美国进口 60 万辆。中国的消费者与生产者分别从中是获得收益还是受到损失？总福利是如何变化的？请用图和数值说明。

4. 假设 A，B 两国生产技术相同且在短期内不变，生产 1 单位衣服需要的资本为 1，需要的劳动为 3；生产 1 单位食品需要的资本为 2，需要的劳动为 2。A 国拥有 160 单位劳动和 100 单位资本；B 国拥有 120 单位劳动和 80 单位资本。则：

(1) 哪个国家为资本充裕的国家？

(2) 哪种产品为劳动密集型产品？

(3) 假设所有要素都被充分利用，计算各国各自最多能生产多少服装或多少食品？

(4) 假设两国偏好相同，两国间进行贸易，哪个国家会出口服装？哪个国家出口食品？

5. 根据表 3-1 判断：

(1) 哪个国家资本相对丰富？

(2) 哪个国家劳动相对丰富？

(3) 如果 X 是资本密集型产品，Y 是劳动密集型产品，那么 A，B 两国的比较优势如何？

表 3-1 A,B 两国要素禀赋与 X,Y 两种产品要素投入

要素禀赋	A 国	B 国	要素投入	X 产品	Y 产品
劳动	45	20	劳动	12	30
资本	15	10	资本	48	60

（七）案例分析题

1. 自从石油输出国组织(OPEC)成立以来，它通过控制和调整出口提供曲线，调整国际原油价格，以改善其贸易条件。为应对日益高涨的国际原油价格，2006 年 12 月 16 日，占世界石油消费总量 45.2%的中国、印度、美国、日本以及韩国五国的能源部长聚会北京，声明将加强战略石油储备合作，促进全球能源安全。与此同时，OPEC 马上进行其 30 年来的首次扩军。2007 年 1 月 1 日安哥拉加入 OPEC，使得石油产量已占世界 40%份额的 OPEC 的产油量份额在全球又上升了 1.6%。由此，面对全球石油定价权的争夺已经日趋激烈，而全球能源定价秩序面临新一轮的调整。请运用国际贸易相关理论对此进行分析。

2. 20 世纪 50 年代荷兰发现海岸线蕴藏巨量天然气而迅速发展成以出口天然气为主的国家，该国其他工业逐步萎缩。资源带来的财富使荷兰国内创新动力萎缩，国内其他部门失去国际竞争力。至 20 世纪 80 年代初，荷兰经历了一场前所未有的经济危机。试运用国际贸易相关理论进行评析。

二、部分参考答案

（五）问答题

1. 从假设条件、理论内容等方面展开讨论。(1) H-O 理论的基本假设前提与李嘉图比较利益学说的不同之处主要体现在以下几个方面。①李嘉图认为商品的价值是由生产商品所花费的劳动时间决定的，而赫克

歇尔—俄林模型则假设商品靠单一要素是无法生产的，其他要素如资本、土地在生产中也是不可或缺的；② 李嘉图认为国内等量劳动相交换的原则不能在国际贸易中应用，而赫克歇尔—俄林模型则暗含着国内、国际贸易都是不同区域间的商品交换，本质是相同的；③ 李嘉图认为国际贸易产生的原因主要是各国在劳动生产率上的差异，而赫克歇尔—俄林模型则假设各国生产技术、生产函数相同，同种生产要素具有同样的劳动生产率。

(2) 从理论内容上分析，两者的区别在于对贸易基础和贸易模式的说明。① 比较优势论认为，在两国都能生产同样两种产品的条件下，如果其中一国在两种产品的生产上劳动生产率均高于另一国，该国可以专门生产优势较大的产品，处于劣势地位的另一国可以专门生产劣势较小的产品。② 要素禀赋论认为，在国际贸易中，一国的比较优势是由其要素丰裕度决定的。一国应生产和出口较密集地使用其较丰裕的生产要素的产品，进口较密集地使用其较稀缺的生产要素的产品。

2. (1) 出口服装；(2) 相对价格变大；(3) 服装的生产和贸易量进一步加大，福利水平短期内上升；(4) 不一定，服装出口增加可能导致出口价格下降，贸易所得可能会减小甚至为负。

3. (1) 土地报酬增加；(2) 资本报酬下降；(3) 土地和资本报酬相对下降。

4. 要素禀赋理论即赫克歇尔—俄林定理，简称 H-O 模型。

(1) 基本内容：在国际贸易中，一国的比较优势是由其要素丰裕度决定的。一国应生产和出口较密集地使用其较丰裕的生产要素的产品，进口较密集地使用其较稀缺的生产要素的产品。

(2) 对理论的评价：① 理论贡献：贸易产生的基础或原因由各国劳动生产率差异发展成为各国的资源禀赋差异；分析框架由单要素模型发展成为两要素模型；弥补了古典理论缺乏需求分析的缺陷；采用总体均衡分析方法对贸易所得及其分配问题进行了深入的研究；在长期内，新古典理论发展了隐含在古典理论中的规模报酬不变的假设。② 局限性：赫克歇尔—俄林模型的某些前提假设条件不切实际；赫克歇尔—俄林模型把贸易产生的原因归结为自然禀赋条件是不够严谨的。

5. 不同意，中国是劳动丰裕国家，加入世贸组织有利于我国劳动力密集型产品出口，相当于变相出口劳动，会使劳动力价格提高，就业增加。

6. 里昂惕夫运用投入产出分析法，采用美国的数据对 H-O 模型进行实证检验，发现其结果并不符合 H-O 模型理论，这被称为"里昂惕夫之谜"。对"里昂惕夫之谜"的解释包括熟练劳动说、人力资本说、产品要素密集度逆转、需求偏好差异说、贸易壁垒说以及自然资源说等。

7. 要素密集度逆转是指一种给定的商品（如 X）在劳动丰裕的国家（如 A 国）是劳动密集型产品，而在资本丰裕的国家（如 B 国）却是资本密集型产品。当生产商品投入要素之间的替代弹性较大时，生产要素之间的价格变动就会影响商品的要素密集度，甚至使要素密集度发生逆转。

8. 以上三种观点都不正确。(1) 发展中国家拥有生产劳动密集型产品的比较优势，可通过出口该类商品获益，而发达国家可通过出口资本或技术密集型优势产品而获益；(2) 美国资本丰裕，在资本密集型产品上具有优势；(3)工资水平低是因为劳动力相对丰裕，资本相对缺乏。

9. 如果两个部门的要素密集度完全相同，那么要素禀赋差异将不会引发国际贸易。不过，国际贸易还可能存在，这时候的国际分工将有更多的偶然性质。

10. 不可以，相对要素密集度是相对概念，而非绝对概念。

11. 这是 H-O-S 要素价格均等化理论的观点。按照该理论，自由贸易条件下的供给程度不同，两国工资会稳定在 2.5～5 美元之间的某个价格水平上。因为中国出口 T 恤衫会使中国国内供给下降，价格上升，劳动工资率上升；美国进口 T 恤衫会使美国国内供给上升，价格下降，劳工工资率下降，直至两国价格与工资率都相等。但在现实世界中，各国商品的国内供给和工资率水平要受到各种因素的影响，两国贸易品的价格和国内工资率不可能实现完全的均等化。

（六）计算题

1. 解：(1) 小麦：$L/K=8/6=1.34$，布：$L/K=5/5=1$，小麦劳动密集型，布资本密集型；

(2) 本国：$K/L=0.8$，外国：$K/L=0.875$；本国劳动丰裕，外国资本丰裕。

(3) 本国专门生产和出口小麦，外国专门生产和出口布。

2. 解：(1) 食品：$F/L=8/5=1.6$；衣服：$F/L=5/5=1$；食品为土地密集型，衣服为劳动密集型。

(2) 劳动需求$=100\times5+100\times5=1\,000\leqslant1\,000$；土地需求$=100\times8+100\times5=1\,300>1\,200$，因为土地不能满足生产需求，因而不可以生产。

(3) 假设要素全部就业时，生产食品 X 单位，生产衣服 Y 单位，则 $5X+5Y=1\,000$；$8X+5Y=1\,200$；则 $X=200/3$，$Y=400/3$，此均衡点为图 3-1 中的 E 点；如果劳动供给增加 100 单位，劳动约束线右移；则均衡点变为 E' 点。

(4) 本国：$F/L=1.2$，外国 $F/L=1.25$。因此，本国劳动力资源丰裕，专业化生产并出口衣服；外国土地资源丰裕，专业化生产并出口食品。

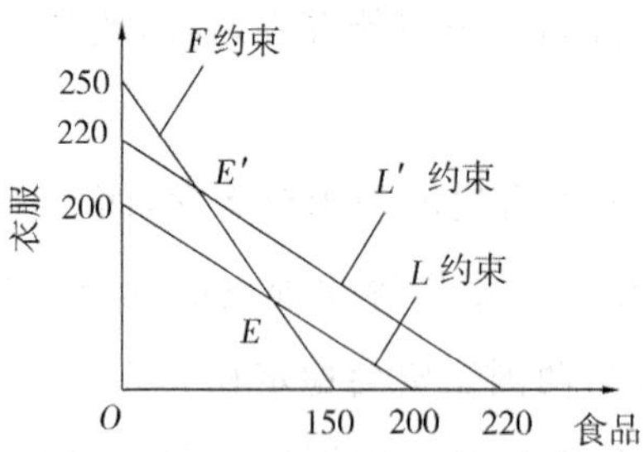

图 3-1 本国的均衡产量

3. 解：消费者获益 550 万元，生产者受损 400 万元，总福利增加 150 万元，如图 3-2 所示。

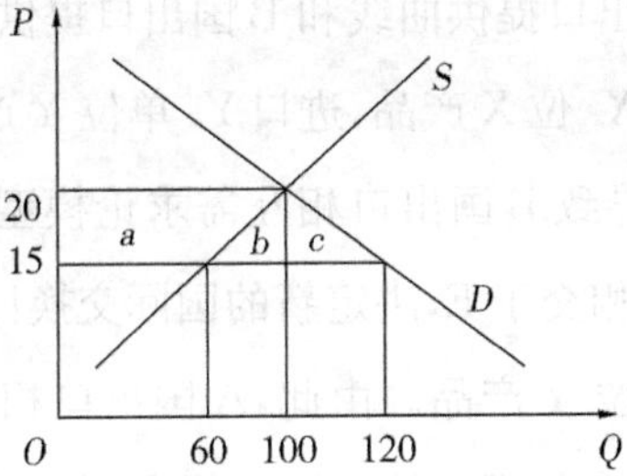

图 3-2 中国生产者与消费者的福利

消费者＝＋(a＋b＋c)＝1/2(20－15)(100＋120)＝550 万元。

生产者＝－a＝1/2(20－15)(100＋60)＝400 万元。

4. 解：(1) B 国资本丰裕，衣服为劳动密集型产品；(2) A 国衣服 30 单位，食品 35 单位；(3) B 国衣服 20 单位，食品 30 单位；(4) A 国出口衣服，B 国出口食品。

5. 解：(1) B 国资本相对丰富；(2) A 国劳动相对丰裕；(3) A 国在生产 Y 产品上有比较优势；B 国资本相对丰裕，B 国在生产 X 产品上有比较优势。

（七）案例分析题

1. (1) 适用理论：马歇尔的相互需求论认为，国际贸易量和国际贸易价格由两国的相互需求曲线决定(在世界只存在两个国家的假设条件下，一国的进口需求曲线就是另一国的出口提供曲线)。相互需求论可用图 3-3 表示。

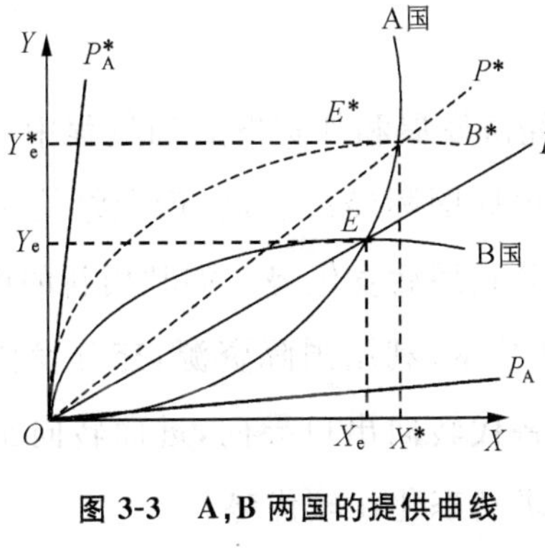

图 3-3 A，B 两国的提供曲线

(2) 分析：当A国出口提供曲线和B国出口提供相交，决定国际均衡交换比例 P_e，此时A国出口 X_e 位X产品，进口 Y_e 单位Y产品。当A国调整进口需求，使进口需求萎缩，将导致B国出口相互需求论模型分析提供曲线左移至B，并与A国出口提供曲线相交于E，决定新的国际交换比例 P_e，此时A国出口 X_e 单位X产品，进口 Y_e 单位Y产品。由此，A国出口相对价格提高，贸易条件改善，贸易效益提高。案例中的石油消费国组织和石油输出国组织都旨在控制世界市场石油供应量和需求量，从而使出口提供曲线(进口需求曲线)向有利于本组织的方向运行，以提高各自的出口相对价格，改善其贸易条件，增进其贸易效益。

(3) 启示：我国作为世界最大的发展中国家，长期在重视"出口创汇"、忽视出口效益的外贸政策的指导下，出口额虽频频攀高，但却面临贸易条件日益恶化、出口效益低下的困境。因此，中国必须根据产品特性、国际市场发展趋势实施战略性贸易政策，通过相应调整进出口商品结构、数量、速度等，以谋求改善贸易条件，提高贸易效益。

2. (1) 适用理论：该案例所揭示的是荷兰病问题。所谓荷兰病是指自然资源的丰富反而拖累经济发展的一种经济现象。经济学家常用来警示经济和发展对某种相对丰富资源过分依赖的危险性。

(2) 分析：一国(尤其是发展中国家)如果长期一成不变地依赖传统的比较优势产业来发展外向型经济，忽视应有的产业升级，可能最终会导致该国在国际贸易中虽然获得利益，但贸易结构不合理，总是处于不利地位，从而落入"比较利益陷阱"。该案例说明了一国除应关注静态比较优势外，更应注重动态比较优势。

(3) 启示：中国在经济发展和外贸发展的过程中，不应单纯地依赖既有的静态比较优势，而应根据国际经济发展、产业结构调整的趋势，保护和扶持重点产业的发展，充分利用后发优势。如利用新的国际分工和经济格局，从发达国家引进资本和技术，利用国际资源，充分发挥"干中学"效应，开拓国际市场，使产业进口替代转向出口导向，进而转向出口替代，使产业结构逐步升级和高度化，追求动态化比较优势。

第四章

当代国际贸易理论

一、习　题

（一）名词解释

1. 产业内贸易
2. 产品生命周期
3. 技术差距理论
4. 钻石模型
5. 罗伯津斯基定理
6. 需求偏好相似理论

（二）单项选择题

1. 技术差距论认为，贸易的可能性来自于（　　）之间构成的时间差。

A. 掌握差距与模仿差距　　B. 需求差距与反应差距

C. 反应差距与掌握差距　　D. 需求差距与模仿差距

2. 反应差距和需求差距之间的时间差越长，技术创新国活动的贸易利益就会（　　）。

A. 越少　　B. 越多

C. 保持不变　　D. 无法确定

3. 根据产品生命周期理论，产品成熟期应选择（　　）。

A. 海外直接投资战略　　B. 商品出口战略

C. 技术转让战略　　D. 海外间接投资战略

4. 根据产品生命周期模型可知，（　　）。

A. 最初生产和出口新产品的国家将一直生产下去，直到该产品被市场淘汰

B. 最初进口到美国的产品一旦在美国建立起市场，将在美国生产

C. 美国在生命周期较短的产品上具有比较优势

D. 一种最初在美国生产的产品一旦发展为成熟标准化的产品，后期可能从发展中国家出口到美国

5. 产业内贸易日益增强的重要性（　　）。

A. 反映了规模经济的重要性日趋减弱

B. 解释了政府不愿意采取积极产业政策的原因

C. 主要表现在同类产品上

D. 通常表现在具有规模经济的产业的差别化产品上

6. 从需求角度解释工业制成品贸易发展的理论是（　　）。

A. 人力资本说　　B. 偏好相似说

C. 技术差距说　　D. 劳动效率

7. 解决规模经济与追求差异产品的矛盾的最佳途径是（　　）。

A. 国际分工　　B. 国际贸易

C. 国际合作　　D. 国际金融

8. 反映技术知识的积累和传播对国际贸易特别是贸易进出口商品结构影响的理论有（　　）。

A. 罗伯津斯基定理　　B. 斯托尔珀定理

C. 产品周期理论　　D. 产品差异理论

9. 根据重叠需求贸易理论，相互贸易容易产生于（　　）。

A. 产出水平相近的国家　　B. 收入水平相近的国家

C. 投资水平相近的国家　　　　D. 储蓄水平相近的国家

10. 日本贸易立国战略的成功,可用(　　)来解释。

A. 比较优势理论　　　　B. 要素禀赋理论

C. 规模经济理论　　　　D. 战略性贸易政策

11. 在需求偏好相似说中,影响需求结构的主要因素是(　　)。

A. 人均收入　　　　B. 国民生产总值

C. 一国富裕程度　　　　D. 人们的偏好

12. 一种产品的竞争优势并非长期固定在某一个特定的国家,而是从技术发明国转向生产成本较低的国家,描述这一现象的理论是(　　)。

A. 比较成本理论　　　　B. 产品生命周期理论

C. 技术差距理论　　　　D. 大宗产品理论

13. 按照偏好相似理论的观点,需求偏好相似的两国间贸易量(　　)。

A. 大于需求偏好有较大差异的两国间的贸易量

B. 小于需求偏好有较大差异的两国间的贸易量

C. 等于需求偏好有较大差异的两国间的贸易量

D. 与两国间的需求偏好差异无关

(三) 多项选择题

1. 技术差距说的代表人物有(　　)。

A. 波斯纳　　　　B. 马库森

C. 胡弗鲍尔　　　　D. 戴维斯

E. 克鲁格曼

2. 导致外部经济更有效率的原因有(　　)。

A. 专业化供应商效应　　　　B. 完善的劳动力市场

C. 高度劳动分工　　　　D. 知识与技术外溢

E. 完善的管理

3. 解释产业内贸易现象的有(　　)。

A. 产品差异性　　B. 规模经济

C. 相互需求论　　D. 偏好相似

E. 国家竞争力

4. 国家竞争优势模型中的四个基本要素是指(　　)。

A. 生产要素　　B. 需求状况

C. 相关和支持产业　　D. 企业战略组织和竞争

E. 政府政策

5. 根据新产品生命周期学说理论,下列关于新产品出口垄断时期的正确说法有(　　)。

A. 企业竞争的关键是成本

B. 生产的产品主要用于满足国内需求

C. 创新企业垄断产品的生产和销售

D. 国外开始仿制新产品

E. 创新企业主要通过对外直接投资扩大产品出口

(四) 判断题

1. 产品生命周期理论认为,若任何国家首先成功推广了一种新产品,则这种新产品将在该国经历整个生命周期。(　　)

2. 所谓产业内贸易是指同一工业部门所生产的产品交换活动,而产业间贸易是指不同工业部门之间发生的产品交换。(　　)

3. 尽管工业发达国家在国内消费需求的偏好相似程度方面显得较低,由于发展程度和人均国民收入比较接近,因此工业品的产业内贸易量较大。(　　)

4. 在技术差距贸易模式中,当模仿国自反应差距转入至掌握差距时,模仿国开始模仿生产,此时创新国的产品产出量最小。(　　)

5. 需求相似理论认为,人均收入水平是影响一国需求结构的最重要条

件。(　　)

6. 第二次世界大战后,国际贸易商品结构的最基本变化是:工业制成品在国际贸易中所占的比重日益明显地超过初级产品所占的比重。(　　)

7. 印度软件生产与出口业集中在班加罗尔的现象可用内部经济来解释。(　　)

8. 行业内贸易指数 IIT 值介于 0 到 1 之间,当 $IIT=1$ 时,即不存在行业内贸易。(　　)

9. 具有外部规模经济的一般都为大企业、大公司,多集中于设计、管理、销售成本较高的制造业和信息产业,而内部的规模经济则一般出现在竞争性很强的同质产品行业中。(　　)

10. 第一个同时用规模经济和不完全竞争来分析当代国际贸易并建立起理论模型的经济学家是保罗·萨缪尔森。(　　)

(五) 问答题

1. 美国为什么在喷气式飞机制造方面还保留有比较优势,而在钢铁制造和汽车生产方面都正在失去比较优势?

2. 试述产品生命周期理论的主要内容。

3. 什么样的条件导致生产中的规模经济?建立在生产的规模经济上的贸易有什么正当理由?

4. 人们经常说收益递增的存在是国家之间产生摩擦的根源之一,因为每个国家都希望能扩大那些具有规模经济的行业的生产。依据垄断竞争模型和外部经济模型来评述这一观点。

5. 什么是产业内贸易?如何测度产业内贸易?

6. 产业内贸易和产业间贸易有什么差异?运用什么方法来区分这两种贸易形式?

（六）计算题

已知某国某些行业的进出口数据如表 4-1 所示，请计算该国各行业的产业内贸易指数 *IIT*。

表 4-1 某国某些行业的进出口数据

万美元

商品种类	向其他国家的出口额	从其他国家的进口额
新鲜水果	65	54
玩具	56	680
微型面包车	700	200
电影电视	300	97

（七）案例分析题

1. 据相关报道，2006 年 10 月 19 日，明基表示，明基西门子在阿根廷、巴拉圭和乌拉圭的分公司都将在 11 月后停止经营，智利分公司的运营也可能停止。明基副总裁游可用表示，南美洲各分公司继续经营与否，需视各分公司财务报表而定。9 月 28 日，明基宣布不再为总部位于慕尼黑的明基移动通讯提供资金，同时将向当地法院申请无力清偿保护。2006 年 11 月 2 日，百年老店飞利浦把手机业务卖给了中国电子信息产业集团公司（CEC），并宣称其不再经营手机业务，而会将更多的精力投入到高利润的行业。但同时，手机跨国大佬们却纷纷研发新的手机或功能，如在新的竞争环境下，跨国手机厂商们做的就是重新定位 3G 手机——诺基亚把 3G 手机定位为移动商务解决方案的核心，摩托罗拉视 3G 手机为“无缝衔接”的载体，索爱则希望 3G 手机成为多媒体智能终端。在 3G 时代，给终端厂商带来的利润将是更多的整合的功能。① 运用国际贸易相关

① 新浪科技 http://tech.sina.com.cn/it/2006－10－19/09461192052.shtml，2006 年 10 月 19 日。

理论对案例进行分析。

2. 2007 年 4 月 3 日，美国快递巨头 UPS 公司公布其中小企业调查《2007 年 UPS 亚洲商业监察》，表明 71％的受访者认为中国内地的中小企业比其他国家或地区的中小企业更具有竞争力；但同时该调查也发现缺乏创新已成为阻碍中国内地中小企业竞争力发展的主要障碍之一，有 90％的本地受访者表示，对中小企业竞争力而言，创新是一项非常重要、同时又是更为缺乏的因素。[①] 运用国际贸易相关理论对此进行分析。

二、部分参考答案

（五）问答题

1. 产品比较优势既取决于该国的资源禀赋也取决于该产品的技术结构，钢铁和汽车已到技术扩散期，许多发达国家甚至发展中国家都能生产汽车和钢铁，美国逐渐失去这些产品的垄断地位；飞机由于其高昂的制造成本及其提供的服务，且整个世界的需求增长不是很大，其他国家很难利用规模经济大量制造飞机，致使该行业进入门槛高。

2. 产品生命周期理论认为，一个新产品的技术发展大致有三个阶段：新产品阶段、成熟阶段和标准化阶段。第一阶段所需的主要资源是发达的科学知识和大量的研究经费；第二阶段所需的主要资源是机器设备和先进的劳动技能；第三阶段所需的主要资源是劳动力。如图 4-1 所示。

3. (1) 当企业运作的规模充分大时，分工和专业化有了可能，就会导致规模经济；在大规模的生产中，可以使用更加专门和生产率更高的机器。(2) 如果两个国家在每个方面（要素禀赋、技术、偏好）都相同，自给自足时商品的相对价格也相同。根据要素比例理论，这时没有贸易的动因。然而，如果两个国家都能用递增的规模报酬生产，每个国家就能专业化生产一种

① 摘自《2007UPS 亚洲商业监案》，《中国物流与采购》，2007 年第 8 期和第 9 期。

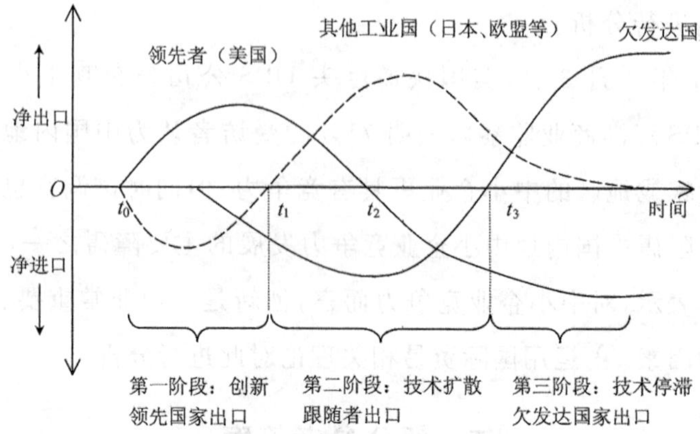

图 4-1 国际产品生命周期

商品，并且通过贸易，每个国家都能因为两种商品的供给的增加而达到更高程度的满足。

4. 通过把具有规模经济的产品的生产集中在一个国家，而不是把它们分散在几个国家中，整个世界将用同样的劳动生产出更多的产品。在一个垄断竞争模型中，这样的劳动集中将使生产国受益，同时该国还可以获得垄断租金，但其他国家将遭受损失，因为他们不得不为其消费的产品付出更大的代价。在外部规模经济的情况下形成不完全竞争市场的可能性比内部规模经济情况下要小得多，这样的垄断定价行为出现的可能性也较小。

5. 产业内贸易是相对于产业间贸易而言的，是指一个国家在出口某种产品的同时又进口同类型的产品，也常被称为双向贸易或贸易重叠。产业内贸易程度可以用产业内贸易指数来测度。产业内贸易指数(IIT)的计算公式为：

$$IIT=1-\frac{|X-M|}{X+M}。$$

式中，X 和 M 分别代表一个产业或一类产品的出口额和进口额。IIT 的取值范围介于 0 和 1 之间。IIT 愈是接近 1，说明产业内贸易程度愈高；IIT 愈是接近 0，则意味着产业内贸易程度愈低。

6. (1) ① 产业间贸易是建立在国家间要素禀赋差异产生的比较优势

之上，而产业内贸易是以产品的差异性和规模经济为基础。② 产业间贸易的流向可根据贸易前同种产品价格差来确定，产业内贸易很难事先预测哪个国家将生产哪种产品。③ 产业间贸易会提高本国丰裕要素的报酬和降低本国稀缺要素的报酬，产业内贸易可以使所有要素都获得收入。④ 产业间贸易条件下，要素的国际流动在一定程度上是贸易的一种替代品；产业内贸易条件下，要素流动带来了作为产业内贸易主要载体的跨国公司的兴起。(2)目前所使用的区分依据立足于联合国 SITC 产品分类标准，能计入产业内贸易的商品必须满足这样一个条件，即商品的编码至少是 SITC 六位编码中前三位数字相同，也就是要求贸易的商品必须保证同类、同章、同组，否则，只能列入产业间贸易。

（六）计算题

解：根据题目可以求得：

新鲜水果行业 $IIT=1-\frac{|65-54|}{65+54}=1-\frac{11}{119}=90.76\%$，

玩具行业 $IIT=1-\frac{|680-56|}{56+680}=1-\frac{624}{736}=15.22\%$，

微型面包车行业 $IIT=1-\frac{|700-200|}{700+200}=1-\frac{500}{900}=44.44\%$，

电影电视行业 $IIT=1-\frac{|300-97|}{300+97}=1-\frac{230}{397}=48.87\%$。

（七）案例分析题

1. 产品的生命周期分为三个阶段：新产品阶段、成熟阶段和标准化阶段。新产品阶段，少数科学研究发达的国家拥有新产品生产的比较优势；成熟阶段，资本和熟练工人丰裕的国家开始拥有该产品生产的比较优势；标准化阶段，发展中国家成为该产品的主要生产国和出口国。案例中，在国际市场上手机产业已经是高度成熟的行业，属于普通劳动力密集型产品，故其竞争优势已转移到发展中国家；另外，手机生产技术的高度成熟化，使得手机产业的进入门槛降低，产业规模不断扩大，从来带来残酷的竞争和利润率的不断下降。

2. 国家竞争优势理论认为，一国兴衰的根本在于是否能赢得国际竞争优势。一国国际竞争优势主要取决于生产要素、需求条件、相关和支持产业以及企业战略结构和同业竞争四个关键要素，其中最为关键的是在于是否拥有适宜的创新机制和充分的创新能力。案例中，中国中小企业在改革开放以后，能够获得的生产要素日渐丰富，国民经济持续稳定的发展也为中小企业提供了巨大的市场需求，工业化进程的发展和社会分工的细化为中小企业提供了公平竞争的环境，这些都使得中国的中小企业在生产要素、需求条件、相关和支持产业以及企业战略结构和同业竞争四个关键要素上都独具竞争优势。但同时，由于中国中小企业规模小，资金不足，经营行为的短视性加上国家经济体制不完善以及知识产权保护薄弱，使得中国中小企业在研发上缺乏动力和能力，缺乏适宜的创新机制和充分的创新能力。

第五章

生产要素的国际流动

一、习　　题

（一）名词解释

1. 区位优势
2. 垄断优势论
3. 边际产业
4. 对外直接投资
5. 国际间接投资
6. 内部化优势
7. 跨国公司
8. 技术转移

（二）单项选择题

1. 当代经济生活国际化的主要承担者和体现者是(　　)。

A. 世界贸易组织

B. 世界货币基金组织

C. 跨国公司

D. 主权国家

2. 国际生产折衷理论主要解释企业的(　　)。

A. 国际贸易行为

B. 国际技术转让行为

C. 对外直接投资行为

D. 对外间接投资行为

3. 制约跨国公司对外直接投资的选址及其国际生产布局的因素是(　　)。

A. 所有权特定优势　　B. 内部化特定优势

C. 区位优势　　D. 无形资产优势

4. 国际生产折衷理论的提出者是(　　)。

A. 海默　　B. 白克莱

C. 卡森　　D. 邓宁

5. 跨国公司内部的转移价格属于(　　)。

A. 调拨价格

B. 垄断价格

C. 区域性经济贸易集团内的价格

D. 国际商品协定下的协定价格

6. 一国向另一国的劳动力移民(　　)。

A. 扩大了国家间相对资源禀赋的差距

B. 导致国际工资率更加集中,提高了整体经济效益

C. 提高了工人移入国的工资水平

D. 增加了以比较优势为基础的国际贸易潜力

7. 跨国公司提高国外子公司出口到母公司的产品转移价格的原因是(　　)。

A. 东道国税率高于母国　　B. 母国的进口关税很高

C. 东道国政府限制利润回流　　D. 母国税率高于东道国

8. 沿美国—墨西哥边境设立保税加工出口工厂的主要目的是(　　)。

A. 获得墨西哥的自然资源

B. 从混合扩张中获益

C. 利用墨西哥的低劳动工资降低生产成本

D. 在无需支付进口关税的有利条件下向墨西哥销售商品

9. 在分析对外直接投资的决定因素时,内部化理论强调(　　)。

A. 最终产品市场的不完全性

B. 中间产品市场的不完全性

C. 生产要素市场的不完全性

D. 金融市场的不完全性

10. 二战后国际投资的主要形式是(　　)。

A. 直接投资　　B. 间接投资

C. 证券投资　　D. 混合投资

11. 对外间接投资的特点是(　　)。

A. 投资者直接参与企业的经营管理

B. 投资者不直接参与企业的经营管理

C. 投资者对投资企业的股权拥有比例不超过50%

D. 投资者对投资企业不出资金,而是以技术、设备投资

12. 对外直接投资与间接投资的根本区别是(　　)。

A. 对企业是否拥有一定的控制权

B. 对企业是否拥有经营管理权

C. 是否涉及有形资产的投入

D. 是否涉及无形资产的投入

13. 跨国公司在公司内部母公司与子公司之间或子公司相互之间进行商品或服务交易时,常采用(　　)。

A. 转移价格　　B. 垄断价格

C. 自由市场价格　　D. 国家计划价格

14. 完全可以脱离世界“自由市场”价格，由跨国公司自行决定的价格是(　　)。

A. 垄断价格　　B. 管理价格

C. 协定价格　　D. 转移价格

15. 独资企业是指投入企业的资本完全由一国的投资者提供，投资者对投资企业股权拥有的比例在(　　)以上的企业。

A. 90%　　B. 95%

C. 100%　　D. 50%

16. 当今，跨国公司对外投资主要集中在(　　)部门。

A. 农业　　B. 服务业

C. 制造业　　D. 商业

17. 跨国公司进入国际市场的三种方式中，(　　)是风险大、需要大量资金的国际市场进入方式。

A. 出口进入　　B. 许可贸易进入

C. 直接出口进入　　D. 投资进入

18. 跨国公司对外直接投资的3/4集中于(　　)。

A. 发达国家和地区　　B. 新兴工业化国家

C. 资本主义国家　　D. 发展中国家

(三) 多项选择题

1. 对外直接投资的方式主要有(　　)。

A. 举办独资企业　　B. 与投资所在国举办合作企业

C. 政府对外援助贷款　　D. 借贷资本输出

E. 与投资所在国举办合资企业

2. 在资本的流动方式中，间接投资包括(　　)。

A. 证券投资　　B. 借贷资本输出

C. 举办合资企业　　D. 举办合作企业

E. 举办独资企业

3. 在对外直接投资方式下，投资者在东道国组建企业的方式有（　　）。

A. 创建新企业　　　　B. 收购外国现有企业

C. 私人贷款给外国企业　　　　D. 国家贷款给外国企业

E. 利用出口信贷

4. 发达国家战后资本输出的主要目的包括（　　）。

A. 确保中间产品出口持续增长

B. 扩大大型成套机器设备出口

C. 确保原料供应

D. 带动国内剩余产品出口

E. 使出口商品结构多样化

5. 二战后，70%以上的国际贸易是在发达国家间进行的，其主要原因是（　　）。

A. 发达国家间经济发展水平相近

B. 发达国家间相互吸引外资政策较为优惠

C. 发达国家间生产、消费结构呈同步化

D. 发达国家间相互直接投资居主导地位

E. 发达国家与发展中国家间相互投资居主导地位

6. 根据联合国的定义，跨国公司必须具备下列要素（　　）。

A. 具有无形资产优势　　　　B. 具有管理经验和销售渠道

C. 必须是一个工商企业　　　　D. 有中央决策体系和共同的政策

E. 企业各个实体分享资源、信息，并分担责任

7. 跨国公司国际化经营的主要方式是（　　）。

A. 商品贸易　　　　B. 直接投资

C. 技术转让　　　　D. 间接投资

E. 国际信贷

8. 研究西方跨国公司形成和发展的理论主要有(　　)。

A. 垄断优势论　　B. 内部化理论

C. 国际生产折衷理论　　D. 绝对利益论

E. 相对利益论

9. 跨国公司在外部交易中往往对高新技术出口实行限制,主要是为了(　　)。

A. 防止技术泄密,维持技术垄断优势

B. 便于引进国消化吸收

C. 保持技术产品市场份额,以防利润下降

D. 加快新技术更新

E. 放慢技术扩散速度,延长技术生命周期

(四) 判断题

1. 国际劳动力移民可能会增加国家间的工资差异,降低总经济效益。(　　)

2. 人才外流是指发展中国家经历的一部分受过良好培训的熟练工人为了更加有利可图的工作机会移民到工业化国家的问题。(　　)

3. 日本汽车企业在美国建立跨国工厂的主要目的是获取廉价的原材料。(　　)

4. 为了减少国际税收支付,跨国公司可能会改变某一子公司出售给另一子公司的商品价格,这时就出现了转移价格。(　　)

5. 美国和其他发达国家的跨国公司几乎不考虑在发展中国家投资,因发展中国家的工资率过低。(　　)

6. 资本国际流动提高了国际上资源配置的效率,从而使资本输出国和资本输入国的总收益均得到提高。(　　)

7. 跨国公司内部贸易降低公司内部交易时因谈判、签约及合同履行所发生的成本。(　　)

8. 国际直接投资按投资组建方式可分为收购、创建与合作经营三种方式。(　　)

（五）问答题

1.“绝大多数的外国投资者都是为了利用东道国的廉价劳动力”。请分析此种观点是否正确，理由是什么？

2. 根据联合国跨国公司委员会的定义，跨国公司必须具备哪些基本条件？

3. 简述跨国公司内部贸易形成的原因。

4. 国际技术贸易与国际商品贸易有哪些区别？

5. 简述国际资本流动所产生的影响。

6. 简述二战后国际贸易与国际投资之间的关系。

7. 简述邓宁国际生产折衷理论的主要内容。

（六）案例分析题

1. 2000年6月13日至15日，韩国总统金大中访问平壤，与朝鲜领导人金正日举行了历史性的会晤。2002年9月，两国决定修复贯通南北的铁路。如果若干年后两国统一，允许劳动力自由流动，这会对统一后的国家的企业、劳动力以及整体的福利水平产生什么样的影响？请画图说明。

2. 20世纪末，我国香港和台湾地区劳动密集型产业内的资本大量向内地沿海地区转移，这对海峡两岸和内地与香港之间的劳动密集型产品贸易有什么影响？请画图说明。

3. 希夏邦计算机公司决定在智利开设一家子公司。智利的进口限制一直使该公司的产品无法打入智利市场，但它也一直不愿意把自己的专利出售或转让给智利的公司，因为这可能会最终损害它在美国市场的技术优势。运用跨国公司理论分析希夏邦公司的这一决策。

二、部分参考答案

（五）问答题

1. 错。利用东道国廉价劳动力仅是对外直接投资的重要原因之一。还有其他重要原因如下：(1) 利用对外直接投资将产品打入东道国市场；(2) 利用对外投资可以有效地利用东道国的税收及其他优惠措施，降低整个跨国公司的成本，实现利润最大化；(3) 利用对外投资的方式来转移自身的技术，达到最有效的利用技术目的。

2. 跨国公司是指在两个或两个以上国家（或地区）拥有矿山、工厂、销售机构或其他资产，在母公司统一决策体系下从事国际性生产经营活动的企业。联合国跨国公司委员会认为一个跨国公司的基本条件是：第一，组成跨国公司企业的实体要在两个或两个以上的国家从事生产经营；第二，跨国公司实行全球战略，市场占据主导地位；第三，跨国公司的经营范围从研究与开发、原料开采、工业加工到批发、零售等再生产的各个环节都纳入了它的经营范围。

3. (1) 跨国公司内部贸易的含义：跨国公司的母公司与国外子公司、国外子公司相互之间进行的产品、原材料、技术与服务贸易。(2) 跨国公司内部贸易的原因分析：降低外部市场造成的经营不确定风险。(3) 降低交易成本。(4) 适应高技术产品生产的需要。(5) 增强公司在国际市场上的垄断地位和竞争能力，实现全球利益的最大化。(6) 有利于利用内部贸易价格。

4. (1) 权利的转移不同；(2) 市场的状况不同；(3) 贸易对象的价格构成不同。

5. 资本跨国流动的结果是各国资本的价格趋于均等，世界资源的利用率提高，世界总产量和各国的福利增加。如果引进外资的同时引进了先进的技术等，使本国的许多未开发资源或闲置劳动力得到更充分的利用，由此带动的经济发展和经济起飞不仅使外来资本和本国劳动力的收益提高，也会使国内资本的收益增加。引进外资给本国劳动力所带来的收益也会超过本国资本的损失。

6. (1) 从历史角度来考察：贸易、投资是产业资本国际化不同阶段的表现形式；(2) 从产业来考察：贸易与投资之间的线性关系因部门而异；(3) 从全球化背景来看：贸易与投资融合趋势日显突出。

7. 邓宁国际生产折衷理论的主要内容有：企业进行海外投资，所有权优势是基础，内部化是实现这种优势的载体，区位优势是实现前两个优势的充分条件，三个优势的充分发挥与互相作用，可以使企业的跨国投资产生最大的整体效益。

（六）案例分析题

1.要点：分析框架如图 5-1 所示。

结论：由于朝鲜的工资水平低于韩国而导致朝鲜的劳动力涌入韩国，韩国的工资下降而朝鲜的工资上升，韩国的企业获利而朝鲜的企业受损，但是两国总的福利是增加的，增加的面积为 $d+e$。

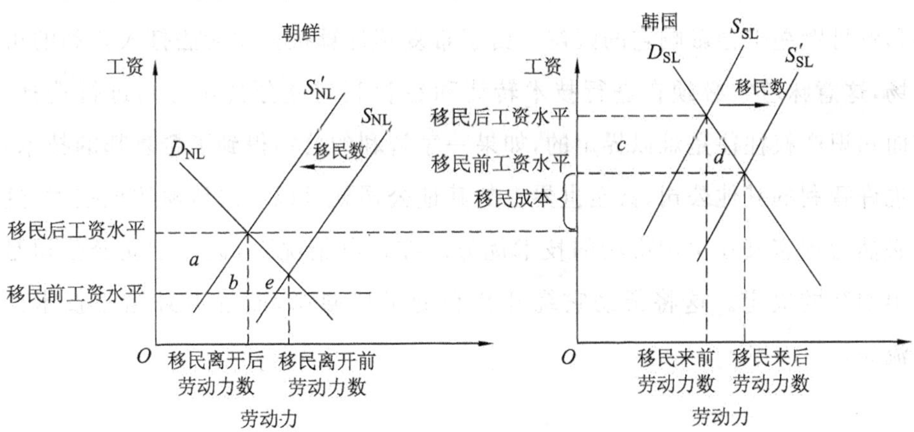

图 5-1

2. 由图 5-2 分析可知，香港劳动密集型产业内的资本输入中国内地，使两地的资本存量发生变化，从而引起在劳动密集型产业资本租金的变化。中国内地劳动密集型产业的资本租金由于资本供应量的增大而降低，香港资本租金因资本的流出而升高。如果资本流动不受任何限制，两地的资本租金将趋同直至相等。中国内地劳动密集型产业由于资本的增加而扩大生产，香港减少生产，该产业由香港向中国内地转移。大陆劳动密集型产品的进口减少或出口增加，香港的出口减少或进口增加。

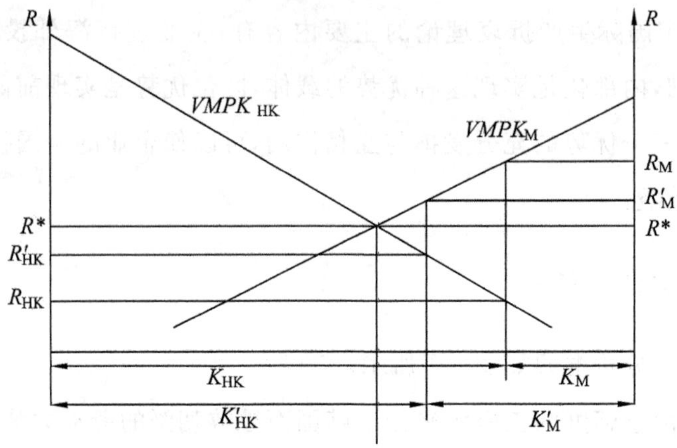

图 5-2

3. 跨国公司的生产区位很多时候是由资源的分布决定的，但运输费用和贸易壁垒也会影响它的区位。由于希夏邦计算机公司无法打入智利的市场，这意味着它必须在进行技术转让和在智利建立分公司之间进行选择。而知识产权往往是难以界定的，如果一家智利的公司得到了希夏邦的技术，也许智利的其他公司、甚至世界上的其他公司就可以合法地模仿该技术，这必然会损害其在美国市场的技术优势。在这种情况下，选择建立分公司是很明智的决定。这将帮助它绕开智利的进口限制，而且不必担心技术的流失。

第六章

进口保护政策:关税

一、习　　题

(一) 名词解释

1. 关税
2. 名义保护率
3. 有效保护率
4. 进口附加税
5. 反倾销税
6. 普遍优惠制
7. 差价税
8. 从量税
9. 特惠税
10. 海关税则

(二) 单项选择题

1. 关税壁垒通常是指(　　)。

A. 高额的进口税　　B. 高额的出口税

C. 高额的国境税　　D. 高额的附加税

2. 反补贴税是对直接或间接地接受任何奖金或补贴的外国商品进口

所征收的一种(　　)。

A. 惩罚性措施　　B. 进口附加税

C. 滑动关税　　D. 差价税

3. 某国对某种进口商品征收10%,另加上15美元/公吨,从征税的方法看,这种税叫(　　)。

A. 从量税　　B. 从价税

C. 混合税　　D. 选择税

4. 按照征税的目的,关税可分为(　　)。

A. 进口税、出口税、过境税

B. 进口税、进口附加税

C. 最惠国税、特惠税、普遍优惠税

D. 财政关税、保护关税

5. "洛美协定"国家之间的特惠税是(　　)。

A. 欧盟成员之间的互惠性特惠税

B. 欧盟与非洲、加勒比、太平洋地区发展中国家之间的互惠性特惠税

C. 欧盟给予非洲、加勒比、太平洋地区发展中国家的非互惠性特惠税

D. 非洲、加勒比、太平洋地区发展中国家给予欧盟的非互惠性特惠税

6. 在物价上涨的情况下,征收从量税,其保护作用是(　　)。

A. 变大　　B. 变小

C. 不变　　D. 前三种情况都可能

7. 贸易小国征收进口关税后,关税的税负转嫁至(　　)。

A. 进口国生产者　　B. 出口国生产者

C. 进口国消费者　　D. 出口国消费者

8. 所谓多栏税则是指一种应税商品具有(　　)。

A. 两个以上税目　　B. 两个以上税率

C. 两个以上优惠税率　　D. 两种以上管理方法

9. 关税的税收主体是(　　)。

A. 外国进出口商　　B. 本国进出口商

C. 进口货物　　D. 出口货物

10. 关税的税收客体是(　　)。

A. 进出口货物　　B. 进出口企业

C. 进口商　　D. 出口商

11. 美国对羽毛制品的进口税为:普通税率 60%,最惠国税率 4.7%。这种关税是(　　)。

A. 从量税　　B. 从价税

C. 混合税　　D. 选择税

12. 某种产品的价格为 300 元,其中 220 元为原材料成本。如果对同类产品的进口征收 10% 的关税,对原材料的进口征收 5% 的关税,那么该产品的有效保护率为(　　)。

A. 10%　　B. 5%

C. 15%　　D. 23.8%

13. 选择税是在(　　)中,择其高者征之。

A. 从量税和从价税　　B. 反倾销税和反补贴税

C. 名义关税和有效关税　　D. 财政关税和保护关税

14. 目前我国海关税则关于商品分类的依据是(　　)。

A. 布鲁塞尔税则目录　　B. 海关合作理事会税则目录

C. 协调编码制度　　D. 联合国标准货物分类方法

15. 最惠国税率一般属于(　　)。

A. 最优惠的税率　　B. 特别关税

C. 进口附加税　　D. 正常关税

16. 在其他条件不变的情况下,当进口最终产品的名义关税税率低于其所用原材料进口的名义关税时,这一产品的有效保护关税与名义保护关税的关系是(　　)。

A. 有效保护关税大于名义保护关税

B. 有效保护关税等于名义保护关税

C. 有效保护关税小于名义保护关税

D. 有效保护关税和名义保护关税没有关系,不发生变化

17. 发达国家承诺对来自发展中国家或地区输入的产品普遍给予单向的关税优惠制度,这种关税被称为(　　)。

A. 特惠税　　B. 差价税

C. 普惠制　　D. 最惠国税率

18. 在反倾销调查中,许多西方国家对于所谓"非市场经济国家"的调查是(　　)。

A. 按照进口国国内市场价格来计算倾销价格

B. 按照出口国国内市场价格来计算倾销价格

C. 按照替代国国内市场价格来计算倾销价格

D. 按照世界贸易组织的有关规则来计算倾销价格

(三) 多项选择题

1. 税收按照差别待遇和特定的实施情况,可分为(　　)。

A. 进口附加税　　B. 差价税

C. 特惠税　　D. 普遍优惠税

E. 过境税

2. 荷兰对进口花卉先征 15%进口税,然后再根据每天进口价格与国内差额情况征收一定百分比的关税,这种额外征收的关税是(　　)。

A. 倾销税　　B. 国内税

C. 进口附加税　　D. 差价税

E. 特惠税

3.关税的税收主体是(　　)。

A. 外国进口商　　B. 外国出口商

C. 本国进口商　　D. 本国出口商

E. 进出口货物

4. 关税与其他国内税收是不同的,关税具有以下特点(　　)。

A. 关税可起到调节进出口贸易的作用

B. 关税的税收主体是消费者

C. 关税的税收客体是进出口货物

D. 关税是一种直接税

E. 关税是一种间接税

5. 进口附加税通常是一种临时性措施,其目的主要有(　　)。

A. 应付国际收支危机　　B. 防止外国商品低价倾销

C. 增加进口国的财政收入　　D. 对某国实行歧视或报复

E. 扩大出口和增加外汇收入

6. 从价税的优点有(　　)。

A. 征收简单

B. 税率明确,便于比较

C. 税收负担较为公平

D. 税率不变,价格上涨时,既可增加财政收入,又可起到保护关税的作用

E. 税率不变,价格下跌时,既可增加财政收入,又可起到保护关税的作用

7. 关税税率表主要包括的内容是(　　)。

A. 税则号列　　B. 货物分类目录

C. 税率　　D. 货物属性

E. 征税税率

8. 普惠制的主要原则包括(　　)。

A. 公平贸易原则　　B. 普遍性原则

C. 非歧视性原则　　D. 非互惠原则

E. 对等原则

9. 关税和其他各种税收的共同特点是(　　)。

A. 强制性　　B. 自愿性

C. 有偿性　　D. 无偿性

E. 预定性

10. 根据《反倾销协议》,实施反倾销措施必须具备的基本要件是(　　)。

A. 倾销

B. 损害

C. 申诉

D. 倾销与损害之间的因果关系

E. 损害与倾销之间的因果关系

(四) 判断题

1. 当一国采用"升级式"关税结构时,如果制成品关税率越低、投入品关税率越高,则可实现的有效保护程度就越高。(　　)

2. 如果小国对进口商征收关税,那么关税造成的消费者损失小于国内生产商收益与政府关税收入之和。(　　)

3. 目前,绝大多数国家都采用复式税则。(　　)

4. 在从价税率不变的情况下,从价税额与商品价格的涨落成正比关系。(　　)

5. 二战后,普通税是资本主义国家对进口商品普遍征收的关税。(　　)

6. 根据《反倾销协议》,进口国对倾销的进口商品征收的反倾销税税额可以低于裁定的倾销幅度。(　　)

7. 最惠国税率是一种最优惠的关税税率。(　　)

8. 财政关税税率必须较低或适中,如果关税过高,国家关税收入反而

会减少。(　　)

9. 对于进口小国而言,其最优进口关税率是零税率。(　　)

10. 无论大国小国,不管本国有无能力影响国际市场价格,征收关税的结果都会导致产品国内价格上升,生产增加,进口减少,消费缩减,但影响的程度则会由于在国际市场上的地位不同而不同。(　　)

11. 与小国相比较,大国征收关税,因为国际市场价格的变动会使国内市场价格涨幅较大,由此引起的各部门的利益变动也大一些。(　　)

12. 如果对一个行业中的原材料或中间投入品的关税率高于对最终产品的关税率,则对该行业的有效保护率会超过名义保护率。(　　)

13. 最优关税税率选择的原则是:税率上的任何微小变动所引起的额外损失不能超过与由此带来的额外收益,在最优点上两者正好相等。(　　)

14. 征收关税对大国经济的影响:增加出口产品的生产,减少进口产品的生产;进口产品的相对价格下降,贸易条件恶化;社会福利水平下降。(　　)

(五) 问答题

1. 试用名义关税和保护关税理论来解释目前世界上大多数国家在征收进口关税时实施关税升级的现象。

2. 征收关税的方法有哪些?

3. 简述反倾销税征收的条件。

4. 简述普惠制的基本原则。

5. 采用局部均衡法比较大国与小国征收进口关税的经济效应。

6. 关税对进口商品的调节作用有哪些? 它对国际贸易有何影响?

(六) 计算题

1. 如果一个小国对布的供给与需求如表 6-1 所示。

表 6-1 该国对布的供给与需求表

价格/美元	2	3	4	5
供给/米	20	40	60	80
需求/米	100	80	60	40

自由贸易下，P=2 美元。

(1) 假设该国对布征收50%的进口从价关税，新的国内价格对布的生产与需求及关税收入有什么影响？

(2) 哪种类型的外部原因会改变你对问题(1)的回答？

(3) 布的禁止性进口关税是多少？

2. 一国从国外以每瓶 12 美元的世界市场价格进口伏特加酒，图 6-1 描述了该国的市场状况。

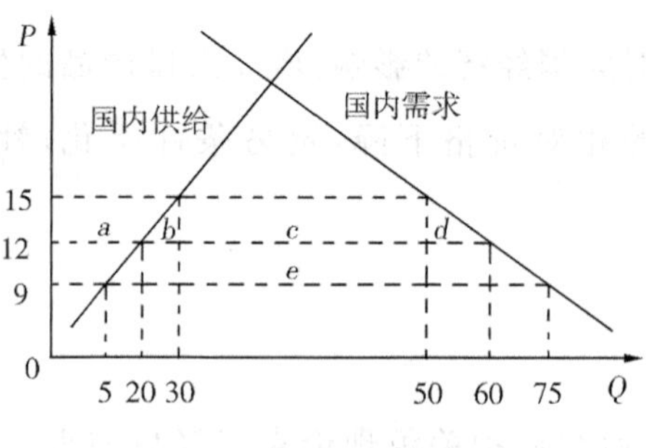

图 6-1 酒的供给需求图

(1) 假定该国对伏特加酒的进口征收关税，伏特加酒的国内市场价格上升到每瓶 15 美元，而外国的出口价格下降为 9 美元，这对国内市场的生产与消费有什么影响？

(2) 这一关税产生的收益和成本在消费者和生产者之间是怎样分配的？

(3) 如果政府能够获得全部关税收入，政府从关税中所获的收益是多少？请在图 6-1 中标明。

(4) 如果伏特加酒的消费者集体反对这一限制，而政府无力改变既有的法令,那么政府将选用怎样的替代政策?

(5) 如果该国在世界市场上是个小国,你对前面问题的答案会有改变吗?

3. 一国想要鼓励本国高清晰度宽屏幕电视机产业的发展。当前这种电视机售价很昂贵,达到 6 500 美元一台。生产这种电视机的零部件成本为3 000美元。从世界市场上进口同种电视机的价格为 5 000 美元。

(1) 幼稚工业论认为应保护国内产业使之免于外国竞争。从这一论点出发,你认为是否应采用从价关税?关税率应为多少?

(2) 这个关税率对国内电视机产业的有效保护率为多少?

(3) 这样的保护使谁得益?谁受损?

4. 中国对汽车的需求和供给分别为:$D_C = 2\ 000 - 0.02\ P$,$S_C = 1\ 200 + 0.03\ P$。

美国对汽车的需求和供给分别为:$D_{US} = 1\ 800 - 0.02\ P$,$S_{US} = 1\ 400 + 0.03\ P$。

请计算中国对汽车进口征收 3 000 美元的单位税,这时各国汽车市场的价格、产量及贸易量,以及关税对中国汽车制造商、国内消费者和中国政府的福利带来怎样的影响?

(七) 案例分析题

1. 1995—2009 年,世界范围内共发起 3 865 起反倾销立案调查。自 1979 年欧共体对我国出口的糖精钠发起第一起反倾销调查来,国外对华反倾销愈演愈烈,一个最重要的例证就是我国产品遭遇反倾销调查案件数量的增加,我国已经连续 15 年成为全球遭遇反倾销立案调查最多的国家。1995—2009 年国外对华出口产品提起反倾销调查情况如图 6-2 和图 6-3 所示。图 6-2 显示从 1995—2009 年的 15 年间,全球发起的反倾销调查数达 3 865 起,其中 2009 年最高,达到 437 起;1995 年最低,为 157 起。而我国遭遇的反倾销立案调查数量也高达 746 起,从 1995 年的 20 起,逐年增长到

2009年的75起。图6-2反映了国外对华反倾销数占全球反倾销发起总数的比重呈明显上升趋势。图6-3显示国外对华反倾销调查数占其全球反倾销发起总数的比重由1995年的12.73%上升到2008年的35.1%，增长了22.37%。

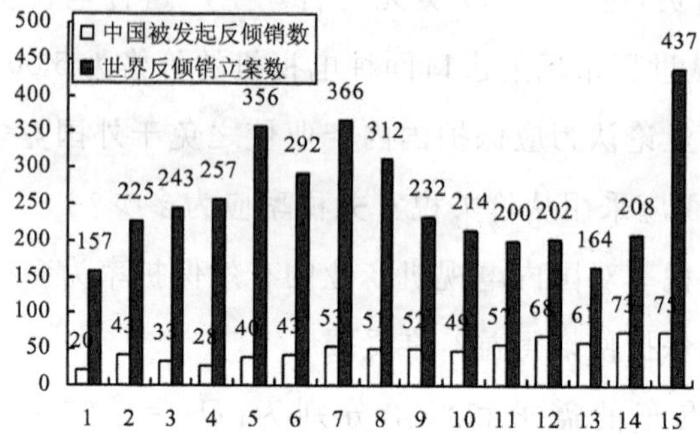

图6-2　1995—2009年国际反倾销调查案件统计①

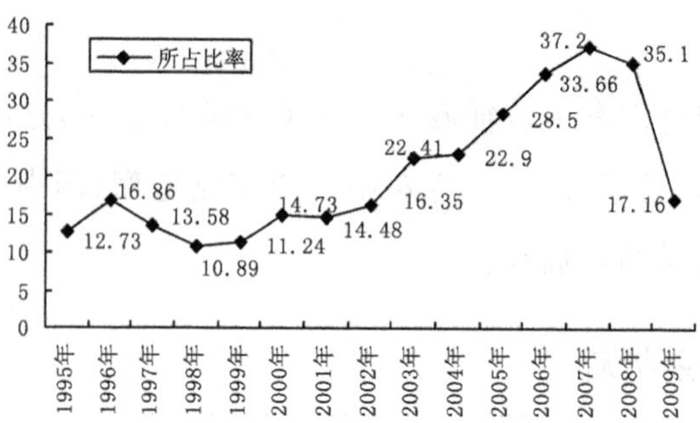

图6-3　1995—2009年国外对华反倾销量占全球反倾销发起总数比率②

如此快的增长趋势，不仅说明我国已成为全球反倾销运动的主要目标国，也使我国成为反倾销的"最大受害国"，对我国出口贸易构成了严重的威胁。试运用国际贸易相关知识对此进行分析。

2. 根据WTO有关协议，到2006年7月1日，汽车行业的税率将探底，

① 数据来源于世界贸易组织网站及中国贸易救济网。

② 根据世界贸易组织网站数据计算得出。

整车进口关税税率为25%,零部件关税税率整体达到10%。但《构成整车特征的汽车零部件管理办法》规定:所进口汽车零部件凡构成整车特征的(即进口零部件价值占整车价值比例超过60%),必须按整车适用税率征税。在上述规定出台后,进口发动机的关税越来越高,再加上国内车市竞争趋于白热化,整车厂家都在努力提高国产化率以降低成本,包括发动机在内的核心零部件的本土化生产成为必然趋势。试运用国际贸易相关知识对此进行分析。

二、部分参考答案

(五)问答题

1. 关税升级是指在制定本国进口税则时按照商品的加工层次设计税率,加工层次越低,关税越低;加工层次越高,税率越高。当进口最终产品的名义关税税率高于所用的进口原材料的名义关税税率时,有效关税保护率超过最终产品的名义关税税率;当进口最终产品的名义关税税率等于所用的进口原材料的名义关税税率时,有效关税保护率将等于最终产品的名义关税税率;当进口最终产品的名义关税税率小于所用的进口原材料的名义关税税率,并且所用的原材料价值在最终产品中所占的比重很小时,有效关税保护率可能大大低于最终产品的名义关税税率,甚至可能出现负有效关税保护率。

2. (1) 从量税;(2) 从价税;(3) 混合税;(4) 选择税;(5) 差价税。

3. (1) 反倾销税是指在正常海关税费之外,进口方主管机构对倾销产品征收的一种附加税。反倾销税的税额不得超过所裁定的倾销幅度。(2) 反倾销税征收的依据和条件:① 存在倾销;② 存在实质损害;③ 倾销和损害之间的因果关系。

4. 普遍优惠制简称普惠制,是发达国家单方面给予发展中国家出口制成品和半制成品的一种关税优惠待遇。其主要内容是:在一定数量范围内

（主要指关税配额或限额），发达国家对从发展中国家进口的工业品减免关税，部分免除加工过的农产品的进口关税。对于超过限额的进口则一律征收最惠国关税。普惠制有三项基本原则：(1) 普遍性原则；(2) 非歧视原则；(3) 非互惠原则。

5. 如图 6-4 所示，大国征收进口关税的经济效应包括：(1) 贸易条件效应：国际市场价格下跌，由此该国贸易条件得到改善；(2) 价格效应：进口大国的国内价格会提高，但其价格上涨幅度要小于同样条件下进口小国价格的上涨幅度；(3) 消费效应：消费者剩余降低（图中的 $a+b+c+d$）；(4) 生产效应：生产者剩余增加（图中的 a）；(5) 贸易效应：进口量减小；(6) 财政效应：政府关税收入增加；(7) 再分配效应与国民净福利：进口大国征收关税后，收入分配发生转移，在消费者损失的福利中，a 被转移给生产者，c 被转移给政府。大国净福利效果为 $e-(b+d)$。

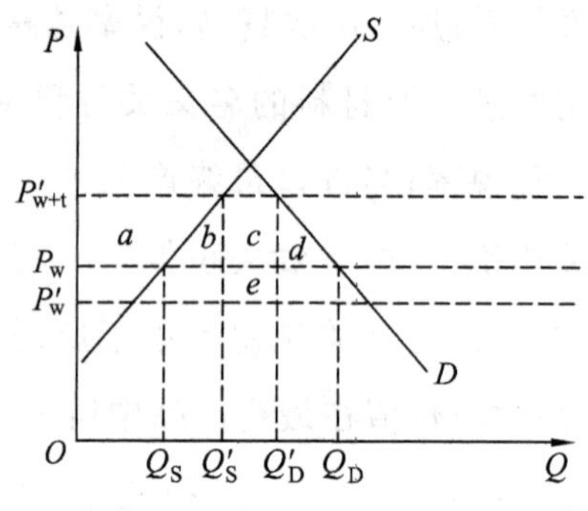

图 6-4

6. (1) 关税的调节作用：① 国内能大量生产产品，高关税可削弱进口商品的竞争能力，保护国内同类产品的生产和发展。② 对非必需品或奢侈品，高关税达到限制甚至禁止进口的目的。③ 对本国不能生产的产品，实行低关税或免税政策，鼓励进口满足国内生产和生活需要。④ 通过关税调整贸易差额。(2)关税对国际贸易的影响：① 主要国家关税税率增减幅度与国贸发展速度成反比。② 影响国贸商品结构和某些国家或地区对外贸易地区、对外贸易地理方向的变化。③ 关税会导致进口国的国内价格上涨,进口数量下降,起到保护和促进本国产品生产和销售的作用。④ 一国出现严重贸易入超和国际收支逆差时,提高进口关税,可暂时抑制进口,缩小贸易逆差和改善国际收支。

（六）计算题

1. 解:(1) 50% 的从价关税使国内市场的价格由 2 美元变为 3 美元,对世界市场价格没有影响。在这一新价格上,本国少消费 20 单位产品(由 100 变为 80),多生产 20 单位产品(由 20 变为 40),从而减少了 40 单位布的进口。进口量变为 40 单位,政府财政收入为 40 美元。

(2) 供给曲线和需求曲线的弹性越大,消费和生产效应以及贸易均衡效应也将随之变得越大。然而,当供给曲线和需求曲线的弹性很大时,关税带来的财政收入减少。这意味着政府可以通过对缺乏弹性的产品征收关税来增加财政收入。必须注意的是:财政收入的增加并非贸易政策的基本目标。

(3) 禁止关税是一个高到足以阻止所有进口的关税。如果国内布的价格上升为 4,那么国内供给可以满足国内需求,使贸易额变为 0。这个价格可以通过在最初价格的基础上征收 100%的从价关税得到。如果存在运输成本,那么该关税在低于 100%的时候就可以达到这一目标。

2. 解:(1) 该国国内伏特加酒的生产由 20 瓶变为 30 瓶,而消费量从 60 瓶变为 50 瓶。

(2) 生产者的得益相当于区域 a,消费者的损失相当于区域 $a+b+c+d$ 的面积。

(3) 关税收入是产品的关税率与进口量的乘积。关税等于 6 美元,进口量为 20 瓶,所以政府的财政收入为 120 美元。在图上相当于区域 $c+e$ 的面积。

(4) 如果政府希望帮助消费者,可以通过税收减免、消费者补贴、增加社会服务等方法来对关税收入进行再分配。

(5) 如果该国是个小国,就不能把伏特加酒的世界价格降为 9 美元。因此该国不能得到由区域 e 表示的贸易得益,在这种情况下,该国的福利一定会恶化。

3. 解:(1) 名义税率=(6 500-5 000)÷5 000×100%=30%。

所以当该国对外国电视机征收 30% 的关税时,进口电视机的价格也增加为 6 500 美元,国内消费者将不会因为较低的价格而购买外国电视机,国内的幼稚工业得到了保护。

(2) 有效保护率 E=(保护后的增值-保护前的增值)÷保护前的增值×100%

=[(6 500-3 000)-(5 000-3 000)]÷(5 000-3 000)×100%

=75%。

对外国电视机征收 30% 的名义关税率可为国内组装者提供了 75% 的有效保护率。

(3) 通过提高电视机的国内价格和(大国情况下)降低其外国价格,本国(进口国)的消费者受损,而外国(出口国)的消费者得益;外国的生产者受损而本国的生产者得益。此外,本国政府可以获得财政收入。

4. 解:中国国内价格为 13 500 美元,产量为 1 605,进口为 125。

美国国内汽车的价格为 10 500 美元,产量为 1 715,出口为 125。

关税降低了国内消费者的福利,增加了汽车制造商的福利,也增加了政府的收入。

关税使消费者和厂商共计损失 243 750 美元,政府关税收入为 375 000 美元,社会总体福利增加 131 250 美元。

(七) 案例分析题

1. 我国企业不断遭受反倾销指控的原因:(1) 外因:① 从国际大环境来看,国际贸易保护主义政策盛行。② 反倾销程序简便易行,便于实施,能够有效排斥进口又不易招致报复。③ 视中国为“非市场经济国家”,对中国的进口产品的成本认定适用所谓的“替代国”或“类比国”制度。(2) 内因:① 我国出口发展快、顺差大是导致反倾销诉讼增多的重要原因。② 国内企业的无序竞争为国外提出反倾销提供了口实。③ 对国外的倾销指控应诉不积极或应诉不力。

2. 关税结构是指一国关税税则中各类商品关税税率之间高低的相互关系,即关税税率随产品加工程度的逐渐深化不断提高,一般顺序为:制成品税率>中间品税率>初级品税率。从关税对国内产业保护的有效程度考虑,生产者更注重有效保护率,因为有效关税保护率表明关税对于进口商品竞争的国内产品提供的保护程度。因此,中国在制定关税时,必须考虑关税结构和关税升级效应,即保证关税随着产品加工程度的深化而不断提高。

第七章

进口保护政策：非关税壁垒

一、习　题

（一）名词解释

1. 非关税措施

2. 进口配额制

3. 绝对配额

4. 关税配额

5. “自愿”出口限制

6. 进口许可证制

7. 歧视性的政府采购政策

8. 外汇管制

9. 技术性贸易壁垒

10. 绿色贸易壁垒

（二）单项选择题

1. 法国对引擎为 5 马力的汽车每年征收养路税 12 美元，而对于引擎为 16 马力的汽车每年征收养路税高达 30 美元，当时法国生产的最大型的汽车为 12 马力，这种限制进口的措施属于（　　）。

A. 歧视性政府采购　　　　B. 歧视性国内税

C. 专断性的海关估价　　D. 最低限价

2. 进口许可证中的公开一般许可证(　)。

A. 对进口国别或地区没有限制

B. 对进口国别或地区有限制

C. 指定了进口国别或地区

D. 又称为非自动进口许可证

3. 政府机构在采购货物时优先购买本国产品的政策属于(　)。

A. 歧视性政府采购政策　　B. 进口押金制

C. 进出口国家垄断　　D. 特许经营

4. 某国政府规定,2008 年从中国进口布鞋不得超过 150 万双,这种限制措施属于(　)。

A. 关税配额　　B. 国别配额

C. 自限配额　　D. 全球配额

5. 一些发达国家制订种种复杂苛刻的进口技术标准之所以能够有效地限制进口,这是因为(　)。

A. 各出口国技术标准不一,因此需要统一标准

B. 外国产品不易达到其技术标准

C. 其技术标准是保密的

D. 其技术标准的公布较为迟缓

6. 日本政府曾对茶叶的农药残留量规定不得超过百万分之零点二至百万分之零点六这种规定属于(　)。

A. 技术标准　　B. 歧视性规定

C. 卫生检疫标准　　D. 包装标签规定

7. 非关税壁垒不包括(　)。

A. 政府鼓励的“购买美国货”政策

B. 企业收入税

C. 以为国内产品创造有利条件为目的而制定的产品成分工业标准

D. 歧视国外生产商的政府合同竞标政策

8. 下列各种贸易限制中，不属于非关税壁垒措施的是（　　）。

A. 进口押金制　　B. 差价税

C. 国内税　　D. 歧视性政府采购政策

9. 与进口配额相比，自愿出口限制（　　）。

A. 给进口国带来了更多的政府收入

B. 避免了进口配额带来的价格上涨

C. 给非限制供应商带来了潜在出口机会

D. 当条件变化时，很难进行修改和重新商讨

10. 某国对某种商品规定，全年进口额在200万美元以内者征税10%，超过200万美元以上的部分，除原征关税外，再加征关税60%，这种措施称为（　　）。

A. 混合税　　B. 进口附加税

C. 关税配额　　D. 罚款

11. 对关税配额内的进口商品，给予较大幅度的关税减让甚至免税，而对超过配额的进口商品则征收原来的最惠国税率，这种贸易政策措施是（　　）。

A. 关税减让　　B. 全球配额

C. 优惠性关税配额　　D. 非优惠性关税配额

12. 按照WTO的有关规定，反倾销税的征收（　　）。

A. 应大于倾销差额　　B. 不得超过倾销差额

C. 应小于倾销差额　　D. 可根据具体情况灵活掌握

13. 进口存款制度又称进口押金制，实行这种措施的目的是（　　）。

A. 进口商将进口所需资金预先存入银行，以便到时可用于付款

B. 银行通过这种方法可以更多地吸收存款

C. 政府让进口商事前存入一笔款项，以便到时由政府保证付款

D. 增加进口商的资金负担，从而起到限制进口的作用

14. 若按进口商申请的先后次序来进行进口配额的分配，那么这种配

额形式为(   )。

A. 自动配额 B. 非自动配额

C. 全球配额 D. 自主配额

15. 美国海关对我国输美轴承征收反倾销税,该税种的纳税人应该是(   )。

A. 我国出口商 B. 我国制造商

C. 美国进口商 D. 美国代理商

16. 一个国家通过外汇管理机关对外汇买卖实行复汇率制度间接影响不同商品的进口,这种外汇管制措施属于(   )。

A. 成本性外汇管制 B. 数量性外汇管制

C. 混合性外汇管制 D. 不属于外汇管制

17. 利用海关估价限制进口的措施是指高估进口商品的(   )。

A. 进口价格 B. 入门价格

C. 国内价格 D. 指标价格

18. 对于国家整体而言,分配进口配额最好的方法是(   )。

A. 竞争性拍卖 B. 固定的受惠

C. 资源使用申请程序 D. 政府适时分配

(三) 多项选择题

1. 非关税壁垒与关税相比较,其特点有(   )。

A. 灵活性 B. 针对性

C. 歧视性 D. 非歧视性

E. 隐蔽性

2. 假定某进口国在进口某种商品时使用进口配额制,但是这种配额只限制数量而不限制金额,这时出口国为扩大出口应采取的措施是(   )。

A. 提高产品质量 B. 提高产品价格

C. 改进产品包装 D. 降低出口价格以薄利多销

E. 增加出口数量

3. 日本在进口我国的奶酪、肉类等食品时，规定进口商必须先向日本国内有关部门申请进口许可，而且所进口的商品上的标签必须注明有关化学合成添加剂和非化学合成添加剂的内容，这种限制进口的措施属于(　　)。

A. 关税壁垒　　B. 非关税壁垒

C. 进口许可证　　D. 技术壁垒

E. 歧视性政府采购

4. 常见的外汇管制的方式有(　　)。

A. 数量性外汇管制　　B. 质量性外汇管制

C. 成本性外汇管制　　D. 利润性外汇管制

E. 混合性外汇管制

5. 美国政府为保护国内市场，规定1994年进口蜂蜜限额为8 500吨，并通过许可证加以分配，这是一种(　　)。

A. 进口许可证制度　　B. 有定额进口许可证制度

C. 无定额进口许可证制度　　D. 公开一般进口许可证制度

E. 特种进口许可证制度

6. 下列贸易管制措施中，(　　)属于非关税壁垒中的"自动出口配额制"。

A. 自限协定　　B. 有次序销售协定

C. 启动价格制　　D. 美国售价制

E. 多边出口管制

7. 国内税是一种比关税更灵活、更隐蔽的贸易限制手段，因为(　　)。

A. 可重复征收

B. 不受贸易条约和协定的约束

C. 制定和执行属于本国政府或地方政府的权限

D. 制定和执行是由有关国家政府协商制定

E. 税率与关税税率相同

8. 在认定倾销与损害之间的因果关系时,进口方主管机构应审查除进口倾销产品以外的、其他可能使国内产业受到损害的已知因素,包括(　　)。

A. 未以倾销价格产生的进口产品的价格及数量

B. 需求萎缩或消费模式的改变

C. 外国与国内生产商之间的竞争与限制性贸易做法

D. 技术发展

E. 国内产业的出口实绩及生产率

9. 下列属于非关税措施的有(　　)。

A. 反补贴措施　　B. 各种歧视性国内税

C. 国有贸易　　D. 歧视性政府采购政策

E. 禁止进口

(四) 判断题

1. 自愿出口限制是出口国为了维护本国利益而实施的一种出口管制政策。(　　)

2. 非关税壁垒和关税措施一样,都会导致商品价格上涨,限制进口。(　　)

3. 美国开展"购买美国货"的活动出自于爱国主义动机,并不应被视为非关税贸易壁垒。(　　)

4. 与关税和配额相比,自愿出口限制避免了国内价格上涨造成的福利损失。(　　)

5. 由于关税的收入效应由政府获得,而配额的收入效应被出口企业获得,因而对进口国来说,配额造成的福利损失往往大于关税。(　　)

6. 成本性外汇管制是指一国外汇管理机构对外汇买卖实行复汇率制

度,利用外汇买卖成本的差异来间接影响商品的进出口。(　　)

7. 进口押金制是通过加重进口商的资金负担来限制商品进口的。(　　)

8. 实施绝对进口配额后,如果国内需求增加,则进口量增加,国内价格上升,国内生产增加,消费减少。(　　)

(五) 问答题

1. 非关税壁垒有哪些特点?

2. 简述绝对配额的含义及其种类。

3. 什么是自愿出口限制? 它是否与 WTO 的基本原则相抵触? 为什么?

4. 技术性贸易壁垒的表现形式有哪些?

5. 政府对外贸权和进口产品分销权的控制为什么被认为是一种非关税壁垒?

6. 出口国对本国出口企业的补贴可以增加进口国的福利,为什么进口国政府还要征收反补贴税?

(六) 计算题

1. 设中国是汽车进口的小国,对汽车的需求和供给分别为:$D_C=2\,000-0.02\,P$,$S_C=1\,200+0.03\,P$,并设国际市场上汽车的价格 P 为 10 000美元,请用数字和图形说明:

(1) 在自由贸易下,中国汽车的产量及进出口量,自由贸易对国内消费及厂商的福利影响。

(2) 中国为汽车进口设定 150 单位的配额限制,国内汽车的价格、产量及贸易量;与自由贸易相比,消费者、政府、厂商的福利变动。

2. 设中国是汽车进口的小国,对汽车的需求和供给分别为:$D_C=2\,000-0.02\,P$,$S_C=1\,200+0.03\,P$,国际汽车市场价格为 8 000 美元。分析中国对每辆汽车征收进口关税 3 000 美元和实施进口配额 150 分别对国内价格、进口量、消费者、政府、厂商的福利影响。

3. 中国和美国两国贸易模型：

设中国对汽车的需求和供给分别为：$D_C = 2\,000 - 0.02P$，$S_C = 1200 + 0.03P$。

美国对汽车的需求和供给分别为：$D_{US} = 1\,800 - 0.02P$，$S_{US} = 1\,400 + 0.03P$。

请计算：

(1) 中国为美国的汽车进口设定的配额为 100 单位，这时各国汽车市场的价格、产量。

(2) 与自由贸易相比，各国消费者、厂商的福利变动。

4. 假设某国想要保护本国的玉米产业，对其进口加以配额限制。在国际市场上，玉米的供给富于弹性，也即是说，该国是一个小国。如果玉米在国际市场上每蒲式耳售价为 3.60 美元，而在国内市场上售价为每蒲式耳 5.40 美元，这意味着进口 1 蒲式耳玉米的收益为 1.80 美元。图 7-1 描述了该国玉米市场的状况。

(1) 比较自由贸易下玉米的进口量与这一配额限制下的进口量。

(2) 图 7-1 中，消费者剩余的变动与生产者剩余的变动分别由哪些区域表示？

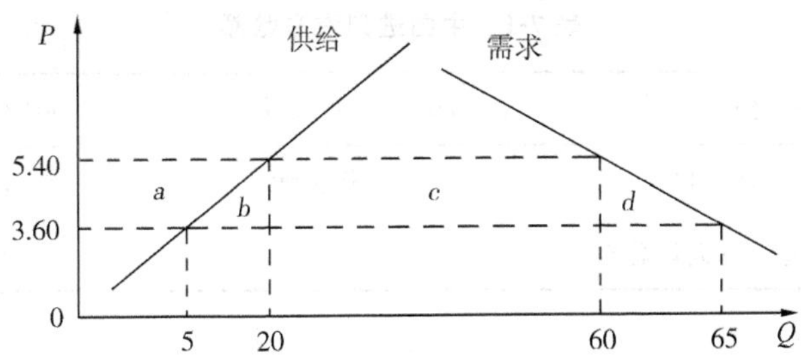

图 7-1　该国玉米市场的状况

(3) 采用配额政策和采用关税政策的不同是:在配额制度下,配额的收入由进口许可证持有者获得。在图 7-1 中标出配额租的值。

(七) 案例分析题

1. 2001 年 12 月 4 日,中国国家经贸委发布消息:"为了适应加入世界贸易组织的新形势,严格遵循其法律框架及有关协议规定,中国政府正式设立产业损害调查局,负责反倾销、反补贴、保障措施案件的产业损害调查与裁决工作。"试用国际贸易相关知识对此进行分析。

2. 2001 年 4 月,日本政府突然宣布其农业受到中国农产品冲击,自 2001 年 4 月 23 日起启动临时保障措施以限制中国农产品进口:"日本对中国出口日本的农产品大葱、鲜香菇、红小豆、蔺草席等加征的进口关税,大大高于平均 3%~6%的关税。"此举使中国出口日本的农产品受到影响:大葱 4 月比 3 月出口减少 35%,鲜香菇 4 月比 3 月出口减少 37%。日本政府还准备对中国传统的出口工业品毛巾、袜子和陶瓷进行限制,此外,还准备对聚酯类产品进行反倾销。中国政府迅速作出反应,于 2001 年 6 月 19 日对日本出口中国的汽车、手机和车载无线电话、空调调解器加征 100% 的特别关税,并称中国每年从日本进口的汽车占进口汽车的半壁江山。而日本政府则表示对华出口汽车数量不大,不会受到影响。中国进口汽车数额如表 7-1 所示。请分析中国贸易战和贸易战中贸易制裁的成功与失败。

表 7-1　中国进口汽车数额

进口额	2000 年 1—5 月	2001 年 1—5 月
中国从国外进口	7.62 亿美元	5.37 亿美元
中国从日本进口占进口总额	59%	51%

二、部分参考答案

（五）问答题

1. 与关税措施相比，非关税措施具有一些明显的优越性，因而在当代的国际贸易中成为限制进口的主要手段，它具有以下优点：(1) 隐蔽性；(2) 灵活性；(3) 有效性；(4) 歧视性。

2. 绝对配额是指在一定时期内，对某些商品的进口数量或金额规定一个最高限额，超过限额后，就不准进口。根据实施方式不同，绝对配额有全球配额、国别配额和进口商配额之分。

3. (1)自愿出口限制的定义："自愿"出口限制是出口国在进口国的要求或压力下，"自愿"规定某一时期内(一般为 3 年)某些商品对该国的出口配额，在限定的配额内自行控制出口，超过配额即禁止出口。(2) "自愿"出口限制与 WTO 的基本原则是相违背的，其原因如下：① 直接违背了 WTO 的取消数量限制原则；② 违背了 WTO 的非歧视性原则；③ 违背了 WTO 所倡导的自由贸易精神。

4. 技术性贸易壁垒主要表现形式为：(1) 技术法规和标准；(2) 卫生检疫措施；(3) 合格评定程序；(4) 商品包装和标签的规定。

5. 政府控制该国厂商进口的权力实际上限制了该国的进口数量，该国进口多少进口什么完全掌握在政府手中。不是市场能决定的，政府可以根据国内产业的需要妨碍自由贸易，因而构成了一种非关税壁垒。

6. 出口国的补贴降低了进口国的价格对厂商有利，但是进口国国内的工业会受到威胁，产量会下降。进口国的厂商会努力游说，向政府施加压力要求征收报复性的反补贴税，消费者会反对反补贴税，但是进口国政府往往把企业的利益放在优于消费者的地位上，所以政治经济学往往能解释征收反补贴税的原因。

(六) 计算题

1. 解:(1) 自由贸易下中国汽车的产量为 1 200＋0.03×10 000＝1 500,消费量为 2 000－0.02×10 000＝1 800,所以净进口为 300。相对于封闭经济,自由贸易的价格更低,所以消费者剩余增加而厂商利润降低。

(2) 中国为汽车进口设定 150 单位的配额限制后,国内汽车的价格为 13 000 美元,产量为 1 590,国内消费 1 740,净进口 150。与自由贸易相比消费者福利下降,厂商和政府的福利变动要视配额的分配方式而定。

2. 解:

中国为汽车进口征收 3 000 美元进口关税,国内汽车的价格为 11 000 美元,产量为 1 530 辆,国内消费 1 780 辆,净进口 250 辆。与自由贸易相比,消费者福利下降,厂商福利增加,政府因获得进口关税收入而福利增加。

中国为汽车进口设定 150 单位的配额限制后,国内汽车的价格为 13 000美元,产量为 1 590 辆,国内消费 1 740 辆,净进口 150 辆。与自由贸易相比消费者福利下降,厂商和政府的福利变动要视配额的分配方式而定。

3. 解:

(1) 中国汽车价格为 14 000,产量为 1 620;美国汽车价格为 10 000,产量为 1 700。

(2) 与自由贸易相比,中国消费者受损,厂商获利;美国消费者获利,厂商受损。

4. 解:(1) 在自由贸易时,本国进口 65－5＝60 蒲式耳玉米,在配额时,玉米的进口被限制在 60－20＝40 蒲式耳。

(2) 配额提高了玉米的国内价格,导致消费者剩余的减少,减少额等于区域 $a+b+c+d$。国内生产者从较高的价格中得益,等于区域 a。

(3) 配额租等于区域 c。

七、案例分析题

1. 可围绕下述三点展开分析:(1) 设立产业损害调查局,表明了我国政府加入世界贸易组织后认真履行有关承诺,坚持依法行政的决心;(2) 保护国内幼稚产业免受外部倾销的冲击;(3) 保证我国出口的产品不受国外反倾销诉讼的冲击。

2. (1) 贸易战与贸易制裁的含义;(2) 中国贸易战和贸易战中贸易制裁的成功之处主要体现在以下几个方面:① 中国政府在日本政府挑起贸易战后反应积极。② 中国政府有效地利用了中国这个全球增长最快的市场的优势;③ 中国政府是以解决问题为目的进行贸易战的而非恶意的报复。(3) 中国贸易战和贸易战中贸易制裁的失败之处:历次贸易应诉中,中国政府都是被动的而非主动采取措施进行规避。

第八章

出口鼓励与其他政策

一、习　　题

（一）名词解释

1. 出口补贴
2. 买方信贷
3. 出口信贷
4. 商品倾销
5. 外汇倾销
6. 保税区
7. 经济特区
8. 出口管制

（二）单项选择

1. 出口信贷中的卖方信贷是指（　　）。

A. 进口国银行提供给卖方的银行信贷

B. 卖方提供给买方的商业信贷

C. 进口国银行提供给买方的银行信贷

D. 出口国银行提供给卖方的银行信贷

2. 出口信贷中的买方信贷是指(　　)。

A. 出口方银行向本国出口商提供的贷款

B. 出口方银行向外国进口商提供的贷款

C. 进口方银行向外国出口商提供的贷款

D. 进口方银行向本国进口商提供的贷款

3. 出口信贷利率一般(　　)。

A. 高于国际金融市场贷款利率

B. 等于国际金融市场贷款利率

C. 低于国际金融市场贷款利率

D. 高于出口国金融市场贷款利率

4. 买方信贷的贷款(　　)。

A. 能够购买世界各国的产品

B. 只能购买债权国的产品

C. 只能购买债务国的产品

D. 只能购买世界贸易组织成员国的产品

5. 偿还期为1～5年的出口信贷是(　　)。

A. 短期出口信贷　　B. 中期出口信贷

C. 长期出口信贷　　D. 中长期出口信贷

6. 因为销售季节已过或公司改营其他业务,出口国低价向国外抛售剩余货物,这是(　　)。

A. 偶然性倾销　　B. 间歇性倾销

C. 长期性倾销　　D. 不属于倾销

7. 一个国家通过低价向国外抛售商品,目的是为了占领、垄断和掠夺国外市场,获取高利润,这种行为属于(　　)。

A. 偶然性倾销　　B. 间歇性倾销

C. 长期性倾销　　D. 不属于倾销

8. 本国货币对外币实行升值后,在对该国的出口与对外直接投资上产生的影响是(　　)。

A. 有利于前者但不利于后者

B. 有利于后者但不利于前者

C. 对两者都有利

D. 对两者都不利

9. 一国货币对外贬值的结果是(　　)。

A. 可以长期刺激本国产品的出口

B. 会引起国内物价的上涨而不利于本国的出口

C. 虽然会引起国内物价上涨,但在物价上涨前的一段时期仍会刺激出口

D. 引起进口国货币的同等程度的贬值,所以不会刺激出口

10. 巴黎统筹委员会是(　　)。

A. 国际多边促进出口机构

B. 国际多边管制出口机构

C. 关贸总协定下面的一个解决贸易争端的机构

D. 世界贸易组织下面的政策评审机构

11. 经济特区的种类很多,属于工业性经济特区的是(　　)。

A. 保税区　　B. 自由贸易区

C. 出口加工区　　D. 自由港

12. 保税仓库属于(　　)经济特区。

A. 贸易型　　B. 出口加工型

C. 科技型　　D. 创新型

13. 一般而言,如果进行长期性倾销,商品的进口价格应(　　)。

A. 低于平均成本　　B. 高于平均成本

C. 低于边际成本　　D. 高于平均可变成本

14. 约束性贷款是指(　　)。

A. 卖方信贷　　B. 买方信贷

C. 短期信贷　　D. 进口信贷

（三）多项选择题

1. 出口信贷国家担保制的担保对象包括（　）。

A. 出口厂商　　B. 进口厂商

C. 出口方银行　　D. 进口方银行

E. 出口国政府

2. 间接补贴的具体形式有（　）。

A. 退还或减免出口商品所缴纳的国内税

B. 暂时免税进口

C. 退还进口税

D. 免征出口税

E. 提供低息贷款

3. 外汇倾销要起到扩大出口的作用，必须具备的条件有（　）。

A. 货币贬值的程度要大于国内物价上涨的程度

B. 货币贬值的程度要小于国内物价上涨的程度

C. 其他国家不同时实行同等程度的货币贬值

D. 其他国家不采取报复性措施

E. 出口商品需求弹性大于1

4. 出口大国实施出口补贴贸易措施后，会使得该国（　）。

A. 国内价格提高　　B. 消费者剩余降低

C. 生产者剩余增加　　D. 国家财政支出提高

E. 国民福利净损失

5. 贸易小国对其出口工业实施生产补贴贸易措施后，会使得该国（　）。

A. 国内价格提高　　B. 消费者剩余降低

C. 生产者剩余增加　　D. 国家财政支出提高

E. 国民福利净损失

6. 需要进行出口管制的商品主要有（　　）。

A. 战略物资、尖端技术、先进产品及有关的技术资料

B. 国内生产所需的原材料、半制成品及国内市场供应不足的需品

C. 某些重要的历史文物、艺术品、黄金、白银等特殊商品

D. 国内市场供应充裕的产品

E. “自动”限制出口商品

（四）判断题

1. 出口信贷是一种非限制性贷款，这种借款除了用于购买贷款国的出口商品外，还可用于购买其他国家的出口商品。（　　）

2. 偶然性商品倾销的主要目的在于对国外竞争对手进行突然性打击，排挤竞争对手，扩大国外市场。（　　）

3. 不论是出口大国还是出口小国，实施出口补贴都会导致国民福利的净损失。（　　）

4. 自由边境区是一种工贸型经济特区，它一般设在本国的边境地区，提供类似出口加工区的优惠措施，吸引国内外厂商投资，生产以出口为主的制成品，其目的是开发边区经济。（　　）

5. 由于出口信贷国家担保制中，担保机构承保的出口风险项目风险很大，因而所收取的费用也较高。（　　）

6. 出口退税作为鼓励出口的一种措施，可以对其征收反补贴税。（　　）

7. 出口信贷、卖方信贷、买方信贷都是提供借款扩大商品出口的三种不同形式。（　　）

8. 一国政府对某些出口商品所给予的种种直接的财政优惠就是直接补贴。（　　）

（五）问答题

1. 经济特区有哪些主要类型？

2. 什么是出口补贴？它分为哪些种类？

3. 什么是外汇倾销？外汇倾销要起到扩大出口的作用，必须具备哪些条件？

4. 出口管制有哪些具体内容？

5. 比较鼓励出口的三种政策（出口补贴、出口行业的生产补贴和出口行业的价格支持）对本国市场价格、生产量、消费量、出口量、生产者和消费者利益、政府支出及整个社会的福利影响。

（六）计算题

1. 某小国能够以每单位 10 的国际价格进口某种产品。这种产品在该国国内的供给曲线为 $S=-50+10P$，需求曲线为 $D=400-5P$。另外，每 1 单位的产品能够产生价值为 20 单位的边际收益。

（1）画图并计算对每 1 单位进口产品征收 5 单位的关税给社会福利造成的全部影响。

（2）计算给予 5 单位的生产补贴给社会福利造成的全部影响。

（3）每单位产品的最优生产补贴是多少，此时的社会福利是多少？

（4）最优生产补贴是多少？

2. 假设在没有贸易的情况下，法国牛肉为每吨 2 625 美元，而国际牛肉市场的价格为每吨 2 000 美元。在自由贸易下，法国自己生产 100 万吨，从国际市场上进口 50 万吨。法国政府为保护本国农民利益规定了 3 000 美元的保护价格，结果牛肉生产增至 120 万吨，并向其他国家出口了 30 万吨。试用图和数字估计法国政府、农民、消费者和整个社会的福利变动。

3. 美国一向是石油的消费大国，消费世界 1/4 的石油，已知：

美国石油的需求为 $D_{US}=125-0.25\ P$，美国国内供给为 $S_{US}=25+$

1.75 P，世界石油供给为 $S=100+9P$。

现在假设美国政府为鼓励进口石油对每单位石油进口补贴 1 美元，试求美国国内生产、消费、价格和相关群体的利益变化。

4. 一国每年在世界市场上以每台 6 000 美元的价格出口 50 台拖拉机，该国政府希望进一步发展本国的拖拉机工业并扩大其出口，决定给予每台拖拉机 900 美元的出口补贴。该决定使得拖拉机的国内市场价格上升为每台 6 450 美元，而在外国市场上的价格下降为 5 550 美元。图 8-1 描述了该国拖拉机市场的状况。

(1) 为什么出口补贴没有完全反映在国内市场的新价格上？

(2) 出口补贴对该国的生产和出口有什么影响？

(3) 出口补贴对消费者剩余、生产者剩余和政府收入有什么影响？

(4) 在图 8-1 中，消费者剩余、生产者剩余和政府收入分别由哪些区域表示？

(5) 出口补贴对该国贸易条件有什么样的影响？

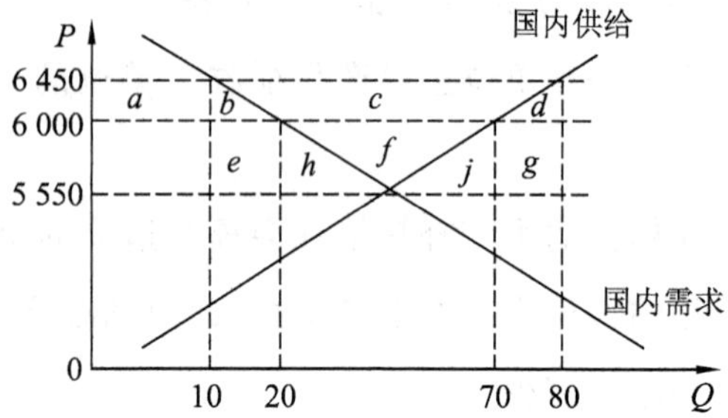

图 8-1 拖拉机供需图

（七）案例分析题

1. 2007 年 6 月 15 日，美国商务部工业和安全局(Bureau of Industry and Security, BIS) 发布关于对中国高科技产品出口限制的规定，简称“China Rule”。美国此次高科技出口管制名单经过了前后一年多的论证，最终涉及 20 个大类、31 个条款。航空器及航空发动机、惯性导航系统、激光器、光学纤维、贫铀、水下摄像机及推进系统、先进复合材料以及高科技通信器材均在名单上。美国商务部长古铁雷斯发表声明说，出台这些举措是为了美国的“国家安全”，维护美国出口商的利益及保护就业。试用国际贸易相关知识对此进行分析。

2. 中国出口信用保险公司（Sinosure，简称中国信保）于2001年12月18日正式揭牌运营，是我国唯一一家承办出口信用保险业务的政策性保险公司，资本来源为出口信用保险风险基金，由国家财政预算安排。中国信保承保国家风险和买方风险，国家风险包括买方国家收汇管制、政府征收、国有化和战争等，买方风险包括买方信用风险（拖欠货款、拒付货款及破产等）和买方银行风险（开证行或保兑行风险）。2010年中国信保业务规模全球排名第一，短期出口信用保险突破1 000亿美元，极大地支持了我国货物、技术和服务等项目的出口，特别是高科技、附加值大的机电产品等资本性货物出口。试用国际贸易相关知识对此进行分析。

二、部分参考答案

（五）问答题

1. 经济特区是一国为了促进对外经贸发展，加快经济建设而在国内设立的特殊区域。在这个区域内，采取比其他地区更开放、更灵活、更优惠的政策和管理体制，以吸引外资和引进外国先进技术设备。经济特区基本上可分为三种类型：(1) 贸易型的经济特区；(2) 工贸型的经济特区；(3) 科技型的经济特区。

2. 出口补贴是指一国政府在某种商品出口时给予出口厂商的现金补贴或财政上的优惠待遇，目的在于支持出口商降低出口商品的价格，加强其在国际市场上的竞争能力。出口补贴有两种：(1) 直接补贴，是指出口某种商品时，由政府直接付给出口厂商的现金补贴；(2) 间接补贴，是指政府对有关出口商给予财政上的优惠待遇。其具体形式主要有退还或减免出口商品所缴纳的国内税、暂时免税进口、退还进口税、免征出口税、延期纳税、减低运费、提供低息贷款、复汇率等。

3. 外汇倾销是国家利用本国货币对外贬值的机会向国外倾销商品的一种特殊措施。当一国货币对外贬值后，用外币表示的本国出口商品的价格会降低，该商品的竞争能力则相应地提高，从而有利于扩大出口。外汇倾销必须具备以下两个条件才能起到扩大出口的作用：(1) 货币贬值的幅度要大于国内物价上涨的幅度；(2) 其他国家不同时实行同等程度的货币贬值或采取其他报复性措施。

4. 出口管制的商品主要有以下几类：(1) 对战略物资、尖端技术、先进产品及有关的技术资料，严格控制出口，甚至禁止出口；(2) 对国内生产所需的原材料、半制成品及国内市场供应不足的必需品，实行限量出口；(3) 对重要的历史文物、艺术品及黄金、白银等特殊商品，大多数国家规定需经特许才能出口；(4) 出于某种政治、军事、经济或外交上的目的，对某些特定的国家和地区实行出口管制和禁运，进行制裁；(5) 对某些在国际市场上竞争激烈的商品，为了缓和与进口国在贸易上的矛盾，在进口国的压力下，实行"自动"限制出口。

5. 三种政策对国内市场价格等的影响参见表 8-1。

表 8-1

	出口补贴	生产补贴	价格支持
市场价格	升高	不变	升高
生产量	增加	增加	增加
消费量	减少	不变	减少
出口量	增加	增加	增加
生产者利益	增加	增加	增加
消费者利益	减少	不变	减少
政府支出	增加	增加最多	增加
社会的福利	减少	减少最少	减少

（六）计算题

1. 解：见图 8-2，自由贸易时，$P_W=10$ 时，

$S=-50+10\times10=50$，

$D=400-5\times10=350$，

贸易量$=D-S=300$。

(1) 对每 1 单位进口产品征收 5 单位的关税时，

$P=P_W+5=15$，

$S=-50+10\times15=100$，

$D=400-5\times15=325$，

贸易量$=D-S=225$。

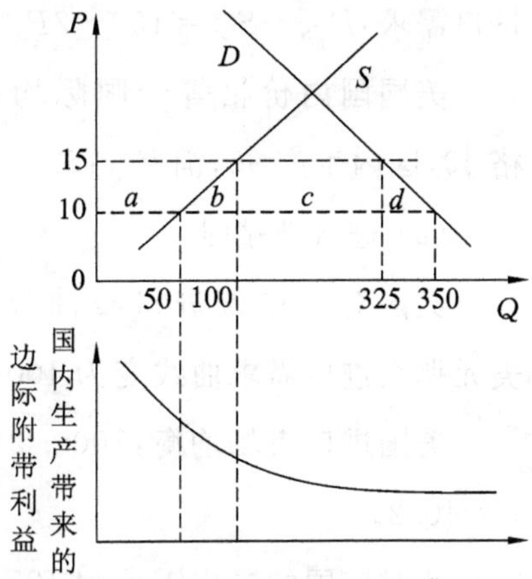

图 8-2

贸易规模减少了 75，也是 b 与 d 的总底边，且有 $\Delta S=50$，$\Delta D=25$ 在不考虑由于生产增加所致的社会边际收益时，社会福利为$-(b+d)$，如果考虑生产增加所致的社会边际收益，则

$$\text{社会福利}=-(b+d)+\Delta S\times20=-(b+d)+50\times20$$
$$=-1/2\times75\times(15-10)+1\,000=812.5。$$

(2) 生产补贴时，$S=-50+10\times15=100$，$\Delta S=50$，D 不变。此时考虑边际社会收益后的福利$=-b+\Delta S\times20=-b+50\times20=-1/2\times(100-50)\times5+50\times20=875$。

(3) 假定生产补贴为 T，此时的 $S=-50+10(10+T)=50+10T$，$D=$不变 $\Delta S=10T$，此时三角形 b 的底边为 $10T$，高为 T，则有社会福利$=-b+\Delta S\times20=-1/2\times10T\times T+\Delta S\times20=-5T^2+200T$，对其求导，有 $10T=200$，则有 $T=20$，此时的社会福利$=-5\times400+200\times20=2\,000$。

2. 解：如图 8-3 所示相对自由贸易法国政府损失 3 亿美元，农民获利 11 亿美元，消费者损失 12 亿美元，整个社会福利损失 4 亿美元。

3. 解：分析框架与大国进口关税类似，只是方向相反。

(1) 自由贸易时:

国际对美国市场的出口供给: $S-S_{US}-3D_{US}=8P-300$。美国的进口需求:$D_{US}-S_{US}=100-2P$。

美国国内价格等于国际均衡价格 40,国内生产 95,消费 115。

(2) 进口补贴时

美国对每单位进口石油补贴 1 美元那么进口需求曲线变为 100－2(P－1)。

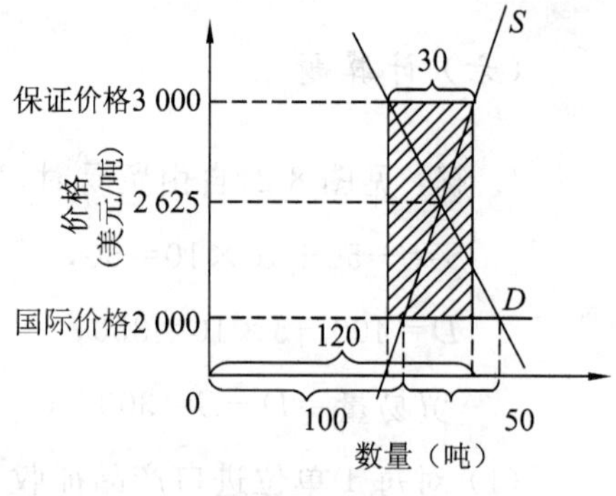

图 8-3

美国进口市场均衡:100－2(P－1)＝8P－300,解出为国际市场价格 P＝40.2。

此时美国的国内需求为 125－0.25(40.2－1)＝115.2。

美国国内供给厂商的要价也只能是 40.2－1＝39.2,因为如果国内价格不是 39.2,消费者就会消费进口石油。这样国内总供给为 25＋1.75×39.2＝93.6。

美国的进口需求 100－2×(40.2－1)＝21.6。

所以有国内总需求 115.2＝国内总供给 93.6＋进口需求 21.6。

相对自由贸易美国石油生产者损失 75.44,消费者获利 92.08,政府损失 21.6,社会总体损失 4.96。

4. 解:(1) 当出口国的价格从 6 000 美元上升为 6 450 美元、进口国的价格从 6 000 美元下降为 5 550 美元时,本国价格的上升幅度小于补贴。

(2) 价格上升后,该国拖拉机的产量由 70 台增加为 80 台,出口增加 20 台,由 50 台变为 70 台。

(3) 该国的拖拉机消费者因为价格的上涨而受损。政府因补贴而受损。

(4) 在图 8-1 中,消费者损失等于区域 $a+b$,生产者得益等于区域 $a+b+c$,政府损失等于区域 $b+c+d+e+f+g+h+i$。

(5) 出口补贴降低了外国市场上的出口价格，贸易条件恶化。这与关税对贸易条件的影响正好相反。

（七）案例分析题

1. 出口管制是指国家通过法令和行政措施对本国出口贸易所实行的管理与控制。许多国家，特别是发达国家，为了达到一定的政治、军事和经济的目的，往往对某些商品、尤其是战略物资与技术产品实行管制、限制或禁止出口。实施出口管制的目的主要有：(1) 保护国内制造业的原料供应；(2) 保护国内市场价格平稳；(3) 保护技术和高技术产业；(4) 保护和推动国内市场的制成品出口；(5) 保护国内资源；(6) 保护具有经济价值和文化价值双重性的珍贵工艺品、古董以及文化遗产不外流；(7) 对某些国家实行歧视；(8) 在战争时期，以封锁和禁止商品出运作为在政治上、经济上打击对手的一种手段。

2. 出口信贷国家担保制是一国政府设立专门机构，对本国出口商和商业银行向国外进口商或银行提供的延期付款商业信用或银行信贷进行担保，当国外债务人不能按期付款时，由这个专门机构按承保金额给予补偿。这是国家用承担出口风险的方法，鼓励扩大商品出口和争夺海外市场的一种措施。出口信贷国家担保制的特点有：(1) 担保的项目具有广泛性；(2) 担保的金额的不等性；(3) 担保期限与出口信贷的对应性；(4) 保险费率低；(5) 各国或地区担保机构的性质具有多样性。

第九章

贸易保护理论

一、习　题

（一）名词解释

1. 重商主义
2. 贸易差额论
3. 幼稚产业
4. 对外贸易乘数
5. 新贸易保护主义
6. 战略性贸易政策
7. 管理贸易制度
8. 普雷维什命题

（二）单项选择题

1. 依据晚期重商主义者所主张的另类观点，该理论又被称作（　　）。

A. 货币价值论　　B. 贸易差额论

C. 财富价值论　　D. 货币差额论

2. 重商主义的财富观集中地表现为：社会财富的唯一形态是（　　）。

A. 金银货币　　B. 生产力

C. 对外贸易　　D. 金银矿藏

3. 贸易差额论将其主张建立在(   )基础上。

A. 货币收支　　B. 贸易顺差

C. 国际收支　　D. 比较优势

4. 汉密尔顿的保护关税论主张以关税措施来保护本国的(   )。

A. 农业　　B. 采矿业

C. 制造业　　D. 幼稚产业

5. 李斯特保护贸易理论所主张的保护对象是(   )。

A. 衰落的工业　　B. 垄断的产业

C. 有前途的幼稚产业　　D. 没有竞争力的幼稚产业

6. 根据李斯特的保护阶段论,当一国进入到农工商发展时期,该国应实行(   )。

A. 自由贸易政策　　B. 保护贸易政策

C. 管理贸易政策　　D. 战略性贸易政策

7. 凯恩斯主义的贸易保护理论是一种(   )。

A. 一般保护贸易理论　　B. 超保护贸易理论

C. 战略性贸易理论　　D. 幼稚产业保护理论

8. 当某国将所增的出口收入用于国内消费和进口时,对外贸易乘数的大小就取决于(   )。

A. 边际消费倾向　　B. 边际储蓄倾向

C. 边际进口倾向　　D. 边际投资倾向

9. 20 世纪 70 年代中期之后形成的新贸易保护主义在实践中呈现出诸多新特征,其中在贸易制度上逐步演变成为(   )。

A. 超贸易保护制度　　B. 自由贸易制度

C. 管理贸易制度　　D. 管制贸易制度

10. 20 世纪 70 年代中期以后的新贸易保护主义呈现出以下特征(   )。

A. 国际多边体系得到增强

B. 关税成为主要的限制进口措施

C. 走向超贸易保护制度

D. "奖出限入"的重点转向鼓励出口

11. 主张通过贸易保护政策来扶持幼稚工业成长的经济学家是(　　)。

A. 亚当·斯密　　B. 大卫·李嘉图

C. 李斯特　　D. 凯恩斯

12. 李斯特贸易保护学说认为,比财富本身更为重要的是(　　)。

A. 发展本国工业　　B. 发展本国商业

C. 发展本国生产力　　D. 增加消费福利

13. 国际贸易中的新贸易保护主义产生于(　　)。

A. 二战后初期　　B. 20 世纪 60 年代

C. 20 世纪 70 年代　　D. 20 世纪 80 年代

14. 主张多出口、少进口,以达到积累货币财富的目的,这种思想来自于(　　)。

A. 贸易保护主义　　B. 贸易自由主义

C. 重商主义　　D. 凯恩斯主义

15. 普雷维什提出的关于发展中国家贸易保护的理论是(　　)。

A. "中心—外围"理论　　B. 贸易乘数理论

C. 幼稚产业保护理论　　D. 充分就业理论

(三) 多项选择题

1. 下列与重商主义相关的表述中,正确的命题有(　　)。

A. 产生于 15 世纪　　B. 主张实行金本位制度

C. 认为贸易差额有利　　D. 认为贸易平衡有利

E. 主张金银货币是财富表现的唯一形态

2. 贸易差额论的主要政策主张为( )。

A. 禁止货币外流　　B. 实行奖出限入

C. 开采金银矿藏　　D. 保护弱小产业

E. 允许进口但必须确保年度顺差

3. 对外贸易的乘数作用表现为( )。

A. 顺差对国民收入的倍增效应

B. 顺差对国内投资的倍增效应

C. 逆差对国民收入的倍缩效应

D. 逆差对国内投资的倍缩效应

E. 进出口贸易对国内经济的拉动

4. "外围"国家贸易条件出现长期恶化的原因是( )。

A. 技术进步获益较少　　B. 以初级产品出口为主

C. 资源匮乏　　D. 工会作用弱化

E. 人口众多

5. 20世纪70年代后的新贸易保护主义在实践中呈现出以下特点( )。

A. 保护范围扩大　　B. 以奖励出口为重点

C. 政府行政干预力度加大　　D. 贸易壁垒区域化、集团化

E. 发展中国家贸易保护盛行

6. "中心—外围"学说中的"中心"是指( )。

A. 发达国家　　B. 发展中国家

C. 市场经济国家　　D. 工业制成品输出国家

E. 技术进步领先国家

7. 按照李斯特的观点,出现以下情形时贸易保护将被中止或撤销( )。

A. 受保护的产业在20%～30%的保护关税下不能建立

B. 受保护的产业在40%～60%的保护关税下不能长期生存

C. 在最高保护期限内不能被扶植起来

D. 经保护的产业已具备能同外国竞争的能力

E. 国外有相应的贸易保护措施

（四）判断题

1. 重商主义既是西方国际贸易理论史上最早的学说，同时也是自由贸易理论的开拓者。（　　）

2. 从国际贸易学说史来看，产生于15世纪的重商主义尽管没有形成完善的理论体系，但它开创了贸易保护理论研究的先河。（　　）

3. 贸易差额论主张一国可以多卖，但不能多买，否则就会导致金银货币大量外流。（　　）

4. 阶段保护论主张每一个相对落后的国家都应该启用非关税措施来对本国的幼稚产业进行长时期的保护。（　　）

5. 保护幼稚工业理论主张对幼稚工业应当无条件地进行保护，以发展本国的工业生产能力。（　　）

6. 对外贸易乘数理论认为，如同投资的乘数作用那样，一国的进出口作为国民收入流量的注入将会对该国国民收入的增长产生倍数效应。（　　）

7. 20世纪70年代中期之后形成了新贸易保护主义，其基本特点之一是在关税水平不断下降的情况下日渐强化各种非关税措施。（　　）

8. 20世纪70年代中期之后，国际贸易领域的限制措施由国家壁垒开始转向区域集团壁垒。（　　）

9. 管理贸易制度强调以市场调节为主导、以政府干预为辅助，实现对外贸活动的协调和鼓励。（　　）

10. “中心—外围”学说通过对国际分工体系中不平等现象的分析开创了发展中国家贸易保护问题的研究。（　　）

（五）问答题

1. 货币差额论和贸易差额论有何异同？

2. 李斯特阶段保护论的基本观点包括哪些？请对这一理论加以述评。

3. 试述对外贸易乘数的作用机理。

4. 新贸易保护主义在实践中呈现出哪些主要特点？

5. 简述战略性贸易政策理论的核心观点。

6. 简述“中心—外围”学说的主要论点。

（六）计算题

1. 假定一国某年的外贸出口收入增加400亿美元，边际储蓄倾向为1/4，边际进口倾向为1/8，那么，出口所增加的400亿美元收入会给该国带来多少国民收入？

2. 假定一国某年的外贸出口收入增加600亿美元，边际进口倾向为1/5，那么，出口所增加的600亿美元收入会给该国带来多少国民收入？

（七）案例分析题

1. 2001年11月9日至13日，世界贸易组织第四届部长级会议在多哈举行，中国成功地加入WTO并成为本次会议的亮点。回顾长达15年之久的复关、入世谈判历程，中国在遵循GATT/WTO基本原则的基础上始终把发展中国家地位和有条件的渐进式的市场开放作为自己的基本立场，并在谈判和入世承诺中适当地保留了开放市场的必要条件，对农业、服务业中的金融和电信等部门、工业中的汽车等部门都设置了一些适度的过渡性保护措施，以求改善这些产业的成长环境，避免过多的外来冲击，加快其成长的进程。对于我国的上述立场和做法，请运用李斯特的保护贸易理论来加以分析说明。

2. 依据表9-1分析说明空中客车和波音公司的决策选择。假如欧盟对空中客车贴补 30 万美元，二者的决策选择会出现什么样的变化？

表 9-1　没有政府补贴时的损益情况（单位：万美元）

		空中客车	
		生产	不生产
波音公司	生产	−10 ＼ −10	0 ＼ 120
	不生产	120 ＼ 0	0 ＼ 0

3. 共同农业政策（Common Agricultural Policy，简称 CAP）是欧盟内实施的第一项共同政策。CAP 建立之初的目标为提高农业生产力，确保农业生产者合理适当的生活水准，稳定农产品市场，确保农产品供应，提供消费者合理价格，使欧盟农业免遭外部廉价农产品的竞争。CAP 自 1962 年开始实施以来，欧盟农业发展先后经历了自 20 世纪 60 年代农产品短缺到 20 世纪 70 年代自给自足。基于欧盟在农产品贸易领域的地位变化，请引用相关的保护贸易理论对这一变化加以分析说明。

二、部分参考答案

（五）问答题

1. (1) 二者的差异之处：① 货币差额论基于货币收支；主张禁止货币输出，限制产品输入。② 贸易差额论基于贸易顺差，反对禁止货币输出；确保年度顺差。(2) 二者的共同之处：① 均将金银货币看作财富的唯一形态。② 将发展对外贸易视为积累财富的重要途径。

2. (1) 对自由贸易理论的批评。(2) 五个历史发展阶段的划分。(3) 贸易保护的政策主张：① 保护的目的和手段；② 保护的对象；③ 保护的动态调整。(4) 理论评价：① 构建了较为完整的理论体系；保护政策主张具有一定的合理性。② 历史阶段划分的不科学性；夸大保护贸易优点。

3. 出口增加⇒出口部门外汇收入增加⇒扩大本部门生产和投资⇒对生产资料与消费资料需求增加⇒其他产业部门扩张⇒就业与国民收入实现倍增；反之，进口增加后就会使就业和国民收入出现倍减。

4. (1) 保护范围进一步扩大；(2) 限制进口措施的重点转向非关税壁垒；(3)“奖出限入”的重点转向鼓励出口；(4) 贸易保护制度走向管理贸易制度；(5) 国家壁垒转向区域集团壁垒。

5. (1) 这一理论是以政府干预国际贸易为政策导向的现代保护贸易理论，主要包括“利润转移理论”和“外部经济理论”；(2) 利润转移理论认为，一国政府可以通过出口补贴帮助本国厂商夺取更大的市场份额，或者以关税迫使外国厂商降低价格从而实现由外国向本国转移利润的目的；(3) 外部经济理论认为，政府应通过提供补贴或者关税保护等适当方式对具有规模经济和外部经济的产业予以适当的保护和扶持，使之增强国际竞争力并带动相关产业的发展。

6. (1) 国际经济体系分为“中心”和“外围”两部分。(2)“外围”国家的贸易条件出现长期恶化的趋势。(3)“外围”国家贸易条件出现长期恶化的原因：技术进步利益分配不均；工业制成品和初级产品需求的收入弹性不同；“中心”和“外围”国家的工会作用不同。(4)“外围”国家必须实行工业化，独立自主地发展民族经济。为了实现工业化，普雷维什主张“外围”国家实行保护贸易政策。

(六) 计算题

1. 解：(1) 对外贸易乘数＝1÷(1/4＋1/8)＝8/3。

(2) 国民收入增加＝400×8/3≈1 066.67 亿美元。

2. 解：(1) 对外贸易乘数＝1÷(1/5)＝5。

(2) 国民收入增加＝600×5＝3 000 亿美元。

（七）案例分析题

1.（1）按照李斯特保护贸易理论的观点，一个经济落后的国家应该对本国工业尤其是幼稚产业加以动态保护，以期发展本国生产力，获取长远利益。（2）中国是一个发展中大国，虽然拥有劳动力和资源的比较优势，但题中所提及的产业或起步较迟正处于成长期，或劳动生产率低下，国际竞争力明显不足，理应加以必要的保护。（3）WTO条款并不完全排斥适度保护，而且给了发展中国家一些优惠的差别待遇和灵活性。（4）中国的保护贸易并非是全方位封闭式的，对国内市场和产业实施有重点的、适度的选择性保护既是中国现实经济发展的需要，也是李斯特保护贸易理论的应用，同时也不背离WTO规则。

2.（1）补贴前空中客车和波音的两难选择：市场容量的有限性和互相竞争使空中客车和波音无法同时形成规模经济，但任何一家都不情愿退出多年经营的市场。（2）空中客车获得补贴后，空客和波音的损益状况发生了变化（如表9-2所示）。（3）损益变化带来了决策地位的相对变化，空中客车获得补贴后，只要生产就有收益，于是空中客车必然选择生产，而波音不得不放弃生产。（4）在空中客车独占市场的情况下，获利总额150万美元，扣除来自于政府的30万美元补贴，净得120万美元利益。

表9-2　政府补贴前后的损益情况（单位：万美元）

波音公司 \ 空中客车	生产	不生产
生产	−10 \ −10(20)	120 \ 0
不生产	0 \ 120(150)	0 \ 0

注：表中括号内的数字为获得补贴后的收益总额。

3.（1）根据李斯特阶段保护论的基本观点，通过各种保护措施扶持农业，可提高本国农产品的竞争力。（2）根据凯恩斯超保护贸易论的基本观点，农产品贸易保护措施的实施提高了国内农产品的价格，在一定程度上提高了本国农民的收入，增加了本国农产品的供给。同时，抑制了国内对农产品的消费，从而减少进口、促进出口，导致了农产品贸易流向的扭曲。

第十章 世界贸易组织

一、习　　题

（一）名词解释

1. 非歧视原则
2. 最惠国待遇
3. 国民待遇
4. 关税减让
5. 贸易政策评审机制
6. 部长级会议

（二）单项选择题

1. 关税与贸易总协定共举行了（　　）多边贸易谈判。

A. 7 次　　B. 8 次

C. 9 次　　D. 10 次

2. 世界贸易组织正式运行于（　　）。

A. 1994 年 4 月 15 日　　B. 1995 年 1 月 1 日

C. 1993 年 12 月 31 日　　D. 2001 年 11 月 10 日

3. 中国成为世贸组织的第（　　）个成员国。

A. 142　　B. 143

C. 144　　D. 145

4. 在关贸总协定多边贸易谈判中，最后一个回合是(　　)。

A. 多哈回合　　B. 东京回合

C. 乌拉圭回合　　D. 西雅图回合

5. 以下协议中，不属于 WTO 管辖范围的是(　　)。

A.《服务贸易总协定》

B.《GATT1994》

C.《与贸易有关的知识产权协议》

D.《洛美协定》

6. WTO 的非歧视性原则具体体现在(　　)。

A. 最惠国待遇条款和国民待遇条款

B. 反补贴规则和反倾销守则

C. 发展中国家差别待遇条款

D. 关税保护和关税减让

7. GATT"乌拉圭回合"谈判涉及三个新的议题，它们分别是(　　)。

A. 反倾销、反补贴、服务贸易

B. 农产品贸易、反倾销、反补贴

C. 政府采购、反倾销、农产品贸易

D. 服务贸易、与贸易有关的知识产权保护、与贸易有关的投资措施

8. 在 WTO 部长会议休会期间，代其行使职权的机构是(　　)。

A. 总干事　　B. 总理事会

C. 秘书处　　D. 专门委员会

(三) 多项选择题

1. 与《GATT1947》相比，世界贸易组织的法律地位体现在(　　)。

A. 世界贸易组织具有法人资格

B. 每个成员方向 WTO 提供其履行职责时所必需的特权与豁免权

C. 世界贸易组织属于临时机构

D. 世界贸易组织可以缔结总部协议

E. 世界贸易组织是一项关于货物贸易的多边性国际协定

2. GATT 历次多边贸易谈判呈现出下列特点（　　）。

A. 参与方越来越多

B. 谈判砝码和利益的不平衡性

C. 谈判议题逐渐集中

D. 谈判周期越来越长

E. 谈判议题的扩大和深化

3. 世界贸易组织开展贸易政策审议的目的是（　　）。

A. 促使成员方提高贸易政策和措施的透明度

B. 促使成员方履行所作的一切承诺

C. 促使成员方更好地遵守世界贸易组织规则

D. 有助于多边贸易体制平稳地运行

E. 促使成员方保持一致的贸易政策

4. 世界贸易组织的主要职能包括（　　）。

A. 实施和管理多边协议

B. 提供双边贸易谈判场所

C. 解决成员方之间的贸易争端

D. 审议各成员的贸易政策

E. 与 IMF，IBRD 等进行联系和合作

5. 在世贸组织中，发达国家成员处于主导地位的原因有（　　）。

A. 成员数目多

B. 经贸实力强大

C. 发达成员方一直是世界分工和贸易中心

D. 有巨大影响的经贸集团是以发达国家为主组成的

E. 发达成员方在决策表决方面拥有更多的投票数量

（四）判断题

1. 关贸总协定自1947年签订之后，共主持过7轮全球性的多边贸易谈判。（　）

2. 从多边体系调节的内容来看，WTO要比GATT更为广泛，不仅包括货物贸易，还包括服务贸易、与贸易有关的知识产权和投资措施等。（　）

3. 最惠国待遇条款要求一国对国内外相关主体不得实施差别待遇，保持在利益、优惠或豁免等方面的对内对外一致性。（　）

4. 国民待遇要求各成员方给予某一成员产品、服务和人员的优惠待遇不得低于给予任何其他成员方的优惠待遇。（　）

5. 所谓WTO的三大运行机制是指多边贸易谈判机制、贸易政策评审机制和贸易争端的双边磋商机制。（　）

6. 乌拉圭回合谈判中的三大新议题是指服务贸易自由化、知识产权保护、政府采购公开化。（　）

7. 在宗旨和协调范围上，世界贸易组织和关贸总协定是完全一致的，但在接受方式上，世界贸易组织所采取的是"一揽子"方式。（　）

8. GATT是一项多边贸易协定，而WTO是一种国际组织，具有国际法人地位。（　）

（五）问答题

1. WTO的宗旨和主要职能分别是什么？

2. WTO的基本原则有哪些？

3. 与GATT相比，WTO在宗旨方面实现了哪些拓展？

4. GATT历次多边贸易谈判呈现出哪些特点？

5. WTO争端解决程序包含哪些环节和要求？

（六）案例分析题

1. 为统一原欧共体12个成员国的香蕉市场，1993年2月欧共体颁布了404/93号规则，并于1993年7月1日正式生效。该规则主要确定了不同来源地的香蕉配额数量贸易待遇：欧共体配额854 000吨，免税；特惠制方案下的传统“非、加、太”香蕉出口国配额为857 000吨，免税；哥伦比亚、哥斯达黎口、尼加拉瓜、委内瑞拉的“美元香蕉”以及其他国家的总配额为255 300吨，配额内每吨关税75欧洲货币单位(ECU)，配额外每吨关税为750欧洲货币单位。请运用GATT/WTO相关原则对欧共体404/93号规则的合理性加以评析。

2. 美国环保局为确保燃油排放值不超过1990年环保标准要求，于1993年12月15日发布了《汽油与汽油添加剂规则——改良汽油和普通汽油标准》，其中有一项规定将改良汽油和普通汽油的衡量标准分为两种：一种是由企业自己提供质量数据的“企业单独基准”，另一种是代表1990年汽油平均质量的“法定基准”。“法定基准”高于“企业单独基准”。该规则对经营6个月以上的国内炼油商适用“企业单独标准”，对国外炼油商、进口商则必须参照“法定标准”。请运用GATT/WTO相关原则对美国《汽油与汽油添加剂规则——改良汽油和普通汽油标准》的合理性加以评析。

3. 美国国内有一整套关于捕鱼作业规范的法律规定。1990年10月，美国政府颁布了禁止从墨西哥进口金枪鱼(包括鲜鱼和鱼制品)的法令，原因是墨西哥没有实行保护海豚的作业规范。墨西哥在申辩中指出，本国也有保护海豚的措施，且与国际上普遍接受的做法是一致的，只不过低于美国的作业规范要求而已。请运用GATT/WTO相关原则对美国关于金枪鱼进口禁令的合理性加以评析。

4. A国政府以B国钢铁厂生产钢材的污染控制标准过低为理由，决定禁止从B国进口钢材，并只允许符合A国环境标准的其他国家的钢材进口。A国认为，这是GATT第20条关于为保护人类、动植物生命健康的例外所允许的,B国则认为,由于A国禁止进口B国钢材,其依据GATT应享有的利益受到损害。A国的做法是否为GATT第20条一般例外所允许?为什么?

5. 2001年4月,日本政府宣布,自4月23日起的200天内日本将对来自中国的大葱、椎茸香菇以及编织日本“榻榻米”草席用的特别稻草启动临时保障措施。具体地说,自4月23日起的200天内,如果从中国进口的这三种产品数量分别不超过过去200天的平均进口量,即大葱5 383吨、鲜香菇8 003吨、蔺草席7 949吨,则按现行的3%~6%征税,超过部分将课以266%的高额关税,以消除进口产品价格与日本国内产品批发价格之间的差距。日本提出这一主张的理由是:2000年,日本共进口椎茸香菇42 057吨,比1996年的24 394吨增加了72.4%,同期的大葱进口也由1 504吨上升至37 375吨,增加近25倍,而蔺草席材料也倍增至可制成2 030万张“榻榻米”的历史最高水平。试分析日本启动临时保障措施的依据。

二、部分参考答案

(五)问答题

1.(1)宗旨:通过互惠互利的安排,大幅度消减关税和其他贸易壁垒,扩大货物、服务的生产和贸易,加强环境和知识产权保护,确保发展中国家尤其是最不发达国家的贸易利益。(2)职能:制定和规范多边贸易规则;组织多边贸易谈判;解决成员方之间的贸易争端;与IMF,IBRD等全球或区域性组织联系和合作。

2.(1)非歧视原则,具体体现在最惠国待遇和国民待遇原则中。(2)互惠原则,要求在降低贸易壁垒和开放市场等方面具有对等性。(3)关税保护与关税减让原则,关税是保护的唯一合法方式。(4)一般取消数量限制原则,取消配额和许可证等数量限制措施。(5)公平贸易原则,反对商品倾销和补贴。(6)其他还包括:豁免与紧急行动原则、关税同盟和自由贸易区例外原则、透明度原则、磋商调解原则、发展中国家特殊优惠待遇原则等。

3. 在 GATT 所述宗旨基础上，增加了农产品贸易、服务贸易自由化目标；逐步消除与贸易有关的投资限制措施；加强知识产权保护；加强环境保护；确保发展中国家、最不发达国家的贸易份额。

4. (1) 多边贸易谈判规模日趋扩大；(2) 多边贸易谈判耗时越来越长；(3) 发达缔约方主导多边贸易谈判的策动、进程；(4) 美国在总协定中的作用受到抑制。

5. (1) 磋商、斡旋、调解或调停；(2) 专家组裁决；(3) 就专家组做出的裁决提出上诉；(4) 裁决的执行。

(六) 案例分析题

1. (1) 欧共体 404/93 号规则与 GATT 非歧视性的基本原则不相符。(2) 404/93 号规则关于配额的分配和相应的关税待遇安排违背了 WTO/GATT 的多边最惠国待遇条款的基本要求；题中相关国家作为原 GATT 的成员方，根据非歧视性原则，理应同等地、无条件地享有欧共体给予的优惠或豁免。(3) 题中的欧共体在香蕉进口配额分配上采取的是一种“国别配额”做法，欧共体对香蕉进口配额的分配不仅在数量上呈现出明显差异，而且还在配额内的关税适用上实施了明显的差别待遇；尽管“特惠制”可以作为最惠国待遇条款的例外情形来对待，但欧共体给予传统“非、加、太”地区的优惠已是一种过度的优惠。

2. (1) 美国环保局 1993 年发布的“汽油规则”有悖于 GATT 国民待遇原则的要求。(2) 国民待遇原则是 WTO/GATT 非歧视性原则的重要组成和体现，它要求一成员方必须保证对来自于其他成员方的船舶、企业和公民给予与本国船舶、企业和公民相同的待遇。(3) “汽油规则”所规定的两种标准意味着“汽油规则”赋予国外企业的待遇要低于本国企业的待遇，显然这是一种非国民待遇，是对国外炼油商、汽油进口商的一种歧视。

3. (1) 美国关于禁止进口墨西哥金枪鱼的法令不符合多边体系的基本

原则。(2) 题中美国禁令违反了取消一般数量限制原则。根据这一原则，任何成员方不得以捐税和其他费用之外的措施来限制其他成员方产品的输入，除了为保护国际收支平衡等例外情形，而这些取消一般数量限制的例外情形在当时的美国并未出现。(3) 题中美国的禁令所涉及的是对一项生产过程的限制，而且是以美国国内的生产过程来限制国外的生产过程，据此颁布的贸易禁令是一种歧视性数量限制措施。

4. (1) A 国实行的进口限制不属于 GATT 第 20 条允许的例外范围。(2) GATT 第 20 条允许 WTO 成员采取为保障人民、动植物生命健康所必需的措施而不受关贸总协定的阻碍，但是这类措施一般限于进口国采取的卫生措施，在进口产品不符合进口国人类、动植物卫生标准时可以采用，但不适用于产品本身合格、只是其加工方法违反进口国环境标准的进口产品。(3) B 国生产钢材的污染控制标准低，并不会使生产出的钢材对 A 国造成环境损害。A 国假借保护人类、动植物生命健康对国外生产过程加以规范，以达到限制进口的目的，该做法不符合 GATT 要求。

5. (1) 根据 1994 年《关贸总协定》第 19 条和《保障措施协定》的规定，成员方实施保障措施必须满足三个条件：① 某项产品的进口激增；② 进口激增是由于不可预见的情况和成员方履行 WTO 义务的结果；③ 进口激增对国内生产同类产品或直接竞争产品的产业，造成严重损害或严重损害威胁。(2) 虽然日本提出了来自中国大葱、椎茸香菇、蔺草席材料进口急剧增长的数据，以及中国产品进口价格与日本国内同类产品批发价格之间的差距为依据，但只有佐证了日本国内同类产品价格受抑制的事实，才具备了保障措施实施的基本前提条件。

第十一章

区域经济一体化

一、习　题

（一）名词解释

1. 区域经济一体化
2. 贸易创造效应
3. 贸易转移效应
4. 关税同盟
5. 经济同盟
6. 水平一体化
7. 共同市场
8. 垂直一体化

（二）单项选择题

1. 能实现生产要素自由流动的经济一体化形式是（　　）。

A. 优惠贸易安排　　B. 关税同盟

C. 自由贸易区　　D. 共同市场

2. 下列经济一体化组织形式中，最为低级和松散的形式是（　　）。

A. 关税同盟

B. 优惠贸易安排

C. 自由贸易区

D. 共同市场

3. 对区域内实行商品和生产要素的自由流动，对区域外实行共同的贸易壁垒，这种经济一体化的形式是（ ）。

A. 关税同盟　　B. 共同市场

C. 水平一体化　　D. 完全经济一体化

4. 在下列区域经济组织形式中，一体化程度最高的是（ ）。

A. 共同市场　　B. 关税同盟

C. 自由贸易区　　D. 经济同盟

5. 在下列区域经济组织形式中，未能统一对外关税政策的是（ ）。

A. 共同市场　　B. 关税同盟

C. 自由贸易区　　D. 经济同盟

6. 成员国间仅仅取消关税和数量限制，对非成员国仍实行各自独立的贸易壁垒，这样的区域经济一体化形式是（ ）。

A. 自由贸易区　　B. 关税同盟

C. 共同市场　　D. 经济同盟

7. 关税同盟组建后，本国的产品进口从低成本的供给来源转向高成本的供给来源，这种效果被称作为（ ）。

A. 贸易创造效果　　B. 贸易转移效果

C. 贸易扩大效果　　D. 贸易利得效果

8. 在自由贸易区内，各成员国之间可实现（ ）。

A. 人员自由流动　　B. 统一的对外关税政策

C. 资金自由流动　　D. 商品自由流动

9. 由经济发展水平相近的国家间所组成的区域经济一体化属于（ ）。

A. 部门一体化　　B. 垂直一体化

C. 水平一体化　　D. 完全一体化

10. 根据关税同盟理论，导致同盟国社会福利水平下降的是（　　）。

A. 贸易创造效果　　B. 贸易转移效果

C. 贸易扩大效果　　D. 进口产品替代

11. 开展贸易创造和贸易转移效应研究的理论是（　　）。

A. 综合发展战略理论　　B. 关税同盟理论

C. 协议性分工理论　　D. 大市场理论

12. 下列经济一体化形式中，已统一若干经济发展策略的是（　　）。

A. 关税同盟　　B. 经济同盟

C. 自由贸易区　　D. 优惠贸易安排

13. 下列区域组织形式中，属于发达国家与发展中国家之间一体化的是（　　）。

A. 亚太经济合作组织　　B. 欧洲共同体

C. 美加自由贸易区　　D. 拉丁美洲一体化协会

（三）多项选择题

1. 关税同盟的动态效应包括（　　）。

A. 获得规模经济　　B. 刺激投资

C. 加速经济增长　　D. 促进要素流动

E. 提高资源配置效率

2. 在下列一体化组织形式中，对外统一关税政策的有（　　）。

A. 优惠贸易安排　　B. 部门一体化

C. 共同市场　　D. 自由贸易区

E. 经济同盟

3. 区域经济一体化按成员国经济发展水平的差异可分为（　　）。

A. 垂直一体化　　B. 部门一体化

C. 水平一体化　　D. 完全一体化

E. 前向一体化

4. 关税同盟理论所阐述的静态效应包括（ ）。

A. 获得规模经济　　B. 产生贸易转移

C. 实现贸易创造　　D. 促进要素流动

E. 提高资源配置效率

5. 区域经济一体化组织按其形式或层次的不同，可以分为（ ）。

A. 特惠关税区　　B. 自由贸易区

C. 关税同盟　　D. 经济同盟

E. 公司联盟

6. 在实践中，组建关税同盟可产生以下效果和影响（ ）。

A. 贸易创造效果　　B. 贸易转移效果

C. 贸易扩大效果　　D. 减少行政支出

E. 减少走私

（四）判断题

1. 自由贸易区是由若干个国家重新组成的一个新关税领土，对外设有共同的关税和贸易准入限制。（ ）

2. 自由贸易区是比共同市场更高一级的区域经济一体化组织形式。（ ）

3. 组建关税同盟后，所发生的贸易转移效果会使得同盟内受该效应影响的商品价格降低，从而使同盟内成员国的社会福利水平均有所提高。（ ）

4. 部门一体化是指各国管理部门在运行体制和行政规制方面实现统一的协调。（ ）

5. 与自由贸易区相比，关税同盟所实现的一体化程度显得更高。（ ）

6. 大市场理论是针对贸易创造和贸易转移效应展开研究的一种理论学说。（ ）

7. 由经济发展水平相似或相近国家之间所组成的区域一体化组织属于水平一体化形式。（　）

8. 区域经济一体化的发展促进了区域内部贸易规模的扩张。（　）

（五）问答题

1. 简析当今区域经济一体化再掀高潮的动因。

2. 区域经济一体化有哪些具体的组织形式?

3. 贸易创造效应和贸易转向效应有何不同?

4. 简述共同市场、经济同盟以及关税同盟在经济政策特性方面的异同。

5. 简述关税同盟的动态经济效应。

（六）计算题

1.假设某贸易小国以每袋20美元的世界市场价格进口花生,该国的需求曲线是:$D=6\ 000-150P$,供给曲线是:$S=1\ 000+50P$。如果该国与邻国结成关税同盟,邻国以每袋18美元的价格向该国出口花生,该国国内的花生价格和进口量各为多少?

2. 假设某一同质商品X的提供价格分别为:在A国是20美元,在B国是16美元,在C国为12美元。并且A国为小国,不能通过贸易活动影响B国和C国的商品提供价格。

(1) 若A国对X商品的进口征收100%的关税,A国会选择国内生产还是从B国或C国进口X商品?

(2) 若A国与B国结成关税同盟,A国将选择国内生产还是从B国或C国进口X商品?

(3) A国与B国所建立的关税同盟产生了贸易创造效应还是贸易转移效应?

（七）案例分析题

1. 2009年4月10日至12日举行的东亚领导人系列会议主题是“共同行动应对全球挑战”。东亚各国领导人就加强区域合作、携手应对危机等重大问题深入交换了看法，并发表联合声明。在11日举行的东盟与中国(10+1)领导人会议上，中国与东盟签署投资协议，由此结束了中国与东盟自贸区建设的所有谈判，中国—东盟自贸区的如期建成，成为惠及19亿人、经济规模位居全球第三的自由贸易区。试析组建中国—东盟自由贸易区会对区域内国家产生哪些影响。

2. 自1992年北美自由贸易区建立以来，墨西哥的经济增长率一直高于其所在地域的总体增长水平。1996—2002年间，其年均增长率为4%，高出阿根廷(-0.3%)、巴西(2.0%)和智利(3.7%)的同期增速。在外资利用方面，1993—2001年美对墨FDI存量从160亿美元增加到640亿美元，增长了288%，远高于同期美对非成员国FDI增长的169%。同时，由于关税和非关税壁垒的减少，墨西哥农产品进出口实现了快速增长，2001年墨西哥进口比1990年增加了154%，出口增加了93%。从贸易总规模看，墨西哥在美国贸易中的比重也从1993年的9.0%上升到2002年的13.5%。试分析北美自由贸易区为什么能对墨西哥经济贸易产生上述积极影响？同时对墨西哥可能面临的区域经济一体化风险作出探讨。

3. 1957年3月25日，标志欧盟前身——欧洲经济共同体诞生的《罗马条约》签订。1973年1月1日，丹麦、爱尔兰和英国加入欧共体，这是欧共体历史上的首轮扩大。1981年1月1日，希腊成为欧共体正式成员国。1986年1月1日，西班牙和葡萄牙加入，欧共体扩大为12国。1993年，欧共体易名为欧盟。1995年1月1日，奥地利、芬兰、瑞典3国加入欧盟。2004年5月1日，欧盟正式接纳爱沙尼亚、拉脱维亚、立陶宛、波兰、匈牙利、捷克、斯洛伐克、斯洛文尼亚、塞浦路斯和马耳他10个中东欧国家为成员国。2007年1月1日，罗马尼亚和保加利亚正式加入欧盟，2013年7月1

日克罗地亚加入，成员总数达到28个。试运用区域一体化理论分析欧盟扩张的动因。

二、部分参考答案

（五）问答题

1.（1）联合一致抗衡外部强大势力，是区域经济一体化的直接动因；（2）科学技术和社会生产力的高速发展，是区域经济一体化的客观基础；（3）维护民族经济利益与发展及其政治利益是地区经济一体化形成与发展的内在动因；（4）贸易与投资自由化是区域经济一体化产生并持续发展的经济源泉；（5）贸易创造等各种积极的经济效应是区域经济一体化产生并持续发展的重要原因；（6）世贸组织多边贸易谈判所遭遇的挫折和困难，刺激了区域经济一体化的发展。

2. 要点：经济一体化的基本形式包括优惠贸易安排、自由贸易区、关税同盟、共同市场、经济同盟、完全经济一体化六种。（各种组织形式的特点请参考教材）

3.（1）贸易创造效应：由于取消关税，成员国由原来生产并消费本国的高成本、高价格产品，转向购买成员国的低价格产品，从而使消费者节省开支，提高福利；同时提高生产效率，降低生产成本。（2）贸易转向效应：由于关税同盟，阻止从外部低成本进口，而以高成本的供给来源代替低成本的供给来源，使消费者由原来购买外部的低价格产品转向购买成员国的较高价产品，增加了开支，造成损失，减少福利。从全世界的角度看，这种生产资源的重新配置导致了生产效率的降低和生产成本的提高。

4.（1）共同市场：指除了在成员国内完全废除关税与数量限制并建立对非成员国的共同关税外，还取消了对生产要素流动的各自限制，允许劳动、资本等在成员国之间自由流动，甚至企业主可以享有投资开厂办企业的自由。（2）经济同盟：指成员国之间不但商品与生产要素可以完全自由流动，建立对外统一关税，而且要求成员国制定并执行某些共同经济政策和社会政策，逐步消除各国在政策方面的差异，使一体化程度从商品交换扩展到生产、分配乃至国家经济政策领域。(3) 关税同盟：是指各成员国之间完全取消关税和其他壁垒，实现内部的自由贸易，并对非成员国的商品进口建立统一的关税制度。

5. (1) 获得规模经济效益；(2) 加强市场竞争，推动利益增长；(3) 刺激区域内投资；(4) 促进生产要素自由流动；(5) 促进经济增长。

（六）计算题

1. 解：该国国内的花生价格为每袋 18 美元，则有：

$D=4\,000-150P=6\,000-150\times18=3\,300$(袋)，

$S=1\,000+50P=1\,000+50\times18=1\,900$(袋)。

结成关税同盟后该国的进口量$=D-S=3\,300-1\,900=1\,400$(袋)。

2. 解：(1)若 A 国对 X 商品的进口征收 100%的关税，则：

自 B 国进口商品的价格$=16\times(1+100\%)=32$(美元)，

自 C 国进口商品的价格$=12\times(1+100\%)=24$(美元)。

A 国国内的自身提供价格为 20 美元，低于自 B,C 国的进口价格，故 A 国应选择进行国内生产。

(2) A 国与 B 国结成关税同盟后，则：

自 B 国进口商品的价格$=16\times(1+0)=16$(美元)，

自 C 国进口商品的价格$=12\times(1+100\%)=24$(美元)。

A 国国内的自身提供价格为 20 美元，低于 C 国进口价格，但高于 B 国进口价格，故选择自 B 国进口 X 商品。

(3) A 国与 B 国所建立的关税同盟产生了贸易创造效应。

（七）案例分析题

1. (1) 区域内成员间的分工协作进一步深化；(2) 区域内投资、贸易活

动进一步活跃;(3) 通过互补性贸易优化贸易结构;(4) 促进各国区域经济结构、产业结构调整;(5) 提升整体经济实力,扩大政治影响力;(6) 加快了各国经济风险传递可能性的。

2.(1) 北美自由贸易区对墨西哥经济贸易产生积极影响的原因:① 扩大了墨西哥的外资利用规模;② 刺激了墨西哥的对外贸易发展;③ 深化了墨西哥的专业化分工体系;④ 为墨西哥提供更多的经贸增长空间;⑤ 为墨西哥提供了吸收先进技术和管理经验的机会。(2) 北美自由贸易区对墨西哥可能带来的风险:① 墨西哥农业及民族工业受到冲击;② 墨西哥经济结构畸形化;③ 墨西哥生态环境遭到破坏;④ 墨西哥易受美、加经济周期波动的影响。

3.(1) 以往的一体化实践表明,欧盟扩张导致了内部贸易和投资的大量增加;(2) 吸收发展中国家加入,增强了欧盟内部的分工协作的多样性和互补性;(3) 欧盟扩张成为拉动经济增长、保持经济活力和提高国际竞争力的推动器;(4) 欧盟扩张将进一步增加欧洲大陆的政治稳定和安全系数。

第十二章 国际服务贸易与技术贸易

一、习　　题

（一）名词解释

1. 国际服务贸易
2. 跨境交付
3. 许可贸易
4. 国际服务贸易壁垒
5. 国际技术贸易
6. 专有技术

（二）单项选择题

1. 下列关于服务业的说法中，不正确的是（　　）。

A. 服务业是指专门从事生产服务产品的行业和部门的总称

B. 服务业是市场经济的产业基础

C. 服务业等同于第三产业

D. 服务业的发展趋势是更加注重知识创新和知识产权保护

2. 印度留学生到我国某大学来就读临床医学专业，这种专业服务贸易方式属于（　　）。

A. 跨境交付　　　　B. 境外消费

C. 商业存在　　　　　　　　D. 自然人流动

3. 根据GATS关于市场准入的规定,下列哪项不属于数量限制措施?(　　)

A. 对外国资本限定最高股权比例

B. 对单个或总体的外国资本投资额予以限制

C. 规定服务提供者需要通过特定的法人实体才可提供服务

D. 以配额或经济需求测试的方式,限制服务贸易的总数

4. 服务贸易总协定是在(　　)回合中达成的。

A. 乌拉圭　　　　　　　　B. 东京

C. 多哈　　　　　　　　D. 日内瓦

5. 当今世界最大的服务贸易出口国是(　　)。

A. 英国　　　　　　　　B. 德国

C. 美国　　　　　　　　D. 日本

6. 下列哪项不属于技术贸易交易的对象?(　　)

A. 计算机软件　　　　　　　　B. 专利

C. 专有技术　　　　　　　　D. 电影的版权

7. 出口商品到有关国家及潜在市场应及时取得销售地的商标权保护,这是由于商标具有(　　)。

A. 专用性　　　　　　　　B. 地域性

C. 时间性　　　　　　　　D. 排他性

8. “丰田”“海尔”是属于(　　)。

A. 销售商标　　　　　　　　B. 服务商标

C. 制造商标　　　　　　　　D. 证明商标

9. 技术按其表现形式可分为(　　)。

A. 公有的技术和私有的技术

B. 工业产权的技术和非工业产权的技术

C. 应用技术和尖端技术

D. 软件技术和硬件技术

10. 技术价格的决定基础是(　　)。

A. 技术本身的价值　　B. 技术的经济效益

C. 技术的研制费用　　D. 技术转让费用

(三) 多项选择题

1. 服务作为非实物的经济物品,和一般有形商品相比具有(　　)。

A. 无形性　　B. 生产和消费过程的同步性

C. 不可储存性　　D. 同质性

E. 异质性

2. 根据WTO于1994年签署的《服务贸易总协定》的内容,服务贸易包括(　　)。

A. 跨境交付　　B. 境外消费

C. 商业存在　　D. 自然人流动

E. 内部转移

3. 下列关于当今国际服务贸易发展说法中,正确的有(　　)。

A. 国际服务贸易进入高速发展时期

B. 发达国家在国际服务贸易中占主导地位

C. 发展中国家在国际服务贸易中占主导地位

D. 服务贸易结构趋向高级化

E. 服务贸易自由化的实现比货物贸易自由化容易

4. 下列关于《服务贸易总协定》的说法中,正确的有(　　)。

A. 服务贸易的范围包括除政府服务以外的所有部门的一切服务

B. 服务贸易总协定将一般性义务与具体承诺的义务区分开来

C. 特定义务按"否定列表"的形式加以确认

D. 特定义务按"肯定列表"的形式加以确认

E. 服务贸易总协定的签署促进了国际服务贸易自由化进程

5.《服务贸易总协定》的后续谈判包括(　　)。

A. 金融服务谈判　　B. 基础电信服务谈判

C. 海运服务谈判　　D. 空运服务谈判

E. 专业服务谈判

6. 可以成为技术贸易合同对象的有(　　)。

A. 计算机软件　　B. 商标

C. 专利　　D. 音像制品著作权

E. 专有技术

7. 构成专有技术的条件是(　　)。

A. 在一定程度上具有秘密性

B. 能为权利人带来经济利益

C. 具有使用价值

D. 经权利人采取保密措施

E. 具有绝对新颖性

8. 我国专利的种类包括(　　)。

A. 发明　　B. 实用新型

C. 外观设计　　D. 科学发现

E. 动植物品种

9. 专有技术可以援引保护的法律有(　　)。

A. 合同法　　B. 反不正当竞争法

C. 民法　　D. 刑法

E. 工业产权法

10. 许可贸易合同的种类有(　　)。

A. 普通许可　　B. 排他许可

C. 独占许可　　D. 分许可

E. 交叉许可

(四) 判断题

1. 发展中国家认为，服务贸易谈判不仅要覆盖服务的跨国界贸易，还应该包括为促进这种贸易而进行的投资。( )

2. GATS协议中介缔约方所作的“承诺”都是以否定列表的方式提交。( )

3. 发展中国家为了保护本国处于劣势的服务部门，必须绝对禁止发达国家优势服务业进入本国服务市场。( )

4. GATS中的所有条款一旦由各成员方签约就必须普遍遵守。( )

5. GATS对服务贸易的定义中不包括政府所提供的服务。( )

6. 国际技术贸易是指发生在国家间的技术转让，两者含义一致。( )

7. 我国规定注册商标的有效期为10年。在商标期限届满时可以请求商标有效期限的续展，但是请求续展的次数是有限的。( )

8. 在总付方式下，技术受方承担了引进技术是否适用的全部风险，而供方可以保证得到较为确定的收益。( )

9. 在规定的时间、地域范围内，独占许可合同的许可方不再将该技术转让给第三方使用，同时许可方自己也不能继续使用。( )

10. 技术价格不直接以技术的价值为基础，而是主要取决于技术的使用价值。( )

(五) 问答题

1. 简述服务的基本要素和特征。

2. GATS将国际服务贸易界定为哪四种情形？请举例解释。

3. 常见的国际服务贸易壁垒有哪些？

4. 简述《服务贸易总协定》的主要框架及其意义。

5. 简述国际技术贸易与国际商品贸易的区别。

6. 影响技术价格的因素有哪些?

(六) 案例分析题

1. 随着经济全球化趋势不断加强,世界进入服务经济时代,服务创新成为价值增值的主要源泉,制造业服务化趋势更加明显,服务贸易成为产业融合的新动力。

2013 年 5 月 28 日,第二届中国(北京)国际服务贸易交易会(简称京交会)在北京开幕,来自 117 个国家和地区的 2.62 万名注册客商及代表参会,比首届增加了 9.1%;中外参展企业 1 900 家,比首届增长了 10.4%。签订项目 415 个、成交总额达到 786.9 亿美元,同比增长了 30.9%。其中国际服务贸易交易额达 108.9 亿美元。

在"全球服务贸易论坛·北京峰会"上,中共中央政治局常委、国务院总理李克强指出,大力发展服务业,既是当前稳增长、保就业的重要举措,也是调整优化结构、打造中国经济升级版的战略选择。服务贸易是跨境的服务业,在经济全球化日益深入的大背景下,服务贸易有很大发展空间。中国将着力扩大服务贸易规模,拓展服务业外包,促进进出口均衡发展,促进服务领域相互投资。请分析京交会的成功举办对中国经济增长有何意义?

2. 著名的美国可口可乐公司研究出配方后,没有申请专利,而是将其分为两部分,总经理和总工程师各持其中一部分,以此保密手段将配方从 1886 年保持至今。尽管家喻户晓,但可口可乐的产品配方历经上百年,对外界仍是一个谜。可口可乐公司对外许可生产过程中,对其配方采用半成品保护,即不提供生产技术和配方,只提供浓缩的原浆让被许可方配成成品。在巨大的商业价值诱惑下,相信已有无数人试图破获其配方,或者已有人找到一个配方,但这毫无意义,只要权利人不主动承认,配方永远是秘密的。因为,即使你能生产一个类似于可口可乐的饮料,甚至你认为比可口可乐更好喝,但也不可能是可口可乐,而只能是"百事可乐"或是其他什么饮料。请问:可口可乐公司是以什么形式持有技术的?这类技术有什么特点?

3. 随着全球贸易的发展,商标侵权的领域也进一步扩大到国际,国内不少商家面临商标被国外抢注的风险。据相关负责人介绍,2010 年 6 月 3 日,镇江市醋业协会偶然得知,一名韩国人向韩国特许厅提交了"镇江香醋"中文、韩文商标注册申请。韩国特许厅已经受理了注册申请并公告,公示日期是 2010 年 4 月 23 日,公示截止日期是 2010 年 6 月 23 日。距离公示截止日期只有 20 天的时间,如果对方商标注册成功的话,镇江香醋将无法出口到韩国地区,后果不堪设想。

国家工商总局对此案高度重视,与江苏省工商局、镇江市工商局联手,在短时间内准备好大量的材料,对韩国人的申请提出异议,并证明"镇江香醋"的真正商标所有权。6 月 24 日,国家工商总局国际合作司司长安青虎还专门致函韩国特许厅厅长,希望对方根据 2009 年中韩签订的战略合作谅解备忘录,驳回注册申请,维护"镇江香醋"的合法权益。

11 月 15 日,韩国特许厅终于驳回韩国公民的商标申请,支持镇江市醋业协会的异议请求。同时,镇江醋业协会积极进行"镇江香醋"韩国注册的相关准备。此外,"镇江香醋"集体商标进行中国驰名商标的申报工作已经启动。请问:韩国特许厅为何驳回韩国公民的商标申请?这件事给中国企业什么启示?

二、部分参考答案

(五)问答题

1. 一般来说服务包含资本、劳动力和知识技术等三个基本要素。服务作为非实物的使用价值,和一般商品相比具有以下基本特征:(1) 服务的无形性或不可感知性;(2) 服务过程与消费的不可分割性;(3) 服务的异质性;(4) 服务的不可存储性;(5) 所有权的不可转让性;(6) 服务价格名称多样与不易确定性。

2. GATS将国际服务贸易定义为:(1) 过境交付,从一成员境内向任何其他成员境内提供服务,例如远程教育;(2) 境外消费,在一成员境内向任何其他成员的服务消费者提供服务,例如出国留学、旅游;(3) 商业存在,一成员的服务提供者在任何其他成员境内以商业存在提供服务,例如花旗银行在海外的分支机构;(4) 自然人流动,一成员的服务提供者在任何其他成员境内以自然人的存在提供服务,例如劳务输出。

3. 据GATT统计,国际服务贸易壁垒已多达2 000多种,可以归纳为:资本移动壁垒、人员移动壁垒、服务产品移动壁垒、信息移动壁垒、开业权限制壁垒和经营权限制壁垒。

4.《服务贸易总协定》由序言、6个部分、29项条款和8个附录构成,其内容由三大块组成:一是框架协议条款本身,即管理服务贸易的基本原则和纪律;二是部门协议,即附录;三是各国市场准入的初步承诺减让表。GATS的签订是服务贸易发展中的重要里程碑,其实施已经并将继续对国际服务贸易的发展产生深远的影响:(1) 服务贸易有了共同遵守的国际规则;(2) 推动国际服务贸易自由化;(3) 促进贸易和相关货物贸易的发展;(4) 促进国际服务交流与合作;(5) 协调各成员方利益。

5. (1) 贸易的标的物不同;(2) 所有权的转移不同;(3) 双方当事人的关系不同;(4) 政府的干预程度不同。

6. (1) 与技术本身相关的影响因素:技术的生命周期、技术的开发费用、技术的转让费用、技术的市场费用。(2) 与技术环境相关的影响因素:政府的干预、技术进口国的政治风险、产业规范、支付方式与支付货币的差价、索赔和罚款条件。(3) 交易双方所在国税收政策。

(六) 案例分析题

1. (1) 京交会有助于进一步推进服务业改革和开放。(2) 服务业和服务贸易是具有低碳环保、就业带动作用和增值潜力巨大的产业,理应在推动中国经济转型升级过程中担当突破性主导力量。(3) 京交会有助于提升我国国际分工地位和话语权。服务贸易多为国家战略性产业，金融、航运、旅游、文化、技术等服务产业，均为当今世界各国竞争的制高点，是参与国际高端竞争、掌控国际话语权的关键所在。(4) 京交会有助于形成全社会大力发展服务业的良好环境。

2. 可口可乐公司是以专有技术形式持有的。特点：(1) 专有技术不具有绝对的占有权。不同的研究者都可以通过自身的实践或研究取得专有技术，即使内容相同也不会构成侵权。而专利技术是受专利法保护的，不可能有相同的专利存在。(2) 专有技术具有秘密性，专利则是公开的。(3) 专有技术存在的期限是不固定的，专利的保护期限则是固定的。(4) 专有技术没有地域限制，专利则受批准国家所辖地域的限制。(5) 专利技术必须要达到一定的标准，具备一定的创造性、新颖性、实用性，否则就不被授予专利权，而专有技术水平高低不一。(6) 专利权是受工业产权法保护的，而专有技术不受工业产权的保护，但它可以援引其他法律。

3. 中韩两国都是《巴黎公约》的成员国，根据其“驰名商标的保护”原则，不论驰名商标是否取得商标注册，各成员国都应禁止他人使用相同或类似的商标，拒绝注册与之相同或相似的商标。这次商标权纠纷启示中国企业，在生产经营活动的同时，应注重商标保护，熟悉相关国际法。

下篇　国际贸易实务

第十三章

国际贸易合同标的

一、习　　题

（一）名词解释

1. FAQ
2. 品质公差
3. 以毛作净
4. 溢短装条款
5. 公量
6. 中性包装
7. 回样
8. 定牌
9. 凭样品买卖
10. 唛头

（二）单项选择题

1. 某合同中品质条款规定花生的水分为最高10%、含油量为最低20%、杂质为最高3%，这种规定方法属于（　　）。

A. 凭规格买卖　　B. 凭等级买卖

C. 凭标准买卖　　D. 凭说明书买卖

2. 若合同规定小麦含水率为最高10%。这里的“最高”是(　　)。

A. 溢短装数量　　B. 品质公差

C. 品质机动幅度　　D. 数量机动幅度

3. “镇江香醋”中用来表明商品品质的方法是(　　)。

A. 凭商标或品牌　　B. 凭标准

C. 凭规格　　D. 凭产地名称

4. 为保证货样一致,某外贸公司根据来样复制样品并要求进口方确认,经确认后的样品称为(　　)。

A. 复样　　B. 参考样

C. 封样　　D. 对等样

5. 在凭卖方样品交易时,卖方为防止日后出现有关品质的异议,通常备份一些样品,以作为品质评定的依据。这些样品被称作(　　)。

A. 对等样品　　B. 参考样品

C. 复样　　D. 回样

6. 出口羊毛、生丝等计算重量,通常采用的计量方法是(　　)。

A. 毛重　　B. 净重

C. 公量　　D. 理论重量

7. 下列包装标志中,要在货运单据上表示的是(　　)。

A. 运输标志　　B. 指示性标志

C. 警告性标志　　D. 条形码标志

8. 下列品质规定方法,正确的是(　　)。

A. 东北大豆水分含量15%、含油量18%、含杂质1.5%、含不完善粒8.5%

B. 柳酸甲醇,按英国药典规定

C. 9371 中国绿茶特珍一级

D. 木薯片,大路货,水分18%

9. 某公司出口棉花100公吨,棉花的国际公定回潮率为8.5%,如这批出口棉花的实际回潮率为 11%，则这批棉花的公量应为(　　)。

A. 97.75 公吨　　　　B. 106.93 公吨

C. 88 公吨　　　　D. 450.454 公吨

10. 运输包装标志中的“唛头”是指(　　)。

A. 运输标志　　　　B. 目的地标志

C. 原产地标志　　　　D. 件号标志

11. 合同中数量条款为“500M/T 10% MORE OR LESS AT SELLER'S OPTIONS”，则卖方交货数量为(　　)时，不违反合同。

A. 500M/T　　　　B. 550M/T

C. 449M/T 或 551M/T　　　　D. 550M/T～450M/T

12. 下列商品可以采取“以毛作净”的方式计算的是(　　)。

A. 裘皮　　　　B. 矿石

C. 珠宝　　　　D. 蚕豆

13. 在国际贸易中，合同的数量条款通常涉及如下几个方面的内容(　　)。

A. 按重量计算和按个数计算

B. 毛重、净重、公量、理论重量、法定重量

C. 规定机动幅度的方法、具体规定增减幅度

D. 数量的确定、数量的计算方法、数量的机动幅度、数量条款的法律意义

14. 根据《跟单信用证统一规定》，凡在信用证上对货物数量有类似“约”字字样的，其上下幅度可按(　　)掌握。

A. 5%　　　　B. 8%

C. 15%　　　　D. 10%

15. 国际物品编码协会使用的物品标识符号为(　　)。

A. UPC 码　　　　B. EAN 码

C. UPN 码　　　　D. IAN 码

16. 品质机动幅度条款一般用于某些(　　)。

A. 制成品交易　　B. 初级产品交易

C. 机电产品交易　　D. 仪表产品交易

17. 按照国际贸易惯例,在合同中不作规定时,运输标志的提供方一般是(　　)。

A. 开证行　　B. 卖方

C. 买方　　D. 船方

18. 对于货物溢短装部分的作价办法,合同中如没有明确的规定,按惯例其做法是(　　)。

A. 按合同价格作价

B. 按装船时的国际市场价格作价

C. 按到货时的国际市场价格作价

D. 按某交易所的收盘价格作价

19. 在商品和包装上不注明生产国的包装是(　　)。

A. 中性包装　　B. 无牌中性包装

C. 有牌中性包装　　D. 使用包装

20. 下面哪一项是国际物品编码协会分配给我国的国别号?(　　)

A. 544　　B. 690

C. 269　　D. 712

(三)多项选择题

1. 根据国际标准化组织的建议,运输标志应包括(　　)。

A. 目的地名称　　B. 几何图形

C. 件号　　D. 参考号

E. 收货人或买方的名称字首或简称

2. 在国际贸易中,如果卖方交货数量多于合同规定的数量,根据《联合国国际货物销售合同公约》的规定,买方可以(　　)。

A. 接受全部货物

B. 拒绝全部货物

C. 只接受合同规定货物而拒绝多交部分

D. 接受合同规定数量及多交部分中的一部分

E. 拒收多交部分并要求降价

3. 下列属于以实物表示商品品质方法的是（　　）。

A. 凭产地名称买卖　　B. 凭标准买卖

C. 看货买卖　　D. 凭样品成交

E. 凭商标买卖

4. 运输包装的主要作用在于（　　）。

A. 吸引客户　　B. 防止货损货差

C. 促进销售　　D. 宣传商品

E. 保护商品

5. 采用中性包装的目的是（　　）。

A. 避开进口国家地区的关税和非关税壁垒

B. 适应交易特殊需要

C. 使出口厂商加强对外竞销

D. 使出口厂商扩大出口

E. 利用进口方的商业信誉

6. 在国际贸易中，按样品提供者的不同凭样品成交可分为（　　）。

A. 凭卖方样品买卖　　B. 凭买方样品买卖

C. 凭对等样品买卖　　D. 凭图样买卖

E. 凭参考样品买卖

7. 规定商品品名条款的注意事项有（　　）。

A. 内容明确、具体

B. 切忌空泛、笼统

C. 尽可能使用国际上通行的名称

D. 应选择降低关税的名称

E. 不应列有做不到的描述性的词句

8. 下列说法错误的是(　　)。

A. 在约定的品质机动幅度或品质公差范围内的品质差异,除非另有规定,一般不另行规定增减价格

B. 为了适用国际市场的需要,我出口日用工业品,应尽量争取按买方样品达成交易

C. 在出口贸易中,表示商品品质的方法很多,为了明确责任,最好采用既凭样品,又凭规格买卖的方法

D. 采用对等样品的做法时,实际上已不再单纯是凭买方样品成交了

E. 出口电视机时,由于国外来证无规定,货物数量允许减少5%

9. 在货物买卖合同中,数量机动幅度的选择权可由(　　)。

A. 开证行行使　　B. 买方行使

C. 卖方行使　　D. 保险公司行使

E. 船方行使

10. 运输包装上标志,按其作用或用途可分为(　　)。

A. 运输标志　　B. 指示性标志

C. 警告性标志　　D. 条形码

E. 装潢图案

(四) 判断题

1. 参考样品和标准样品含义相同,对买卖双方具有同样的约束性。(　　)

2. 在出口贸易中,表示品质的方法多种多样,为了明确责任,最好采用既凭样品,又凭规格买卖的方法。(　　)

3. 某外商来电要我方提供大豆,要求按“含油量20%,含水分15%,不完善粒60%,杂质1%”的规格订立合同,对此,在一般情况下,我方可以接

受。（　　）

4. 合同的数量机动幅度选择权只能由买方行使。（　　）

5. 卖方所交货物如果多于合同规定的数量，按《公约》规定，买方可以收取也可以拒收全部货物。（　　）

6. 在出口业务中，如同意客户定牌的要求，则应在出口商品或其包装上使用买方指定的商标或牌号，但不能注明“中国制造”字样。（　　）

7. 在凭样品买卖时，出口商为了争取主动，防止日后交货困难，按买来样进行复制再寄交买方确认。这种复制的样品叫复样。（　　）

8. 集装箱是一种销售包装。（　　）

9. 按重量计算的包装货物，如买卖合同未明确规定是按毛重或按净重计算，按惯例，应按毛重计算。（　　）

10. 对某些价值比较高又容易吸潮的商品，一般应采用公量的方法计算重量。（　　）

11. 运输标志、指示性标志、警告性标志都应在单据上表明。（　　）

12. 在国际货物买卖合同中，“习惯包装”“适合海运包装”等是常用的包装条款，也是一种比较好的规定方法。（　　）

13. 当买方要求按其提供的样品成交时，卖方应争取使用“对等样品”成交。（　　）

14. 在约定的品质公差范围内品质差异，一般不另行增减价格。（　　）

15. 运输标志也是构成商品说明的一个重要部分，如合同中规定了运输标志应严格遵守。（　　）

（五）问答题

1. 合同中约定品名条款的意义何在？在规定品名条款时应该注意什么问题？

2. 什么是凭样品买卖？凭样品成交时，应注意哪些问题？

3. 表示商品品质的方法有哪些?

4. 在国际货物买卖中,如何正确掌握成交数量?

5. 买卖合同中的包装条款包括哪些内容?简述订立包装条款的注意事项。

6. 货物运输标志的主要内容和作用是什么?

7. 什么是数量机动幅度条款?合同中如何约定数量机动幅度条款?

8. 简述中性包装的性质和作用,以及采用中性包装时应注意的问题。

(六) 计算题

1. 国内某出口企业出口羊毛60公吨,羊毛的公定回潮率为14%,其实际回潮率由实际货物进行抽样检测。假设实际抽取1千克样品,用科学方法去掉其中水分,最后可以净剩0.9千克的干羊毛,请计算该批羊毛的公量(结果请保留两位小数)。

2. 某公司出口生丝,合同数量为100公吨,溢短装5%,约定标准回潮率为11%。现有生丝104公吨,实际回潮率9%。

(1) 合同规定的标准数量100公吨相当于实际生丝的多少重量?

(2) 实际数量是否符合溢短装条款规定的重量?

3. 今出口生丝10公吨,标准回潮率为11%,其实际回潮率则从10公吨货物中抽取部分样品进行测算。假设抽取10千克,用科学方法去掉10千克生丝中的水分,若净剩8千克生丝,请求其公量。

(七) 案例分析题

1. 我国某公司向英国出口一批大豆,合同规定水分最高含量为14%,杂质不超过2.5%。成交前我方曾向买方寄过样品,订约后又电告对方:成交货物与样品相似。当货物抵达英国后,买方提出货物与样品不符,并出具相应证书证明货物的质量比样品低10%,以此要求我方赔偿15 000英镑的损失。请问我方能否以该项交易并非凭样品买卖而不予理赔?为什么?

2. 英国穆尔公司以CIF伦敦的条件，从澳大利亚兰陀公司购买300箱水果罐头。合同的包装条款规定："箱装，每箱30听。"卖方所交货物中有150箱为每箱30听装，其余150箱为每箱24听，买方拒收。卖方争辩说，"每箱30听"字样并非合同的重要部分，不论是24听还是30听，其品质均与合同相符，因此买方应接受。请分析卖方做法是否有理，买方是否应接受？

3. 菲律宾某公司与上海某自行车厂洽谈进口业务，打算从我国进口"永久"牌自行车1 000辆，但要求我方改用"剑"牌商标，并在包装上不得注明"Made in China"字样。请问：我方是否可以接受？在处理此项业务时，应注意什么问题？

4. 合同中的数量条款规定："10 000 MT 5% more or less at seller's option."卖方正待交货时，该货物国际市场价格大幅度上涨。

(1) 如果你是卖方，拟实际交付多少货量？为什么？

(2) 如果站在买方立场上磋商合同条款时，应注意什么问题？

5. 中国内地一企业与香港某商行签订一份铁井盖买卖合同。整批货物分10批每两月装运一批，每批供货500吨，货物由买方提供图样生产，并经买方验收后方可接受。合同的品质条款规定：第一，铸件表面光洁；第二，铸件不得有裂纹、气孔、夹渣和其他铸造缺陷。该合同还规定，合同签订后10天内，卖方须向买方预付相当于第一批货物金额10%的保证金，约合25万元，第一批500吨合格货物交货后，5天内卖方可收回保证金，货物装运前，卖方应通知买方前往产地抽样检验，并签署质量合格确认书。此合同条款有何缺陷？可能会发生什么问题？

6. 买方向卖方订购50公吨货物，合同规定A,B,C,D,E五种规格按同等数量搭配。卖方按合同开立发票，买方凭发票和其他单据付了款。货到后，买方发现所有50公吨货物均为A规格，买方只同意接受其中的1/5，拒收其余的4/5，并要求退回4/5的货款。卖方争辩说，不同规格搭配不符合同，只能给予适当经济赔偿，不能拒收，更不能退款。于是双方诉诸法院。

你认为法官该如何判决？理由何在？

二、部分参考答案

（五）问答题

1. 商品的名称，是用来反映该商品的自然属性、用途及特性等的一种称呼。按照国际贸易法规和惯例，对商品的描述是构成商品说明的一个主要部分，是买卖双方交接货物的重要依据之一。从业务角度看，品名条款是交易的物质基础和前提。在规定品名条款时应注意：(1) 品名的规定必须明确、具体，适合商品的特点；(2) 尽可能使用国际上通用的名称；(3) 选择对我方有利的名称，以便降低关税，方便进出口，节省运费开支。

2. 样品通常是指从一批商品中抽取出来的或由生产、使用部门加工、设计出来的，足以反映和代表整批商品品质的少量实物。凡是以样品作为成交和交货依据的，即称凭样品成交。凭样品成交时，应注意下列事项：

(1) 注意选择适于凭样成交的商品。一般来说，凡不能用具体的质量指标和科学方法来表示其品质的，或在色、香、味和造型方面有特殊要求的商品，才适于凭样成交，如工艺品、服装样式和部分轻工业品与土特产品。

(2) 必须注意样品的代表性。不能偏高或偏低，偏高会给日后交货工作造成困难，引起争端；偏低会影响商品的售价。

(3) 对货物和样品难以达到一致的商品，应在合同中订明“交货品质与样品大致相同”，或其他类似条款。

(4) 寄出样品时，应留存复样(Duplicate Sample)，供日后查对和验证货物之用。

(5) 在不是凭样品买卖的情况下，若寄送样品供洽谈时参考，则应标明为“参考样品”，以免与标准样品混淆。

3. 商品的品质是指商品的内在质量和外观形态的综合。表示品质的方法可分为两大类：一类是以实物表示商品品质，包括看货买卖和凭样成交,在凭样品成交中,可以采用以卖方样品为准,或以买方样品为准,也可以凭对等样品即确认样品买卖。另一类是以文字说明表示商品品质,其中包括凭规格、等级、标准、说明书、商标、牌号和产地名称等成交。

4. 从以下几方面来掌握出口商品的成交数量:(1) 国外市场的供求状况;(2) 国内货源供应情况;(3) 国际市场的价格动态;(4) 国外客户的资信状况和经营能力。

为了正确地掌握进口商品的成交数量,一般需要考虑下列因素:(1) 国内的实际需要;(2) 国内支付能力;(3) 市场行情变化。

5. 包装条款一般包括包装材料、包装方式、包装规格、包装标志和包装费用的负担等内容,为了订好包装条款,以利合同的履行,在商订包装条款时,需要注意下列事项:(1) 要考虑商品特点和不同运输方式的要求;(2) 对包装的规定要明确具体,一般不宜采用"海运包装"和"习惯包装"之类的术语;(3) 明确包装由谁供应和包装费由谁负担,包装由谁供应的问题。

6. 运输标志又称为唛头,它通常是由一个简单的几何图形和一些字母、数字及简单的文字组成,其作用在于使货物在装卸、运输、保管过程中容易被有关人员识别,以防错发错运。其主要内容包括:(1) 收货人代号,也有写全称的;(2) 发货人代号,有时也写全称;(3) 目的港(地)名称;(4) 件数、批号。此外,有的运输标志还包括原产地、合同号、许可证号和体积与重量等内容。

7. 为了方便合同履行,卖方可按买卖双方约定的某一具体数量多交或少交若干的幅度。(1) 对于交易大宗商品,因难以准确地按约定数量交货,应在买卖合同中明确规定数量机动幅度;(2) 数量机动幅度的大小通常以百分比表示,如 3%或 5%;(3) 如果买卖双方在合同中对机动幅度使用了"约"字,根据《跟单信用证统一惯例》的规定,这个约数,可以解释为交货数量有不超过 10%的增减幅度;(4) 机动幅度的选择权一般由履行交货的一方,即由卖方选择,也可由负责安排船只的一方(如 FOB 的买方),或由承运人根据舱容和装载情况作出选择;(5) 对数量机动幅度范围内多装或少装部分，如果没有约定，按照国际惯例，应该按照合同价格计算；为了防止一方当事人利用市场行情变化，有意多装或少装以获取额外的好处，一般应约定按市场价格计算。

8. 性质：指在商品上和内外包装上均不注明生产国别的包装，中性包装有定牌中性和无牌中性之分。

作用：适应国外市场的特殊需要，有利于扩大贸易。

注意的问题：(1) 采用中性包装出口商品时，应注意与进口商或代理商的配合，在选择进口商和代理商时，应选择那些具有一定实力和影响力的商人；(2) 在接受定牌中性包装时，要考虑到买方提供的商标是否有可能侵犯他人商标专有权等问题，一般应在合同中规定："凡因由买方提供的商标、牌名引起的知识产权纠纷，责任完全由买方承担。"

（六）计算题

1. 解：实际回潮率＝(1－0.9)÷0.9×100％＝11.11％，

公量＝60×(1＋14％)÷(1＋11.11％)＝61.56(公吨)。

2. 解：(1) 100公吨生丝的实际重量＝公量÷(1＋标准回潮率)×(1＋实际回潮率)

＝100÷(1＋11％)×(1＋9％)

＝98.198(公吨)。

(2) 104÷(1＋9％)×(1＋11％)＝105.908(公吨)。

所以，超过合同约定数量。

3. 解：实际回潮率＝(10－8)÷8×100％＝25％，

公量＝10×(1＋11％)÷(1＋25％)＝8.888(公吨)。

（七）案例分析题

1. 不能。因为我方寄送样品和表示成交货物与样品相似的行为也构成有效的交易条件之一，对方有理由认为该笔交易既凭规格又凭样品。而在国际贸易中,凡属于凭样品买卖,卖方所交货物必须与样品完全一致,否则买方有权拒收货物或提出索赔。

2. 有些国家的法律把买卖分为两类,一种是凭样品买卖,一种是凭说明买卖。后者所包括的范围很广,不仅涉及商品品质方面的问题,也包括数量,甚至包括合同中有关装运期、包装和货物花式搭配方面的陈述。按照英国有关法律的规定,凡合同中一切有关货物"说明"的事项都是合同的要件,如有违反,买方有权拒收货物,并可以提出索赔。本案例中,英国法认为,包装是属于"说明"的组成部分,属于要件,卖方违背合同要件,买方有理由拒收全部货物,也可以接受合乎规定部分,拒收不合规定部分,并提出损害赔偿。

3. 这是一笔中性包装交易,外方要求采用定牌中性包装,我方一般可以接受。但在处理该业务时应注意:(1) 要注意对方所用商标在国外是否有第三者已经注册,若有则不能接受。如果一时无法判明,则应在合同中写明"若发生工业产权争议应当由买方负责"。(2) 要考虑我方品牌产品在对方市场销售情况,若我方商品已在对方市场树立良好声誉,则不应接受,否则会影响我方产品出口。

4. (1) 卖方可以尽量少交货,拟实交付 9 500MT。因为,合同中数量条款规定:"10 000MT 5% MORE OR LESS AT SELLER'S OPTION."(10 000公吨,溢短装 5%,卖方选择)。这是溢短装条款,但是没有规定溢短装部分的作价,按照国际惯例,则该溢短装部分应该按合同价格计价。卖方正等待交货时,该货物国际市场价格大幅度上涨,卖方会有意地少交货。

(2) 完整的溢短装条款应该由三部分构成,即溢短装幅度、溢短装的选择权、溢短装部分的计价。如果一方没有选择权,就应该争取在溢短装条款中明确表明溢短装部分按照市价计算,才可以防止有选择权的对方在合同签订后,有意识地在国际行情上涨时少装或在国际行情下降时多装,侵害自己的利益。

5. 本案是一起典型的外商利用合同中的品质条款进行诈骗的案例。

铸件表面“光洁”是一个十分含糊的概念，没有具体标准和程度；“不得有裂纹、气孔等铸造缺陷”存在的隐患更大，极易使卖方陷入被动。

这类合同的一般特点有：价格诱人，工艺简单；技术标准含糊，并设有陷阱；预收保证金等后逃之夭夭，或者反咬一口；被欺诈对象多为合同管理不严、缺乏外贸经验、急功近利的中小企业。

6. 法官应判决买方有权拒收4/5的货物，要求卖方退回4/5的货款，还可以要求卖方承担违约赔偿责任。

理由如下：合同中的规格和数量条款属于合同的主要交易条款，卖方违反了规格和质量规定，按照《联合国国际货物销售合同公约》规定，属于根本性违约，受到损害的买方不仅可以拒收货物，而且还可以提出索赔。本案例中，合同要求卖方对于A,B,C,D,E 5种规格货物按照同等数量搭配，但是卖方都提供同样规格的A货物，属于违反货物规格的规定，相当于所有货物只提交了1/5符合合同约定，违反了合同中的数量条款。

第十四章 国际贸易商品价格和贸易术语

一、习　题

（一）名词解释

1. 贸易术语
2. FOB Under Tackle
3. FOBST
4. CIF Liner Terms
5. DAT
6. 象征性交货
7. 佣金
8. 固定价格
9. 出口盈亏额
10. 滑动价格

（二）单项选择题

1. 目前，影响最大，使用范围最广的有关贸易术语的国际惯例是（　　）。

A.《华沙—牛津规则》　　B.《美国对外贸易定义》

C.《2010 年通则》　　D.《联合国国际货物销售合同公约》

2.《1932年华沙—牛津规则》是国际法协会制定来专门解释(　　)。

A. FOB合同　　B. CIF合同

C. FCA合同　　D. CFR合同

3. 我方采用CIF ANTWERP术语出口大宗货物,采用租船运输,如我方不愿意承担卸货费用,则可采用的贸易术语变形是(　　)。

A. CIF Liner Terms ANTWERP

B. CIF Landed ANTWERP

C. CIF Ex Ship's Hold ANTWERP

D. CIF Ex Tackle ANTWERP

4. 根据《2010年通则》,采用FCA条件成交时,风险转移界限为(　　)。

A. 货到目的港　　B. 买方处置货物后

C. 货交承运人处置后　　D. 货物装上船后

5. 根据《2010年通则》,卖方承担风险、责任和费用最大的贸易术语是(　　)。

A. CPT　　B. DDP

C. CIP　　D. EXW

6. 根据《2010年通则》,买方负责出口报关的贸易术语是(　　)。

A. EXW　　B. FOB

C. CIF　　D. DAP

7. 根据《2010年通则》,以CIF汉堡成交,卖方对货物所承担的风险界限(风险责任)是(　　)。

A. 货物在装运港装上船以前

B. 货物在装运港卸下卖方车辆以前

C. 货物在目的港卸货以前

D. 货物在目的港装上买方车辆以前

8. 根据《2010 年通则》，关于 DAP 贸易术语正确的说法是（ ）。

A. 买方要承担义务将货物运到进口国内的指定目的地

B. 卖方要承担义务将货物运到进口国内的指定目的地

C. 卖方需负担货物进口的结关手续和进口税

D. 卖方需负责将货物运到目的地，并将货物从运输工具上卸下

9. 根据《2010 年通则》，FOB 和 FAS 的区别，以下表述正确的是（ ）。

A. 交货人的责任不同

B. 租船订舱的责任人不同

C. 办理出口手续的责任人不同

D. 办理进口手续的责任人不同

10. 如买卖双方签订的合同中确定使用海运方式，起运港口为 NEW YORK，且贸易术语遵循 1941 年《美国对外贸易定义》。我国进口商希望美国出口商承担与《2010 年通则》中关于 FOB 解释基本相同的贸易术语，应该采用的贸易术语是（ ）。

A. FOB VESSEL NEW YORK

B. FOB NEW YORK

C. FOB LINER TERMS NEW YORK

D. FOB STOWED NEW YORK

11. 下列术语中，交货地点在目的地的是（ ）。

A. FAS　　B. FCA

C. DAP　　D. CIF

12. 下列术语中，风险划分不以货交买方处置为界的有（ ）。

A. EXW　　B. CIP

C. DAT　　D. DDP

13. 按照《2010年通则》的解释，采用CFR条件成交时，货物装船时从吊钩脱落掉入海里造成的损失应由(　　)。

A. 卖方负担

B. 买方负担

C. 承运人负担

D. 买卖双方共同负担

14. FOB和CFR两种贸易术语中，租船订舱责任承担方分别为(　　)。

A. 卖方/卖方　　B. 卖方/买方

C. 买方/买方　　D. 买方/卖方

15. 成都某公司进口一批货物，从日本东京空运至成都，日方支付运费和保险费并承担货物的风险责任至成都，日方办理出关手续，中方办理进关手续。按以上交易条件，应选用的贸易术语是(　　)。

A. FCA成都　　B. CIP成都

C. DDP成都　　D. DAP成都

16. 按CFR贸易术语成交的出口合同中，不应计入货物价格的是(　　)。

A. 货物成本　　B. 运费

C. 保险费　　D. 各项出口税费

17. 在国际贸易中，象征性交货是指卖方(　　)。

A. 把货物交给买方　　B. 既可以交单，也可以实际交货

C. 凭单交货　　D. 无义务交货

18. 出口总成本是指(　　)。

A. 进货成本

B. 进货成本＋出口前费用

C. 对外销售价格

D. 进货成本＋出口前费用＋出口前的税金

19. 某买卖合同中规定:“如果卖方因国内原材料价格指数上升1%,对本合同未执行的数量,双方协商调整价格。”这是(　　)。

A. 固定价格　　B. 非固定价格

C. 暂定价格　　D. 价格调整条款

20. 一般情况下,CIF价比FOB价要多考虑(　　)。

A. 国外运费、国内费用

B. 国外运费、国外保险费

C. 国外保险费、国内费用

D. 国外保险费、净利润

(三) 多项选择题

1. 采用FCA条件成交时,卖方应负的责任是(　　)。

A. 订立运输契约　　B. 按时交货

C. 办理出口手续　　D. 提交交货凭证

E. 通知买方已装运

2. CIP与DAP的区别,以下表述正确的是(　　)。

A. 适用的运输方式相同

B. 卖方交货的地点不同

C. 风险划分的地点相同

D. 价格构成相同

E. 两者都是象征性交货

3. 根据《2010年通则》,一般情况下,卖方办理货物出口手续的有(　　)。

A. EXW　　B. FAS

C. FOB　　D. FCA

E. CFR

4. 可适用于多种运输方式的贸易术语是(　　)。

A. EXW　　B. FCA

C. FAS　　D. FOB

E. CPT

5. 属于象征性交货的贸易术语是(　　)。

A. FOB　　B. DDP

C. CFR　　D. CIF

E. CPT

6.《2010 年通则》中术语由主要买方承担运输的贸易术语是(　　)。

A. FOB　　B. FCA

C. FAS　　D. CPT

E. DAT

7. 按照《2010 年通则》的解释,如果卖方不能取得进口许可证,宜采用(　　)。

A. EXW　　B. DDP

C. DAP　　D. DAT

E. CPT

8. 仅适合水上运输的贸易术语是(　　)。

A. FOB　　B. FCA

C. CFR　　D. CPT

E. DAP

9. 买方采用 FOB 条件进口散装小麦,货物用程租船运输,当买方不愿承担装货费用时,可选用以下价格变形(　　)。

A. FOB Liner Terms　　B. FOB Under Tackle

C. FOB Trimmed　　D. FOB Stowed

E. FOB Stowed and Trimmed

10.《2010年通则》与《美国对外贸易定义修正本》在FOB贸易术语上的主要区别是(　　)。

A. 风险划分点不同

B. 适用的运输方式不同

C. 表达方式多寡不同,前者只有1种,后者有6种

D. 出口清关手续及其费用承担方式不同

E. 进口清关手续及其费用承担方式不同

11. 根据《2010年通则》,下列属于CIF术语特点的有(　　)。

A. 装运合同

B. 象征性交货

C. 适用于任何运输方式

D. 到岸价

E. 风险划分界限为装运港船上

12. CFR,CIF,CPT和CIP等几个贸易术语的价格构成中,都包括(　　)。

A. 进货成本　　B. 运费

C. 保险费　　D. 利润

E. 进口报关费

13. 下列我方出口单价表述中,正确的是(　　)。

A. 每吨1 000美元FOB伦敦

B. 每打100欧元FOB净价减1%的折扣

C. 每码3.5港元CIFC 2%香港

D. 500英镑CFR净价伦敦

E. 每公吨200美元FOB新港

14. 合同中的单价条款包括(　　)。

A. 总值　　B. 计量单位

C. 单位价格金额　　D. 计价货币

E. 贸易术语

15. 在确定出口成交价格时，应考虑的具体因素是(　　)。

A. 商品的质量和档次

B. 成交量

C. 运输距离

D. 交货地点和交货条件

E. 支付条件

(四) 判断题

1. FCA,CPT,CIP 三种贸易术语中，就卖方承担的风险而言，FCA 最小，CPT 其次，CIP 最大。(　　)

2. 根据《2010 年通则》的解释，采用 FCA 术语成交，如果交货地点在卖方所在地，卖方要负责将货物装上买方安排的承运人的运输工具，才算完成交货义务。(　　)

3. 按 CFR Landed Singapore 成交，货物在新加坡港的卸货费及进口报关费应由卖方负担。(　　)

4. 若合同中某条款的规定与国际惯例相冲突，则应以国际惯例为准。(　　)

5. FCA,CPT 和 CIP 三种贸易术语不仅适用于单一的运输方式，而且适用于多式联运。(　　)

6. 某公司以 CFR 贸易术语出口一批货物，由于船只在运输途中搁浅，使部分货物遭受损失，我方可不理。(　　)

7. FOB 价格术语的变形是因装货费用的负担问题而产生的，而 CIF 价格术语的变形则是因卸货费用的负担问题而产生的。(　　)

8. DAT 和 DAP 都属于实际交货，都由卖方办理进口报关手续。(　　)

9. 如果出口换汇成本高于银行牌价，说明该笔出口交易是盈利的。(　　)

10. 买卖双方在合同中规定:"按提单日期的国际市场价格计算。"这是固定作价的一种规定方法。( )

(五) 问答题

1. 什么是贸易术语?为什么在国际贸易中要使用贸易术语?

2. 有人称"CIF 价"为到岸价,你认为这种称法正确吗?为什么?

3. FOB,CFR,CIF 的异同点主要有哪些?

4. 具体说明 DAP 和 CIP 术语的区别。

5. 从美国按 FOB 条件进口货物一批,应该注意哪些问题?

6. FOB,CFR,CIF 术语与 FCA,CPT,CIP 术语有何异同?后三种术语的应用为何越来越广泛?

7. 在进出口贸易中,如何选择使用贸易术语?

8. 在采用集装箱运输和多式运输的出口贸易业务中,我出口企业应选择使用何种贸易术语?为什么?

9. 我国北京 A 公司拟向美国纽约 B 公司出口某商品 50 000 箱,B 公司提出按 FOB 新港条件成交,而 A 公司则提出采用 FCA 北京的条件。试分析 A 公司提出上述成交的原因。

(六) 计算题

1. 我国某商品出口报价 CFRC3% New York 为:USD300 Per Set。

(1) 试计算 CFR 净价和佣金各为多少?

(2) 如对方要求将佣金增加到 5%,我方同意,为保证出口净收入不变,试问 CFRC5%应如何报价?

2. 某进出口公司向爱尔兰出口一批货物,按 FOB 价格条款成交,每公吨 1 200 美元。在装运前夕,买方因派船有困难,要求卖方代为订船舱和投保一切险,保险费率为 0.62%,保险加成率为 10%,海运运费为每公吨 15 美元。试问:应用何种价格术语?价格是多少?

3. 鑫兴公司收到澳大利亚某客户来电，询购1 000只睡袋，请按下列条件报出每只睡袋的CIFC3%悉尼的美元价格。睡袋国内购货成本为每只50元人民币，国内其他费用总计为5 000元人民币，鑫兴公司的预期利润为10%。该睡袋为纸箱装，每箱20只。从装运港至悉尼的海运费为每箱20美元。海运出口保险按CIF加一成投保一切险、战争险，费率为0.8%（人民币对美元的汇率为6.15元兑换1美元）。

4. 我国对美国出口某种商品100公吨，出口价格为每公吨USD 395.00 CIF New York，其中运费为每公吨30美元，保险费共计225美元。商品进价为每公吨2 060人民币元（含增值税17%），业务费用定额率为10%（以国内收购总价为基础计算），出口退税率9%，当时银行美元买入价为6.20元。请计算该商品的出口盈亏率和换汇成本。

5. 上海东方运动器具有限公司出口一批排球至阿根廷布宜诺斯艾利斯，排球的货号SWB32S、含税供货价格为165元/只，包装方式为40只装一个纸箱，包装费用每个纸箱20元，每纸箱包装尺码为65×60×59 cm^3，毛重为28千克。订货数量每个货号一个20英尺的集装箱（有效容积25立方米，最大载货重量17 500千克），公司规定的定额业务费率为采购成本的3%，一个20英尺的集装箱货物从上海港至阿根廷布宜诺斯艾利斯包箱费率为3 600美元，所需支付的其他费用有：仓储费125元，国内运杂费250元；商检费1 000元；报关费50元；港口费200元；其他400元。保险为发票金额加成10%投保一切险，费率为0.9%。预期利润为报价的10%，报价中需要包括3%的佣金，人民币对美元的汇率为6.12∶1。该商品的增值税率为17%，退税率为8%。要求分别报出FOB，CFR和CIF单价。

6. 设我方以每公吨7 700美元CFR中国口岸价进口澳洲羊毛500包，每包300磅（1磅＝0.4 536公斤）。按发票金额向中国人民保险公司投保一切险及战争险，合计费率0.5%，加工成羊毛地毯出口8 300平方米，外销价每平方米90美元CIF汉堡。查该货按M13级收运费。每尺码吨104.00美元。总体积75立方米，保险费率合计1.1%，按发票金额110%投保，试计算外汇增值率。

7. 某出口商品的进货成本为每打 650 元，商品流通费为 50 元，出口销售价为每打 165 美元 CIF 鹿特丹，其中包括保险费 25 美元，运费 8 美元。求该商品每打出口换汇成本及盈亏率（1 美元＝6.177～6.203 元人民币）。

8. 我某外贸公司出口一批商品，国内进货价共 8 000 元，加工费支出 1 300 元，流通费 800 元，税金支出 90 元，该批商品出口销售外汇净收入为 2 000 美元（1 美元＝6.17 元人民币），计算：

(1) 该批商品的出口总成本为多少？

(2) 该批商品的出口销售换汇成本为多少？

(3) 该批商品的出口销售盈亏率为多少？

（七）案例分析题

1. 买卖双方按照 FOB 条件签订了一笔化工原料的买卖合同，装船前检验时，货物的品质良好，符合合同的规定。货到目的港，买方提货后检验发现部分货物结块，品质发生变化。经调查确认原因是货物包装不良，在运输途中吸收空气中的水分导致原颗粒状的原料结成硬块。于是，买方向卖方提起索赔，但卖方指出，货物装船前是合格的，品质变化是在运输途中发生的，也就是越过船舷之后才发生的，按照国际贸易惯例，其后果应由买方承担，因此，卖方拒绝赔偿。你认为此争议应如何处理？并请说明理由。

2. 中国某出口公司于某年 2 月向日本出口 30 吨甘草膏，每吨 40 箱，共 1 200 箱，每吨售价为 1 800 美元，FOB 天津新港，共 54 000 美元，即期信用证，装运期为 2 月 25 日之前，货物必须装集装箱。该出口公司在天津设有办事处，于是在 2 月上旬便将货物运到天津，由天津办事处负责订箱装船。不料货物在天津存仓后的第三天，仓库午夜着火，是夜风大火烈，抢救不及，1 200 箱甘草膏全部被焚。办事处立即通知该公司总部并要求尽快补发 30 吨，否则无法按期装船。结果该出口公司因货源不济，只好要求日商将信用证的有效期和装运期各延长 15 天。请分析此案应吸取的教训。

3. 我某外贸企业向国外一新客户订购一批初级产品，按 CFR 中国某港口、即期信用证付款条件达成交易，合同规定由卖方以程租船方式将货物运交我方。我开证银行也凭国外议付行提交的符合信用证规定的单据付了款。但装运船只一直未到达目的港，后经多方查询，发现承运人原来是一家小公司，而且在船舶起航后不久已宣告倒闭，承运船舶是一条旧船，船、货均告失踪，此系卖方与船方互相勾结进行诈骗，导致我方蒙受重大损失。试分析，我方应从中吸取哪些教训？

4. 某年某出口公司对加拿大魁北克某进口商出口核桃仁一批，合同规定价格为每吨 4 800 加元 CIF 魁北克，装运期不得晚于 10 月 31 日，不得分批和转运，并规定货物应于 11 月 30 日前到达目的地，否则买方有权拒收。加方于 9 月 25 日开来信用证，我方于 10 月 5 日装船完毕，但船到加拿大东岸时已是 11 月 25 日，此时魁北克已开始结冰。承运人担心船舶驶往魁北克后出不来，便根据自由转船条款指示船长将货物全部卸在哈利法克斯，然后从该港改装火车运往魁北克。待这批核桃仁运到魁北克已是 12 月 2 日。于是进口商以货物晚到为由拒绝提货，提出除非降价 20%以弥补其损失。几经交涉，最终以我方降价 15%结案，我公司共损失 36 万加元。请问该合同是否为 CIF 合同？卖方应该吸取什么教训？

5. 印度孟买一家电视机进口商与日本京都电器制造商洽谈买卖电视机交易。从京都(内陆城市)至孟买，有集装箱多式运输服务，京都当地货运商以订约承运人的身份可签发多式运输单据。货物在京都距制造商 5 公里的集装箱堆场装入集装箱后，由货运商用卡车经公路运至横滨，然后再装上船运至孟买。京都制造商不愿承担公路和海洋运输的风险；孟买进口商则不愿承担货物交运前的风险。试对以下问题提出你的意见，并说明理由：

(1) 京都制造商是否可以向孟买进口商按 FOB,CFR,CIF 术语报价？

(2) 京都制造商是否应提供已装船运输单据？

(3) 按以上情况，你认为京都制造商应该采用何种贸易术语？

6. 某年 1 月份我国某一进口商与东南亚某国以 CIF 条件签订合同进

口香米，由于考虑到海上运输距离较近，且运输时间段海上一般风平浪静，于是卖方在没有办理海上货运保险的情况下将货物运至我国某一目的港口，适逢国内香米价格下跌，我国进口商便以出口方没有办理货运保险，卖方提交的单据不全为由，拒收货物和拒付货款。请问我方的要求是否合理，此案应如何处理？

二、部分参考答案

（五）问答题

1. 贸易术语(Trade Terms)又称贸易条件、价格术语，它是一个简短的概念，或是三字母的缩写，用来说明价格的构成、买卖双方有关费用、风险和责任的划分，以确定买卖双方在交货和接货过程中应尽的义务。

国际贸易的买卖双方在规定价格时使用了贸易术语，既可节省交易磋商的时间和费用又可简化交易磋商和买卖合同的内容，有利于交易的达成和贸易的发展。

2. 这种说法不正确。人们之所以误称 CIF 为“到岸价”是由于从表面上看 CIF 价格术语的确包含至目的港的运费和保险费，人们只是单纯地从价格构成来为其命名。从交货地点来看，CIF 价格条件下的卖方交货地点不是目的港，而是装运港。CIF 的风险转移界限是装运港船上而不是目的港。所以，没有理由称 CIF 为到岸价。

3. 相同点：(1) 卖方都是在装运港交货；(2) 买卖双方风险的转移以货物装上船为界限；(3) 都适合于水上运输；(4) 卖方办理出口通关手续，买方办理进口通关手续。

区别：在运输和保险上存在差别，FOB 下运输和保险由买方自行安排，卖方无责任；CFR 下卖方负责签订运输合同，支付运输费用，保险由买方自行安排；CIF 下，运输合同和保险合同均由卖方负责签订，并承担运费和保险费。

4.（1）交货的地点不同：CIP 在出口国承运人所在地，DAP 在目的地约定地点；（2）风险转移的界限不同：CIP 是在出口地货交承运人，DAP 在目的地约定地点置于买方控制下；（3）承担的费用不同：CIP 卖方报价中的运费和保险费是正常情况下的运费和保险费，DAP 下卖方要负担一切运费和保险费；（4）交货的方式不同：CIF 是象征性交货，DAP 是实际交货。

5. 美国采用的 1941 年《美国对外贸易定义修订本》中，将 FOB 概括为 6 种，其中前 3 种是在出口国内陆指定地点的内陆运输工具上交货。第四种是在出口地点的内陆运输工具上交货，第五种是在装运港船上交货，第六种是在进口国指定内陆地点交货。上述第五种如果买方要求在装运港口的船上交货，则应在 FOB 和港名之间加上“轮船 Vessel”字样，否则，卖方有可能按第四种情况在旧金山市的内陆运输工具上交货。

6.（1）异同点如表 14-1 所示。

表 14-1

比较项目	FOB，CFR，CIF	FCA，CPT，CIP
负担出口手续的风险和费用	卖方	卖方
负担进口手续的风险和费用	买方	买方
达成的贸易术语下的合同性质	装运合同	装运合同
适合的运输方式	海运及内河运输	任何运输方式（包括海运）
交货地点	装运港	出口国内地或港口
风险划分点	货物装到船上时	货交承运人处置时
装卸费用的划分	租船时，买卖合同应明确	按班轮条件办理
货运单据	海运单据或内河运单	视运输方式而定

（2）FCA，CPT，CIP 三种术语应用更广泛的原因：

① FCA，CPT，CIP 适用于各种运输方式，而 FOB，CFR，CIF 只适用于海运和内河运输。

② 采用 FCA，CPT，CIP 术语买卖双方风险划分以货交承运人为界，而采用 FOB，CFR，CIF 术语，风险点则延伸到装运港货物装到船上，增加卖方

风险。

③ 采用FCA,CPT,CIP术语相比采用FOB,CFR,CIF时,可以提早拿到运输单据,提前交单收汇。

7. 在进出口贸易中,就我方外贸企业而言,贸易术语的选用应结合以下几方面的要求作出考虑:(1) 增收节支外汇运保费;(2) 适合所使用的运输方式;(3) 按实际需要,灵活掌握;(4) 安全收汇,安全收货。

8. 在采用集装箱运输和多式运输的出口业务中,我出口企业应选择使用FCA,CPT,CIP术语。理由如下:FCA,CPT和CIP术语适用于任何运输方式,而FOB,CFR和CIF术语仅适内河运输。因此,在采用集装箱运输和多式运输的出口业务中,我出口企业应使用FCA,CPT和CIP术语,以方便交易,避免不必要的纠纷和损失。

9. A公司提出采用FCA的原因是FCA条件对A公司而言,具有以下优点:(1) 风险提前转移;(2) 提前交单收汇;(3) 减少费用和责任。

（六）计算题

1. 解:(1) 佣金＝含佣价×佣金率＝300美元×3%＝9(美元),

CFR净价＝300－9＝291(美元)。

(2)CFRC5＝291÷(1－5%)＝306.32(美元)。

2. 解:CIF＝(FOB＋运费)÷[1－(1＋投保加成)×保费率]＝(1 200＋15)÷[1－(1.1×0.62%)]＝1 223.34(美元/公吨)。

3. 解:(1)FOB＝成本＋费用＋利润,睡袋的国内购货成本为每只50元,每只的运费为5 000÷1 000＝5元,按照预期利润的10%加成计算,每只睡袋的FOB价＝(50＋5)×110%＝60.5元＝9.84(美元)。

(2) 运费的计算:运费F＝20美元/箱÷20(只/箱)＝1(美元/只)。

(3) CFR＝FOB＋F＝9.84＋1＝10.84(美元/只)。

(4) CIF＝CFR÷(1－110%×保险费率)＝10.84÷(1－110%×0.8%)＝10.94(美元/只)。

(5) CIFC3％＝CIF 净价÷(1－佣金率)＝10.94÷(1－3％)＝10.94÷0.97＝11.28(美元/只)。

4. 解:出口外汇净收入＝395－30－225÷100＝362.75(美元),

出口总成本＝收购成本－退税收入＋业务费用＝2060－[2060÷(1＋17％)]×9％＋2060×10％＝2 107.54(元),

出口盈亏率＝(362.75×6.20－2 107.54)÷2 107.54＝6.71％,

出口换汇成本＝2 107.54÷362.75＝5.81(元/美元)。

5. 解:按体积可装箱数＝25÷(0.65×0.6×0.59)＝108.64,即可装108 箱。

按重量可装箱数＝17 500÷28＝625,即可装 625 箱。

所以成交数量＝108×40＝4 320(只)。

实际成本:165－165÷(1＋17％)×8％＝153.72(元/只)。

费用核算:

国内费用＝20/40＋165×3％＋(125＋250＋1 000＋50＋200＋400)÷4 320＝5.92(元/只),

客户佣金＝报价×5％,

出口运费＝3 600÷4 320＝0.833(美元/只),

出口保费＝CIF 报价×110％×0.9％,

利润核算:报价×10％。

FOB 报价＝实际成本＋国内费用＋佣金＋预期利润

＝(153.72＋5.92)÷6.12＋报价×3％＋报价×10％,

FOB＝29.98(美元/只),

CFR 报价＝实际成本＋国内费用＋出口运费＋佣金＋预期利润

＝(153.72＋5.92)÷6.12＋0.833＋报价×3％＋报价×10％,

CFR＝30.94(美元/只)。

CIF 报价＝实际成本＋国内费用＋出口运费＋出口保险费＋佣金＋预期利润

＝(153.72＋5.92)÷6.12＋0.833＋CIF 报价×110％×0.9％＋报价×3％＋报价×10％。

CIFC3＝31.30(美元/只)。

6. 解:外汇增值率＝(出口成品外汇净收入－原料外汇成本)÷原料外汇成本×100％。

(1) 出口成品外汇净收入＝CFR－F

＝8 300×(1－110％×1.1％)×90－104×75

＝730 161.3(美元)。

(2) 原料外汇成本＝(CFR＋I)×货量＝7 700×(1＋110％×0.5％)×0.453 6×300×500÷1 000＝526 789.49(美元)。

(3) 外汇增值率＝(73 061.3－526 789.49)÷526 789.49×100％

＝38.6％。

7. 解:(1) 出口总成本＝650＋50＝700(元)。

(2) 出口销售净收入＝165－25－8＝132(美元)＝815.36(元)。

(3) 换汇成本＝700÷132＝5.30(元/美元)。

(4) 盈亏率＝(815.36－700)÷700×100％＝16.48％。

8. 解:(1) 出口总成本＝8 000＋1 300＋800＋90＝10 190(元)。

(2) 出口商品换汇成本＝出口总成本÷出口销售外汇净收入

＝10 190÷2 000＝5.095(元/美元)。

(3)出口商品盈亏率＝(出口销售人民币净收入－出口总成本)÷出口总成本×100％＝(2 000×6.17－10 190)÷10 190×100％

＝21.1％。

(七) 案例分析题

1. 应由卖方负责。INCOTERMS 中的风险是指意外事件,如果损失是由合同的一方没有履行自己的义务所造成的,则由责任方承担责任,而不论此时货物是否已经装到船上,按照 INCOTERMS,卖方有提供适当包装的义务。

尽管发霉是在运输途中发生的，但是产生发霉的原因，即包装不良原因则是在装船前已经存在了，因此是卖方在履约过程中的过失。按照有关FOB的风险转移规定，买方有理由提出索赔要求，卖方的拒绝是没有道理的。

2. 在滚装、滚卸、集装箱运输的情况下，船舷无实际意义时应提倡尽量改用FCA，CPT及CIP三种贸易术语，特别是内陆地区的出口。应将“FOB天津新港”改成“FCA内陆”。

案例中出口公司所在地正处在铁路交通的干线上，外运公司在该市有集装箱中转站，既可接受拼箱托运也可接受整箱托运。假如当初采用FCA（该市名称）对外成交，出口公司在当地将1 200箱交中转站或自装自集后将整箱（集装箱）交中转站，不仅风险转移给买方，而且当地承运人（即中转站）签发的货运单据即可在当地银行办理议付结汇。该公司自担风险将货物运往天津，再集装箱出口，不仅加大了自身风险，而且会推迟结汇。

3. 我方应从中吸取以下主要教训：(1) 做进口业务时，客户资信如何事关重大，因按信用证支付时，开证行仅凭单据议付。与新客户做大宗买卖，更应对对方的资信做深入的调查了解，以防上当受骗。(2) CFR条件是卖方租船，买方办理保险，对买方来说有一定风险。因此，对于大宗初级产品的进口交易，在正常情况下应争取按FOB条件成交，必要时可指定装运船只的船名或所属的船公司，以减少风险。

4. 以CIF术语成交的合同是象征性交货合同，只要卖方按合同要求将货物装船并提交了合格的单据，就算完成了交货义务，不保证货物到达时间及货物必然到达目的港。但通则同时规定，交易双方有权在合同中做出与惯例不符的规定。本案中的合同已非真正的CIF合同，是装运合同，卖方只负责在装运港将货物装上船，货物装上船之后的一切风险均由买方承担。本案中，合同规定了货物到达目的港的具体时间，并强调不按时到达，买方有权拒绝货物，这就改变了合同的性质，使 CIF 装运合同变为了到达合同，不再具有象征性交货的性质了，卖方须承担货物不能按期到达目的港的风险。

应吸取的教训：(1) 应了解有关港口、航线的地理知识。魁北克为季节性封冻港口，每年 11 月至次年 4 月为封冻期，船舶不能进出。如业务员知道这一常识，便不会落入外商的陷阱。(2) CIF 合同中不应订立货物到达目的港的时限条款，更不应订立以货物到达作为付款前提的条款，以免改变合同性质，增加卖方的风险。(3) 以美国、加拿大东海岸港口为目的港的业务，如进口商对到货时间有要求，而我方为保住客户予以接受时，最好采用 OCP 运输方式。即我方按 CIF 卖断到美国、加拿大的西海岸港口，从西岸运往东部 OCP 地区（内陆地区）的运输由进口商自理，这样就可以避免出现本案中的局面了。以本案为例，可在合同中这样规定：CIF 温哥华，OCP 魁北克。

5. (1) 京都制造商不可以向孟买进口商按 FOB，CFR，CIF 术语报价。因为这三个术语只适合水运，交货点都在装运港船上，即本案中的横滨港船上。但本案中京都制造商不愿承担京都至横滨这段公路运输的风险，因此交货点应该在京都，适用多式联运。所以不能按 FOB，CFR，CIF 术语报价。

(2) 京都制造商不需提供已装船运输单据。因为多式联运方式下不需要提供已装船提单。

(3) 按以上情况，京都制造商应该采用交货点在货交承运人处，适用各种运输方式的贸易术语如 FCA 京都、CPT 孟买、CIP 孟买。因为这三种术语的交货点都在京都货交承运人处，一旦在京都完成交货，京都制造商就不用承担之后发生的风险，符合京都制造商的要求；另一方面，印度进口商也无需承担交货前的风险，符合印商的要求。不过这三个术语中 CIP 术语为首选，因为此术语中包含保险，京都至孟买的风险可由保险公司承保，如果发生承保范围内的风险，印商可向保险公司索赔。

6. 我方的要求是合理的。尽管我方的动机是由于市场行情发生了对其不利的变化,但是由于是CIF象征性交货的贸易方式,要求卖方凭借合格完全的单证完成交货义务。本案中卖方没有办理货运保险,提交的单据少了保险单,即使货物安全到达目的港,也不能认为其完成了交货义务。

第十五章

国际货物运输

一、习　题

(一) 名词解释

1. 班轮运输
2. 运费吨
3. FIOST
4. 空白抬头、空白背书
5. 国际多式联运
6. 滞期费
7. Direct B/L
8. 速遣费
9. 大陆桥运输
10. 分批装运

(二) 单项选择题

1. 经过背书才能转让的提单是(　　)。

A. 记名提单　　B. 不记名提单

C. 指示提单　　D. 清洁提单

2. 班轮运费的计收标准按货物的体积计收，在运价表内用(　　)。

A. 字母“W”表示　　B. 字母“M”表示

C. 字母“W/M”表示　　D. 字母“AV”表示

3. 速遣费是指(　　)。

A. 在约定时间内提前完成装卸任务，买方给予卖方的奖金

B. 在约定时间内未能完成装卸任务，船方向卖方收取的罚款

C. 在约定时间内未能完成装卸任务，港口管理部门向船方收取的罚款

D. 在约定时间内提前完成装卸任务，船方给予负责装卸货物的一方的奖金

4. 指示提单要求提单的“收货人”栏内(　　)。

A. 留空不填　　B. 填写“凭指示”

C. 填写收货人名称　　D. 填写付款银行名称

5. 下列有关国际多式联运的说法错误的是(　　)

A. 由多个经营人联合负责货物的全程运输

B. 将陆、海、空各种运输方式，多个运输工具有机结合起来

C. 仅需一份包括全程的多式联运单据

D. 全程实施单一运费

6. 下面哪一个日期是 CIF 合同的实际交货日(　　)。

A. 买方付款赎单日　　B. 买方凭单提货日

C. 货物运抵目的港日　　D. 提单签发日

7. 海运提单日期应理解为(　　)。

A. 货物开始装船的日期

B. 货物装船过程中任何一天

C. 货物装船完毕的日期

D. 签订运输合同的日期

8. 某出口商品每件毛重 32 公斤，体积为 0.036 2 立方米，装中远公司轮船出口，运价本运费计算标准为 W/M，10 级，外轮代理公司计算运费时

(　　)。

A. 将按毛重计收运费　　B. 将按体积计收运费

C. 将由托运人任意选定　　D. 将由承运人任意选定

9. 在规定装卸时间的办法中,使用最普遍的是(　　)。

A. 日或连续日

B. 累计 24 小时好天气工作日

C. 连续 24 小时好天气工作日

D. 24 小时好天气工作日

10. 在定程租船方式下,对装卸费的收取办法中 FO 的含义是(　　)。

A. 船方不负担装卸费

B. 船方负担装卸费

C. 船方只负担装货费,而不负担卸货费

D. 船方只负担卸货费,而不负担装货费

11. 海运提单的抬头是指提单的(　　)。

A. Shipper　　B. Consignee

C. Notify Party　　D. Voyage No.

12. 各种运输单据中,能同时具有货物收据、运输合同和物权凭证作用的是(　　)。

A. 铁路运单　　B. 航空运单

C. 海运提单　　D. 海运单

13. 国际多式联运的主要特征是(　　)。

A. 由一个联运经营人负责货物的全程运输,运费按全程费率一次计收

B. 由第一程承运人负责货物的全程运输,运费按全程费率一次计收

C. 由一个联运经营人负责货物的全程运输,运费按不同运输方式分段计收

D. 由第一程承运人负责货物的全程运输,运费按不同运输方式分段计收

14. 记名提单(　　)。

A. 不可转让

B. 可以转让

C. 必须经过发货人背书才可转让

D. 必须经过承运人背书才可转让

15. 按《UCP 600》的解释,若信用证条款中未明确规定是否允许"分批装运""转运",则应视为(　　)。

A. 可允许分批装运

B. 可允许分批装运和转运

C. 可允许装运,但不允许分批装运

D. 不允许分批装运和转运

16. 对于成交量较小,批次较多、交接港口分散的货物适宜采用(　　)。

A. 班轮运输　　B. 租船运输

C. 定期租船运输　　D. 定程租船运输

17. 下列说法,不属于班轮运输的特点的是(　　)。

A. 具有定线、定港、定期和相对稳定的运费费率

B. 由船方负责对货物的装卸,运费中包括装卸费

C. 以运送大宗货物为主

D. 不规定滞期、速遣条款

18. 某公司出口一批货物,该批货物于 2013 年 8 月 6 日开始装运,1 天后装船完毕,应托运人的要求,船方以 2013 年 8 月 5 日作为提单的日期签发提单,则该提单属于(　　)。

A. 顺签提单　　B. 倒签提单

C. 过期提单　　D. 预期提单

19. 根据《UCP600》的规定,如果信用证没有规定交单期,则银行有权拒受迟于提单签发日期后(　　)天提交的单据。

A. 15　　　　B. 16

C. 5　　　　D. 21

20. 在国际货物运输中，对需要进行拼箱处理的货物，一般需要由承运人在(　　)负责将不同发货人的货物拼装在一个集装箱里。

A. 集装箱堆场(CY)　　　　B. 装箱货运站(CFS)

C. 发货人仓库　　　　D. 码头

(三) 多项选择题

1. 买方和银行通常不接受的提单有(　　)。

A. 已装船提单　　　　B. 备运提单

C. 清洁提单　　　　D. 不清洁提单

E. 过期提单

2. 班轮运费中不包含的费用是(　　)。

A. 滞期费　　　　B. 装卸费

C. 理舱费　　　　D. 平舱费

E. 速遣费

3. 过期提单(Stale B/L)是指(　　)。

A. 货物实际装船时间晚于提单签发时间的提单

B. 晚于提单上所载明货物到达目的港的提单

C. 晚于货物实际装运日期21天签发的提单

D. 交单时间超过提单签发日期21天的提单

E. 提单记载内容错误，不再具有效力的提单

4. 按照提单收货人抬头分类，提单有(　　)。

A. 清洁提单　　　　B. 不清洁提单

C. 记名提单　　　　D. 不记名提单

E. 指示提单

5.“规定在收到信用证后若干天装运”适用的情况有(　　)。

A. 一般都实行进口许可证和进口配额制度、外汇管制较严的国家和地区

B. 合同中订明了装运的年度及月份

C. 对买方资信情况不了解

D. 对某些拖延开证的客户

E. 专为某一地区或某商号生产的商品

6. 由上海运往底特律、芝加哥的一批货物,若采用 OCP 条款,应满足下列条件(　　)。

A. 必须在美国西海岸港口转船

B. 必须在提单上注明“OCP”字样

C. 必须在提单的目的港一栏填写西海岸港口城市名,以及底特律、芝加哥最终目的地名称

D. 必须是美国急需的货物

E. 必须在美国东海岸港口转船

7. 海洋运输的优点是(　　)。

A. 通过能力大　　B. 载运量大

C. 运输成本低　　D. 风险大

E. 速度快

8. 按提单有无不良批注,可分为(　　)。

A. 清洁提单　　B. 不清洁提单

C. 记名提单　　D. 不记名提单

E. 指示提单

9. 不能作为物权凭证的单据有(　　)。

A. 海运提单　　B. 铁路运单

C. 航空运单　　D. 不可转让海运单

E. 邮包收据

10. 下列关于转运的说法，正确的有（ ）。

A. 除非信用证有相反的规定，可允许转运

B. 只要是国际多式联运或集装箱运输，即使信用证禁止转运，银行也可以接受表明转运的提单

C. 货物中途转运，会延误时间和增加费用开支

D. 买方一般不愿转运

E. 在国际多式联运中，转运是不可避免的

（四）判断题

1. 信用证如要求一份以上正本提单时，可以提交一份正本，其余份数提交副本。（ ）

2. 提单的抬头是指提单的发货人。（ ）

3. 不清洁提单是指带有宣称货物及/或包装有缺陷状况的条款或批注的提单，如，提单上批注"货物由旧麻袋包装"。（ ）

4.《UCP 600》规定，在不同时间将不同港口的货物装在同一航次的同一条船上，即使签发多份提单，也不算作分批装运。（ ）

5. 海运提单、空运单和铁路运单都是承运人出具给托运人的货物收据，因而也都是物权凭证。（ ）

6. 不清洁提单是指船长、船公司或其代理人在提单上加了批注的提单。（ ）

7. 某商品每箱体积为 30cm × 40cm × 50cm，毛重为 62kgs，净重为 59kgs，如果班轮运费计收标准为 W/M，则船公司应按尺码吨计收运费。（ ）

8. 航空运单、铁路运单和海运提单一样，均可背书转让。（ ）

9. 空白抬头提单是指提单"收货人"一栏不填写任何内容的提单，谁持有该提单谁就有权提货。（ ）

10. 某公司以信用证付款方式出口一批货物，提单日期为 7 月 15 日，

信用证有效期为 8 月 15 日。按《UCP 600》的规定，受益人向银行交单的最迟日期时 8 月 5 日。(　　)

11. 不可转让海运单，特别是在 EDI 方式下，更有安全性。(　　)

12. 租船运输比较适合大宗货物的运输。(　　)

13. 累计 24 小时晴天工作日的装卸时间计算方法，对船方有利。(　　)

14.《UCP 600》规定：凡装于海运集装箱的转运不视作转运，海运以外的其他各种运输方式，其中包括空运、公路、铁路，也都不视作转运。(　　)

15. 海运单是一种流通单证，不是货物的物权凭证，不得转让。(　　)

(五) 问答题

1. 简述班轮运输的特点。

2. 什么是海运提单？简述海运提单的性质和作用。

3. 买卖合同中规定装运时间应注意哪些问题？

4. 海运提单按收货人抬头分类可分为几种？它们的区别是什么？

5. 某提单显示：

Shipper：ABC Co. Ltd

Consignee：To Order

Notified Party：XYZ Co. Ltd

请问：

(1) 该提单属于哪一种类型提单？

(2) 该提单是否可以转让？如果可以转让，通过什么方式进行转让？

(3) 该提单由谁首先背书？

(4) 该提单是否一定要经过 XYZ Co. Ltd 背书？

6. 什么叫转运？《UCP 600》有关转运的规定是什么？

7. 什么叫分批装运？《UCP 600》对分批装运有何规定？

8. 国际多式联运有什么特点？

（六）计算题

1. 我方出口商品共100箱，每箱的体积为30cm×60cm×50cm，毛重为40公斤，查运费表得知该货为9级，计费标准为W/M，基本运费为每运费吨109港元，另收燃油附加费20%，港口拥挤费20%，货币贬值附加费10%，试计算：该批货物的运费是多少港元？

2. 某公司出口一批货，共2 640件，总重量为37.8公吨，总体积为124.486立方米，由船公司装了一个20英尺和两个40英尺集装箱，从上海装船，在香港转船运至荷兰鹿特丹港运费计算标准：M，等级为1—8级，从上海至鹿特丹港口的直达费率和经香港转船费率分别为USD 1 850/20'，USD 3 515/40'和USD2 050/20'，USD3 915/40'，装箱费率是USD120.00/20'，USD240.00/40'。(1) 试计算该批货的总运费。(2) 该批货原报价为每件24.00美元FOB上海，试求CFR鹿特丹价。

3. 出口某商品10公吨，箱装，每箱毛重25公斤，体积20厘米×30厘米×40厘米，查表知该货为8级，计费标准为W/M，每运费吨运费80美元，另征收转船附加费20%，燃油附加费10%，计算该批商品的运费。

4. 某公司出口箱装货物一批，报价为CFR利物浦每箱35美元，英国商人要求改报FOB价。该批货物每箱的体积为45厘米×40厘米×25厘米，每箱毛重为35公斤，商品计费标准为W/M，基本运费为120美元/运费吨，并加收燃油附加费20%，货币贬值附加费10%。问：我方应如何报价？（装运港：上海）

5. 某轮从广州港装载杂货——人造纤维，体积为20立方米、毛重为17.8公吨，计费标准“W/M”，运往欧洲某港口，托运人要求选Rotterdam或Hamburg，Rotterdam和Hamburg都是基本港口，基本运费为USD80/运费吨，选卸港的附加费率为每运费吨加收USD3.00。问：(1) 该托运人应支付多少运费（以美元计）？(2) 如果改用集装箱运输，海运费的基本费率为USD 1 100/20'，货币附加费10%，燃油附加费10%。改用集装箱运输时，该托运人应支付多少运费(以美元计)?(3) 若不计杂货运输和集装箱运输两种运输方式的其他费用,托运人从节省海运费考虑是否应选择改用集装箱运输?

(七) 案例分析题

1. 我国大陆某工厂与台湾 TS公司以 FOB SHANGHAI 成交一批化肥,台商即以 CFR Labuan 转手给马来西亚 F 公司。台商开来的信用证价格为 FOB SHANGHAI,要求货运曼谷,并在提单上表明“Freight Prepaid”(运费预付)。试分析台商为什么这样做,我方应如何处理。

2. 外贸公司 A 与欧洲 B 商订立供应某商品 500MT 出口合同,规定 1 月至 4 月由中国港口装上海轮运往欧洲某港口,允许卖方交货数量可增减 5%。B 商按时开来信用证的装运条款为 1 月 100 公吨,2 月 150 公吨,3 月 150 公吨,4 月 100 公吨,每月内不得分批。A 公司审查信用证后认为可以接受,遂于 1 月、2 月分别按信用证规定如期如数将货物装船并顺利收到货款。后由于货源不足,经协商得到船方同意,于 3 月 10 日先在青岛将货 70 公吨装上 C 船,待该轮续航到烟台时,于 3 月 18 日在烟台再装上 75 公吨。A 公司向议付银行办理议付时,提交了分别于青岛和烟台装运的共计 145 公吨的两套提单,当议付银行将单据寄到开证银行索偿时,遭到开证银行的拒付,理由是:信用证规定 3 月装运 150 公吨,不准分批,而现在仅装了 145 公吨,而且分别是在青岛、烟台两地装运的,与信用证规定不符。试分析开证银行拒付的理由是否于法有据?

3. 某年 4 月,我国 T 公司向荷兰 M 公司出售一批纸箱装货物,以 FOB 条件成交,目的港为鹿特丹港,由 M 公司租用 H 远洋运输公司的货轮承运该批货物。同年 5 月 15 日,该合同货物在青岛装船。当船方接受货物时,发现其中有 28 箱货外表有不同程度的破碎,于是在该提单上批注:“该批货物有 28 箱外表破碎。”当船方签发提单,欲将批注转注提单时,卖方 T 公司反复向船方解释说买方是老客户,不会因为一点点包装问题提出索赔,要求船方不要转注收货单上的批注，同时向船方出具了下列保函："若收货人因包装破碎货物受损为由向承运人索赔时，由我方承担责任。"船方接受了上述保函，签发了清洁提单。该货船起航不久，接到买方M公司的指示要求其将卸货港改为法国的马赛港，收货人变更为法国的F公司。载货船到达马赛港，船舶卸货时法国收货人F公司发现该批货物有40多箱包装严重破碎，内部货物不同程度受损，于是以货物与清洁提单记载不符为由，向承运人提出索赔。问：F公司能否向承运人提出索赔？承运人是否应承担赔偿责任？

二、部分参考答案

（五）问答题

1. (1)"四固定"即固定航线、固定港口、固定船期和相对固定的运费率。这是班轮运输的最基本特征。(2) 班轮运费中已包括装卸费用，即承运人负责货物的配载装卸，并支付装卸费用；承托双方不计算滞期费和速遣费，也不规定装卸时间，而是按照港口习惯快速装卸。(3) 在杂货班轮运输中，承运人对货物的责任期间是从货物装上船起，到货物卸下船止，即"船舷至船舷(rail to rail)"或"钩至钩"(tackle to tackle)；在集装箱班轮运输中，承运人对货物的责任期间是从装货港接受货物起至卸货港交付货物止，通常班轮公司对集装箱的交接方式是CY/CY。(4) 承托双方的权利、义务和责任豁免以承运人签发的班轮提单背面条款为依据并受国际公约的制约。

2. 提单是承运人或其代理人在收到货物后签发给托运人的一种证件，它体现了承运人与托运人之间的相互关系。

提单的性质和作用，主要表现在下列三个方面：

(1) 是承运人或其代理人出具的货物收据，证明其已按提单的记载收到托运人的货物；(2) 是代表货物所有权的凭证；(3) 是承运人和托运人双方订立的运输契约的证明。

3. (1) 应该考虑货源情况和装运能力;(2) 对装运期的规定要明确具体,并尽量避免使用立即装运,尽速装运之类的笼统规定方法;(3) 装运期限的规定,长短应当适度,不宜规定过长、过短或太具体;(4) 在信用证结算方式下规定装运期时,应一并合理规定开证日期,并使二者相互衔接起来;(5) 规定装运期时,还应考虑装港条件和特殊情况。

4. 可分为记名提单、不记名提单和指示提单。它们的区别是:

(1) 记名提单收货人栏内填明特定收货人名称,只能由特定收货人提货,这种提单不能通过背书的方式转让,不能流通;(2) 不记名提单收货人栏内没有指明任何收货人,只注明"货交来人"的字样(to bearer)这种提单不需要背书就能转让;(3) 指示提单收货人栏内填写"凭指定"(to order)或"凭某某人指定"(to order of ...)字样,这种提单通过背书可以转让。

5. (1) 该提单属于托运人指示提单;(2) 该提单可以转让,通过背书方式进行转让;(3) 该提单由托运人 ABC Co. Ltd 首先进行背书;(4) 该提单不一定要经过 XYZ Co. Ltd. 背书。

6.《UCP 600》对转运作出的规定:"转运是指在信用证规定的装货港到卸货港之间的运输过程中,将货物从一船卸下并再装上另一船的行为。"

(1)"信用证未规定禁止转运,则视为允许转运。"(2)"提单可以表明货物将要或可能被转运,只要全程运输由同一提单涵盖。"(3)"即使信用证禁止转运,注明将要或可能发生转运的提单仍可接受,只要其表明货物由集装箱、拖车或母子船运输。"

简言之,真正被禁止的转运,仅指海运中港至港,非集装箱货物运输的转运。

7. 分批装运(Partial Shipment),是指一个合同项下的货物分若干批或若干期装运。

《UCP 600》对分批装运的规定:

(1) 除非信用证另有规定,允许分批装运。(2)"装于同一航次同一条船上的同一合同项下的货物,即使装运的地点、时间不同,只要运往同一目的地，也不视为分批装运。”(3) 限期限量分批装运的货物只要其中有一批未按时装运，该批和以后各批均告无效。

8. 要点：国际多式联运的特点：(1) 有一个多式联运合同，合同中明确规定多式联运经营人和托运人之间的权利、义务、责任和豁免；(2) 使用一份包括全程的多式联运单据，并由多式联运经营人对全程运输负总的责任；(3) 全程是单一运费费率，其中包括全程各段运杂费的总和、经营管理费用和合理利润；(4) 必须是国家间两种或两种以上不同运输方式的连贯运输；(5) 运程必须跨两个或两个以上的国家。

（六）计算题

1. 解：每箱货物的体积为 30cm×60cm×50cm＝0.09m^3，每箱货物毛重为 0.04 公吨，因为 0.09＞0.04，且基本运费的计收方法是 W/M，所以应选择 0.09m^3 来计算运费。代入公式，则有：

运费＝计费标准×商品数量×基本费率×(1＋附加费率)＝0.09×100×109×(1＋20%＋20%＋10%)＝1 471.5（港元）。

2. 解：(1) 装箱费：120×1＋240×2＝600(美元)。

运费：2 050×1＋3 915×2＝9 880(美元)。

则运费费用总计：600＋9 880＝10 480(美元)。

即该批货的总运费为 10 480 美元。

(2) CFR 价＝FOB 价＋运费＝24＋10 480÷2 640＝27.97(美元/件)。

即 CFR 鹿特丹价为每件 27.97 美元。

3. 解：体积 M＝0.3×0.2×0.4＝0.024(立方米)，

重量 W＝0.025(公吨)。

因此，重量吨是运费吨。

每箱运费＝运费吨×基本费率×(1＋附加费率)

＝0.025×USD 80×(1＋20%＋10%)

＝USD 2.6。

箱数＝总重量/每箱重量＝10/0.025＝400(箱)，

总运费＝400 箱×USD 2.6＝USD 1 040。

4. 解：

每箱毛重：35 公斤＝0.035(公吨)，

每箱体积：45 厘米×40 厘米×25 厘米＝0.045(立方米)。

二者比较：0.035＜0.045，故应按尺码吨计算运费。

F＝基本运费＋附加费

＝120×0.045＋120×0.045(20%＋10%)

＝7.02(美元)。

FOB 价＝CFR 价－运费＝35－7.02＝27.98(美元)。

因此，应改报价为 USD 27.98 per case FOB 上海。

5. 解：(1) 因为 M 大于 W，运费吨为 20。

F＝(80＋3)×20＝1 660(美元)。

(2) 可选用 1 个 TEU。

F＝1 100×(1＋10%＋10%)＝1 320(美元)。

(3) 因为(1)大于(2)，所以应选择改用集装箱运输。

(七) 案例分析题

1. 台商有可能是为了简化向马来西亚 F 公司交货的手续，或由于台商与马来西亚公司合同规定运费由台商负责，但台商企图将运费转嫁给出口工厂。对于台商的这种做法，出口工厂可在以下情况下接受：

(1) 台商将运费汇交出口工厂；

(2) 台商将运费直接付给船运公司；

(3) 在信用证中加列允许受益人超支运费条款。

2. 开证银行拒付在法律上看没有依据。首先，根据合同规定，卖方交货数量可增减 5%，我出口公司三月份装运 145 公吨，在合同规定的数量机动幅度以内；其次，根据《UCP 600》规定，运输单据表面上注明是使用同一运输工具装运并经同一线路运输，即使运输单据上注明的装运日期以及装运港不同，只要运输单据注明是同一目的地，将不视为分批装运。出口公司如在青岛、烟台各装70公吨和75公吨于同一船只、同一航次上，提单虽注明不同装运港和不同装运期限，则不视为分批装运。

3. F公司可以向承运人提出索赔，承运人必须承担收货人的损失。

因为根据有关国际公约和包括我国在内的各国海商法都规定：已装船提单上所作的记载必须与已装船货物的实际状况相符，承运人应对提单记载事项包括收货人在内的提单持有人负有最终责任。换言之，如果提单为清洁的，而到达目的港的货物是短量或者短少、包装破碎、货物受损等，包括收货人在内的提单持有者有权向承运人提出索赔。

本案例中，作为承运人的船方明知货物在装船时有部分货箱破碎，与提单记载不符，但仍在装船时签发了清洁提单，因而他必须承担收货人的损失。本案例中的法国收货人作为提单的正当持有人完全有理由根据清洁提单而向承运人提出索赔。

第十六章

国际货物运输保险

一、习　题

（一）名词解释

1. 海上损失
2. 海上风险
3. 意外事故
4. 一般外来风险
5. 共同海损
6. 推定全损
7. 单独海损
8. 施救费用
9. 外来风险
10. 代位追偿原则

（二）单项选择题

1. 在保险人所承保的风险中，恶劣气候、地震属于（　　）。

A. 自然灾害　　B. 意外事故

C. 一般外来风险　　D. 特殊外来风险

2. 在海运过程中，整批茶叶经水浸不能饮用，这种海上损失属于

( )。

A. 实际全损 B. 单独海损

C. 推定全损 D. 共同海损

3. 在国际货运保险中,不能单独投保的险别是( )。

A. 平安险 B. 水渍险

C. 战争险 D. 一切险

4. 根据我国《海洋货物运输保险条款》的规定,承保范围最小的基本险别是( )。

A. 平安险 B. 水渍险

C. 一切险 D. 罢工险

5. 共同海损牺牲和费用应该由( )共同按最后获救的价值按比例分摊。

A. 船舶与运费两方

B. 货物与运费两方

C. 船舶、运费和货物三方

D. 船舶和货物两方

6. 按国际保险市场惯例,投保金额通常在 CIF 总值的基础上( )。

A. 加一成 B. 加二成

C. 加三成 D. 加四成

7. 根据我国《海洋货物运输保险条款》规定,“一切险”的保险范围包括( )。

A. 平安险加 11 种一般险

B. 一切险加 11 种一般附加险

C. 水渍险加 11 种一般附加险

D. 11 种一般附加险加特殊附加险

8. 我方按 CIF 条件出口一批罐头食品,我方可选择的保险方案是( )。

A. 平安险＋水渍险

B. 一切险＋偷窃、提货不着险

C. 水渍险＋偷窃、提货不着险

D. 平安险＋一切险

9. 一批出口服装的海运途中，因船体触礁导致服装严重受浸，如果将这批服装漂洗后再运至原定目的港所花费的费用已超过服装的保险价格，这批服装应属于（　　）。

A. 共同海损　　B. 实际全损

C. 推定全损　　D. 单独海损

10. 下列哪项损失包含在 FPA 的承保范围内（　　）。

A. 运输途中由于包装破损使货物损失了 10％

B. 由于暴风雨使货物遭水浸，损失了 20％

C. 运输途中发生撞船，使货物损失了 30％

D. 货物被偷窃了一半

11. 某远洋货轮在航行途中，A 舱起火，船长误以为 B 舱也同时起火，命令对两舱同时施救，A 舱共有两批货物，甲批货物全部焚毁，乙批货物为棉织被单，全部遭受水浸，B 舱货物也都遭受水湿（　　）。

A. A 舱乙批货与 B 舱货物损失都属单独海损

B. A 舱乙批货与 B 舱货物损失都属共同海损

C. A 舱乙批货属于共同海损，B 舱货损属于单独海损

D. A 舱乙批货属于单独海损，B 舱货损属于共同海损

12. 对装卸时"单件落海"不赔的险别是（　　）。

A. ICC (A)　　B. ICC (B)

C. ICC (C)　　D. 平安险

13. "W/W Clause"是指（　　）。

A. 出口方负责交货责任的起讫条款

B. 承运人负责运输责任的起讫条款

C. 保险公司负责保险责任的起讫条款

D. 进口方接收货物责任的起讫条款

14. 海运货物保险中,按“仓至仓”条款的规定,货物运抵目的港后没有进入指定仓库,(　　)内保单仍然有效。

A. 30 天　　B. 60 天

C. 90 天　　D. 120 天

15. 根据现行伦敦保险协会条款之规定,承保风险最小的险别是(　　)。

A. ICC(A)　　B. ICC(B)

C. ICC(C)　　D. ICC(D)

16. 只承保“重大意外事故”,而不承保“自然灾害及非重大意外事故”的险别条款是(　　)。

A. 协会货物条款(A)　　B. 协会货物条款(B)

C. 协会货物条款(C)　　D. 协会战争险条款(货物)

17. 下列关于共同海损的描述中,不正确的是(　　)。

A. 风险必须是威胁船货共同安全的,实际存在的,不可避免的

B. 共同海损的行为必须是有意的、合理的

C. 共同海损是非人为的因素造成的

D. 共同海损行为应取得效果

18. 我某公司向国外某客户以 CIP 价格出售水果罐头 300 箱,货物在运交承运人途中,因意外事故遭遇部分损失,则该货损由(　　)承担,由(　　)向保险公司提出索赔。

A. 卖方,买方　　B. 卖方,卖方

C. 买方,卖方　　D. 买方,买方

19. 某公司按 CIF 条件出口坯布 1000 包,货在途中因货舱淡水管道滴漏,致使该批坯布中的 150 包遭水渍,保险公司对投保(　　)险别时承担保险责任。

A. 一切险　　B. 水渍险

C. 平安险　　D. 渗漏险

20. 我国某公司从德国进口一批电冰箱，以 CIF SHANGHAI(上海)成交，运货船只在途经马六甲海峡附近时遭到海盗洗劫，货物尽失，而该货物只投保了平安险。这种损失的责任方是(　　)。

A. 卖方　　B. 买方

C. 保险公司　　D. 运输公司

(三) 多项选择题

1. 国际货物运输中的基本险包括(　　)。

A. 平安险　　B. 水渍险

C. 一切险　　D. 一般附加险

E. 特殊附加险

2. 承保范围与海运险别中的水渍险大致相当的是(　　)。

A. 陆运险　　B. 陆运一切险

C. 航空运输险　　D. 航空运输一切险

E. 航空运输货物战争险

3. 下列属于一般外来风险的是(　　)。

A. 茶叶在运输途中串味

B. 化肥在运输途中包装破裂

C. 战争、罢工等风险

D. 棉花在运输途中被雨淋

E. 船只遭遇海难后沉没

4. 平安险所承保的责任范围包括(　　)。

A. 被保险货物在运输途中由于自然灾害造成的全部损失

B. 由于轮船爆炸造成货物部分损失

C. 在装卸时数件货物落海

D. 共同海损的救助费用

E. 货物在运输途中部分被偷窃

5. 根据我国《海洋运输货物保险条款》的规定，下列险别中适用于“仓至仓条款”的有（　）。

A. 水渍险　　B. 罢工险

C. 平安险　　D. 战争险

E. 短量险

6. 构成货物实际全损的情形有（　）。

A. 保险标的物全部沉入海底

B. 单独海损

C. 共同海损

D. 船舶失踪一定时期

E. 保险标的已经丧失商业价值或者失去原有用途

7. 出口茶叶，为防止运输途中串味，办理投保时，可投保（　）。

A. 串味险　　B. 平安险加串味险

C. 一切险加串味险　　D. 水渍险加串味险

E. 一切险

8. 在海运保险业务中，构成共同海损的条件是（　）。

A. 共同海损的危险必须是实际存在的

B. 消除船货共同危险而采取的措施是有意的和合理的

C. 必须属于非常性质的损失

D. 费用支出是额外的

E. 必须是承保风险直接导致的船、货损失

9. 下列险别中，属于特殊附加险的是（　）。

A. 拒收险　　B. 沾污险

C. 舱面险　　D. 渗漏险

E. 偷窃提货不着险

10. 根据英国伦敦保险协会制定的“协会货物条款”规定。ICC(A)险的除外责任包括(　　)。

A. 一般除外责任　　B. 不适航、不适货除外责任

C. 战争除外责任　　D. 罢工除外责任

E. 恶意损害除外责任

(四) 判断题

1. 在国际贸易中,外贸公司向保险公司投保一切险后,在运输途中由于任何外来原因所造成的一切货损,均可向保险公司索赔。(　　)

2. 水渍险的责任范围是除了平安险责任范围以内的全部责任外,还包括由于暴风、巨浪等自然灾害引起的部分损失。(　　)

3. 在CIF出口业务中,保险单日期不能迟于海运提单日期。(　　)

4. 海上运输保险业务中的意外事故,仅局限于发生在海上的意外事故。(　　)

5. 某外贸公司按CIF术语出口坯布1 000包,根据合同规定投保水渍险。货物在途中因船舱内淡水管道滴漏,致使该批坯布中的200包遭水渍,保险公司应对此负责赔偿。(　　)

6. 中国人民保险公司《海洋运输货物保险条款》所列的基本险和附加险的保险期限均以“W/W CLAUSE”(仓至仓条款)加以规定。(　　)

7. ICC恶意损害险不承保由政治动机的人的行动所造成的货物灭失和损害。(　　)

8. 若卖方对按CIF术语成交的货物投保了一切险,但在运输途中因雷电引起火灾造成部分货物焚毁,则该部分损失应由卖方负担。(　　)

9. 平安险的英文原意为“单独海损不赔”,即当被保险人投保了该险别,保险人对所有单独海损造成的后果不负赔偿责任。(　　)

10. 按CFR术语进口时,我方在国内投保了一切险,因保险公司的承保责任起讫为“仓至仓”,故货物在装船前发生承保范围内的损失,我方可凭

保险单和有关证明向保险公司索赔。（ ）

（五）问答题

1. 什么叫实际全损？构成实际全损有哪几种情形？

2. 什么叫推定全损？构成推定全损有哪几种情形？

3. 什么叫共同海损？它与单独海损有何不同？

4. 海上运输保险承保的费用有哪些？

5. 我国海洋运输保险的“仓至仓条款”对保险责任的起讫作了哪些规定？

6. 根据我国海洋货物运输保险条款，基本险有哪些除外责任？

7. 一般附加险和特殊附加险有什么区别？

（六）计算题

1. 某公司出口货物 3 000 件，对外报价为 2 美元/件 CFR 纽约。为避免漏保，客户来证要求我方装船前按 CIF 总值代为办理投保手续。查得该货的保险费为 0.8%，公司对该货投保时的投保金额和应缴纳的保险费分别是多少？

2. 某货主在货物装船前，按发票金额的 110%办理了货物投保手续，投保一切险加保战争险。该批货物的 CIF 总值为 20.75 万美元，一切险和战争险的保险费率合计为 0.6%。问：

(1) 该货主应交多少保险费？

(2) 若发生了承保范围内的风险，导致该批货物全部灭失，保险公司的最高赔偿金额是多少？

3. 某公司以每公吨 10 000 美元 CIF 纽约对外报价，现外商要求将价格改报为 CFR 纽约，保险费率为 1%，为保证我方净收入不变，应从原报价中减去多少保险费？

4. 某公司出口商品净重 100 公吨，装 5 000 箱，每箱单价为 89 美元，加一成投保一切险。货到目的港后，买方发现除短少5箱外，还短量380千克，问保险公司负责赔偿的金额是多少？

5. 我国某出口货物的CIF价为100美元/件，已知该商品的保险加成率为10%，保险费率为1%，试计算该商品的保险费。

（七）案例分析题

1. 某外贸公司按CIF术语出口一批货物，装运前已向保险公司按发票总值的110%投保平安险，6月初货物装上船顺利开航。载货船舶于6月13日在海上遇到暴风雨，致使一部分货物受到水渍，损失价值2 100美元。数日后，该轮又突然触礁，致使该批货物又遭到部分损失，价值为8 000美元。问：保险公司对该批货物的损失是否予以赔偿？为什么？

2. 我国A公司与某国B公司于2010年10月20日签订购买52 500吨化肥的CFR合同。A公司开出信用证规定，装船期限为2011年1月1日至1月10日，由于B公司租来运货的"顺风号"轮在航行途中遇到飓风，导致2011年1月20日才完成装运。承运人在B公司出具保函的情况下签发了与信用证条款一致的提单。"顺风号"轮于1月21日驶离装运港，A公司为这批货物投保了水渍险。2011年1月30日，"顺风号"轮途经巴拿马运河时起火，造成部分化肥烧毁。船长在命令救火过程中又造成部分化肥湿毁。由于装运延迟，货到目的地时正遇化肥价格下跌，A公司不得不大幅度降价出售化肥，造成了很大的经济损失。请根据上述事例，回答以下问题：

(1) 途中烧毁的化肥损失属于什么性质的损失？应由谁承担？为什么？

(2) 途中湿毁的化肥损失属于什么性质的损失？应由谁承担？为什么？

(3) A公司可否向承运人追偿由于化肥价格下跌造成的损失？为什么？

3. 我国以CIF术语向美国出口一批货物，货物交运前卖方及时投保了一切险和战争险，货物在马六甲海峡附近遭遇海盗抢劫，部分货物被抢走。试分析说明：

(1) 被抢走的货物属于什么类型的海损？为什么？

(2) 应该由哪一方向保险公司索赔？为什么？

(3) 保险公司是否应该赔偿？为什么？

4. 有一份FOB合同，货物在装船后，卖方向买方发出装船通知，买方向保险公司投保了"仓至仓条款一切险"(All Risks with Warehouse to Warehouse Clause)，但货物在从卖方仓库运往码头的途中，被暴风雨淋湿了10%的货物。事后卖方以保险单含有仓至仓条款为由，要求保险公司赔偿此项损失，但遭到保险公司拒绝。后来卖方又请求买方以投保人名义凭保险单向保险公司索赔，也遭到保险公司拒绝。试问在上述情况下，保险公司能否拒赔？为什么？

二、部分参考答案

(五) 问答题

1. 实际全损是指被保险货物全部灭失，或全部变质不能归原货主所有等情形而言。构成货物实际全损的情形主要有以下几种：

(1) 保险标的物完全灭失；

(2) 保险标的丧失；

(3) 保险标的物发生变质，失去原有的使用价值；

(4) 船舶失踪达到一定时间。

2. 推定全损是指保险标的物受损后并未全部灭失，但若进行施救、整理、修复所需的费用或者这些费用再加上续运至目的地的费用的总和，估计要超过货物在目的地处于完好状态时的价值。构成推定全损的情形主要有以下几种：

(1) 保险标的实际全损已经无法避免，或者是为了避免实际全损，需要花费的施救等费用将超过获救后标的价值；

(2) 保险标的发生保险事故后，使被保险人失去标的所有权，而收回这一所有权所需的费用将超过收回后的标的价值；

(3) 保险标的受损后，整理和续运到目的地的费用将超过货物到达目的地的价值；

(4) 保险标的受损后，修理费用估计要超过货物修复后的价值。

3. 共同海损是指在同一海上航程中，船舶、货物和其他财产遭遇共同危险，为了共同安全，有意识地合理地采取措施所直接造成的某些特殊损失、支付的特殊费用。

共同海损与单独海损的区别：(1) 造成损失的原因不同：共同海损是为了解除船货共同危险而人为造成的，单独海损是由风险直接导致的；

(2) 损失的承担者不同：共同海损由获益各方按获救比例分摊，单独海损由受损方自行承担；

(3) 损失的构成不同：共同海损包括共同海损牺牲和费用，单独海损仅包括货物本身损失，不包括费用损失。

4. 海运货物保险承保的费用主要有以下两种：

(1) 施救费用是指当被保险标的遭受保险责任范围内的灾害事故时，由被保险人或其代理人、雇佣人员和受让人等为防止损失扩大而采取抢救措施所支出的费用。此项费用由保险人给予补偿。

(2) 救助费用是指被保险标的遭遇保险责任范围以内的灾害事故时，由保险人或被保险人以外的第三者采取救助行为并获成功，由获救方向救助方支付的报酬称为救助费用。

5. 它是指保险人的承保责任从自被保险货物运离保险单所载明的起运地发货人仓库开始，直至该项货物被运抵保险单所载明的收货人仓库或被保险人用作分配、分派或非正常运输的其他储存处所为止。如未抵达上述仓库或储存处所，则以被保险货物在最后卸载港全部卸离海轮后满 60 天为止。如在上述 60 天内被保险货物需转运至非保险单所载明的目的地时，则该项货物开始转运时终止。

6. 基本险的除外责任是指保险人不负责赔偿的损失或费用，在投保基本险别的条件下，保险人对于下列各项损失并不负责赔偿：

(1) 被保险人的故意行为或过失所造成的损失；

(2) 属于发货人的责任所引起的损失；

(3) 在保险责任开始承担前，被保险货物已存在品质不良或数量短差所造成的损失；

(4) 被保险货物的自然损耗，本质缺陷，特性及市价跌落，运输延迟引起的损失或费用；

(5) 战争险条款和罢工险条款所规定的责任及其除外责任。

7. 一般附加险指由于一般外来原因引起的一般风险而造成的各种损失的险别。目前，一般附加险包括偷窃提货不着险、淡水雨淋湿、混杂沾污险、碰损破碎险、串味险、受潮受热险、钩损险、包装破裂险和锈损险等。

特殊附加险是指由于国家政策、法令、行政命令、军事等特殊外来原因所造成各种损失的险别，通常包括战争险、罢工险、交货不到险、拒收险、舱面险等。

附加险别只能在投保一种基本险的基础上加保，而不能单独投保。

(六) 计算题

1. 解：CIF＝CFR/(1－投保加成×保险费率)＝2÷(1－110%×0.8%)＝2.02(美元)，

投保金额＝CIF 总值×110%＝3 000×2.02×110%＝6 666(美元)，

保险费＝CIF 总值×110%×保险费率＝3 000×2.02×110%×0.8%＝53.33(美元)。

2. 解：(1) 保险费＝CIF 总值×110%×保险费率＝20.75 万×110%×0.6%＝1 369.5 (美元)。

(2) 保险最高赔偿金额＝CIF 总值×110%＝20.75 万×110%＝

22.825(万美元)。

3. 解:保险费=CIF总值×110%×保险费率=10 000×110%×1%=110(美元)。

4. 解:保险公司负责赔偿的金额:

[(89×5)+(380÷20×89)]×110%=2 349.6(美元)。

5. 解:保险金额=CIF价格×(1+加成率)=100×(1+10%)=110(美元/件)。

保险费=保险金额×保险费率=110×1%=1.1(美元)。

(七) 案例分析题

1. 保险公司应赔偿。根据中国人民保险公司《海运货物保险条款》平安险的责任范围第二条和第三条的规定,触礁受损的8 000美元是运输工具遇到意外事故造成的部分损失,保险公司负责赔偿;遇暴风雨受损的2 100美元是在运输过程中由于自然灾害造成的部分损失,但又因该货物是触礁意外事故发生之前造成的,所以,保险公司对2 100美元也应负责赔偿。

2. (1) 属单独海损,最终应由保险公司承担损失。依据CFR术语关于买卖双方风险划分界限的规定,运输途中被烧毁的化肥发生在装船之后,故由A公司即买方承担;同时,运输途中被烧毁的化肥又属于单独海损,而A公司投保了水渍险,保险赔偿范围中包含单独海损,因而,此项损失实际上由保险公司承担。

(2) 属共同海损,应由A公司与船公司分别承担。因船舶和货物遭到了共同危险,船长为了共同安全,有意且合理地造成了化肥的湿毁。

(3) 可以。因为承运人迟延装船,又倒签提单,须对迟延交付负责。

3. (1) 被抢走的货物按损失程度属于部分损失,按损失的性质属于单独海损。因为该批货物已经投保了战争险,而海盗抢劫行为属于战争险的承保范围。同时,损失由海盗抢劫形成,而非由船方有意识地采取措施所引起，故不属于共同海损。

(2) 应该由买方向保险公司索赔。因为该批货物是以 CIF 术语由我国向美国出口的，而 CIF 术语中已经明确：买方的义务之一是“承担货物在装运港装上船之后的一切风险”。货物在马六甲海峡附近遭海盗抢劫，该风险应由买方承担，同时也应由买方向保险公司索赔。

(3) 保险公司应该赔偿。因为海盗抢劫行为属于战争险，在保险公司的承保范围之内。

4. 保险公司可以拒赔。FOB 的风险责任划分是以货物装上船为界，在货物在装上船前的风险都应该由卖方承担，而卖方并未投保，因此，卖方不能向保险公司索赔；由于保险货物受损发生在货物装上船之前，此时买方对该货物尚未取得所有权，因此买方不拥有可保权益，所以买方也无法向保险公司索赔。所以，尽管保险单内有“仓至仓条款”，保险公司也可对买方拒赔。

第十七章

国际贸易货款收付

一、习　　题

（一）名词解释

1. 汇票
2. 背书
3. 承兑
4. 电汇
5. 付款交单
6. 承兑交单
7. 信用证
8. 出口押汇
9. 银行保函
10. 保理

（二）单项选择题

1. 下列汇票抬头中，无需由持票人背书即可转让的是（　　）。

A. pay to ABC Co. only

B. pay to the order of ABC Co.

C. pay to ABC Co. or order

D. pay to bearer

2. 在我国,银行本票付款期限通常为(　　)。

A. 出票后一段时间　　B. 见票时即付

C. 见票后一段时间　　D. 见票时即付或见票后一段时间

3. 持票人将汇票提交付款人要求承兑的行为是(　　)。

A. 转让　　B. 出票

C. 见票　　D. 提示

4. 支票是以银行为付款人的(　　)。

A. 即期汇票　　B. 远期汇票

C. 即期本票　　D. 远期本票

5. 在托收方式下,卖方委托银行收取货款,使用的是(　　)。

A. 银行汇票,属于银行信用

B. 银行汇票,属于商业信用

C. 商业汇票,属于银行信用

D. 商业汇票,属于商业信用

6. 对卖方而言,收汇风险最大的结算方式是(　　)。

A. 装运前电汇货款　　B. 承兑交单

C. 即期付款交单　　D. 远期付款交单

7. 托收方式与信用证支付方式的主要区别是(　　)。

A. 前者是顺汇,后者是逆汇

B. 前者使用商业汇票,后者使用银行汇票

C. 前者是商业信用,后者是银行信用

D. 前者对卖方有利,后者对买方有利

8. 对于卖方而言,D/P,D/A 和 L/C 风险由大到小依次为(　　)。

A. D/A,L/C 和 D/P

B. L/C,D/P 和 D/A

C. D/P,D/A 和 L/C

D. D/A,D/P 和 L/C

9. 下列支付方式中,最有利于进口方的是(　)。

A. 信用证　　B. 预付货款

C. D/P 即期　　D. D/A 30 天

10. 一份有效期到 8 月 30 日的信用证未规定交单期限,如果运输单据的出单日期为 8 月 5 日,则最迟提交银行议付的时间为(　　)。

A. 8 月 30 日　　B. 8 月 20 日

C. 8 月 26 日　　D. 8 月 31 日

11. 信用证规定到期日为 2011 年 5 月 31 日,而未规定最迟装运期,则可理解为(　　)。

A. 最迟装运期为 2011 年 5 月 10 日

B. 最迟装运期为 2011 年 5 月 16 日

C. 最迟装运期为 2011 年 5 月 31 日

D. 该信用证无效

12. 国外开来的不可撤销信用证规定,汇票的付款人为开证行。货物装船完毕后,闻悉申请人已经破产,则(　　)。

A. 由于付款人破产,货款将落空

B. 可立即通知承运人行使停运权

C. 只要单证相符,受益人仍可从开证行取得货款

D. 待付款人财产清算后方可收回货款

13. 信用证通常是根据(　　)开立的,但一经开立就成为一项自足文件。

A. 汇票　　B. 发票

C. 合同　　D. 本票

14. 当信用证条款与合同不一致时,受益人可要求(　　)修改。

A. 开证行　　B. 开证申请人

C. 通知行　　　　　　　　　　　D. 议付行

15. 信用证修改通知书涉及两项以上内容时，受益人(　　)。

A. 或全部接受，或全部拒绝

B. 可选择接受

C. 必须全部接受

D. 只能部分接受

16. 下列关于可转让信用证的说法中错误的是(　　)。

A. 可转让信用证只能转让一次

B. 可转让信用证可转让无数次，不受限制

C. 第二受益人不得要求将信用证转让给其后的第三受益人

D. 第二受益人可以要求将信用证转让给第一受益人

17. 根据《UCP600》的规定，凡"约""大概""大约"或类似的词语用于信用证金额、货物、数量和单价时，应解释为有关金额、数量或单价可有不超过(　　)的增减幅度。

A. 5%　　　　　　　　　　　B. 10%

C. 15%　　　　　　　　　　D. 20%

18. 根据《UCP600》，如果开证行在审核单据时发现单证不符，则必须在收到单据后的(　　)内通知寄交单据的一方。

A. 5 个工作日　　　　　　　B. 7 个工作日

C. 5 个自然日　　　　　　　D. 7 个自然日

19. 在远期付款交单条件下，进口方凭信托收据向代收行借单提货，如到期不能支付货款，责任(　　)。

A. 由出口方承担

B. 由代收行承担

C. 由出口方与代收行共同承担

D. 视代收行借单是否经过出口方授权而定

20. 信用证上若未注明汇票的付款人，根据《UCP600》的解释，汇票的

付款人应是(　　)。

A. 开证申请人　　B. 开证行

C. 议付行　　D. 出口商

21. 对于卖方而言,具有双重付款保证的信用证指的是(　　)。

A. 循环信用证　　B. 跟单信用证

C. 保兑信用证　　D. 可转让信用证

22. 信用证项下的制单结汇时,如存在单、证不符的情况,议付行先向国外开证行拍发电报或电传,列明单、证不符点,待开证行复电同意后再将单据寄出,该做法称为(　　)。

A. "跟证托收"　　B. "电提"

C. "延期结汇"　　D. "凭保议付"

23. 未注明(　　)的信用证应视作无效。

A. 装运期　　B. 交单期

C. 有效期　　D. 议付期

24. 在补偿贸易或易货贸易中经常使用的信用证是(　　)。

A. 对开信用证　　B. 循环信用证

C. 对背信用证　　D. 红条款信用证

25. 使用循环信用证的目的在于简化手续和减少开证费用,这种信用证一般适用于(　　)。

A. 易货贸易、来料加工和补偿贸易

B. 中间商用于转运他人货物的合同

C. 母公司与子公司之间的贸易合同

D. 定期分批、均衡供货、分批结汇的长期合同

(三) 多项选择题

1. 受益人在审核 L/C 的金额和货币时,应遵循以下基本准则(　　)。

A. L/C 总金额必须与商业发票上的金额一致

B. L/C 金额应该与事先协商的相一致

C. L/C 采用的货币与合同规定的货币必须一致

D. L/C 总金额的大小写必须一致

E. 若合同订有溢短装条款,L/C 金额应有相关的规定

2. 备用信用证与一般的跟单信用证的区别包括(　　)。

A. 应用的业务范围不同

B. 银行付款的条件不同

C. 跟单信用证属于银行信用,而备用信用证则属于商业信用

D. 受款人要求银行付款时所需要提交的单据不同

E. 适用的国际惯例不尽相同

3. 常见的银行保函按照其用途不同,可分为(　　)。

A. 履约保证书　　B. 还款保证书

C. 投标保证书　　D. 即期付款保证书

E. 补偿贸易保证书

4. 下列叙述中,属于托收特点的有(　　)。

A. 托收属于一种商业信用

B. 托收属于顺汇法

C. 托收有利于调动买方订货的积极性

D. 托收属于一种单证的买卖

E. 存在着难以收回货款的风险

5. 下列关于本票的描述中正确的有(　　)。

A. 商业本票有即期和远期之分

B. 远期本票无需承兑

C. 本票的付款人是出票人

D. 远期本票的当事人有出票人、付款人和收款人

E. 在我国银行本票只有即期

6. 对于信用证与合同关系的表述,正确的有(　　)。

A. 信用证的开立以买卖合同为依据

B. 信用证的履行不受买卖合同的约束

C. 有关银行只根据信用证的规定办理信用证业务

D. 合同是审核信用证的依据

E. 如果信用证中提及合同,银行将受到有关合同的约束

7. 下列信用证条款中,属于“软条款”的有(　　)。

A. 要求提交开证申请人签发的检验证书

B. 承运船只由买方指定,船名以信用证修改书的方式通知,交单时提交信用证修改书

C. 要求提供出口国检验机构签发的原产地证书

D. 货物样品寄交开证申请人认可,认可传真作为单据之一

E. 货物规格与品质应与合同规定相符

8. 根据《跟单信用证统一惯例》的解释,信用证的第一付款人可以是(　　)。

A. 开证申请人　　B. 议付行

C. 开证行　　D. 通知银行

E. 保兑行

9. 采用分期付款方式和延期付款方式进口大型成套设备,以下描述正确的有(　　)。

A. 前者货物所有权在付清货款时转移,后者货物所有权则在交货时转移

B. 前者货物所有权则在交货时转移,后者货物所有权在付清货款时转移

C. 前者货款在交货时基本付清,后者大部分货款在交货后一段时间内付清

D. 前者货款在交货后一段时间内付清,后者货款在交货时付清

E. 前者买方没有利用卖方的资金,不存在利息问题;后者买方利用了卖方的资金,需要支付相关利息

10. 根据《跟单信用证统一惯例》,银行在审查单据中对下列内容不负责( )。

A. 单据真实性的实质审查　　B. 单据有效性的实质审查

C. 单据真实性的形式审查　　D. 货物的实际状况

E. 买卖双方资信及履约情况

11. 信用证规定最迟装运日:on or about Aug. 11,2011,那么提单上的装船批注可以是( )。

A. Aug. 19, 2011　　B. Aug. 16, 2011

C. Aug. 2, 2011　　D. Aug. 9, 2011

E. Aug. 11, 2011

12. 信用证项下,下列当事人履行付款责任后无追索权的有( )。

A. 议付行　　B. 保兑行

C. 开证行　　D. 指定付款行

E. 偿付行

13. 银行保证书按索偿条件不同,可分为( )。

A. 交单即付保函　　B. 见索即付保函

C. 有条件保函　　D. 远期付款保函

E. 承兑保函

14. 出口托收押汇和信用证项下的出口押汇相比,主要特点有( )。

A. 银行承做出口托收押汇的风险大于信用证项下的出口押汇

B. 出口托收押汇的押汇利率一般要高于信用证项下的出口押汇

C. 出口托收押汇的押汇期限一般要长于信用证项下的出口押汇

D. 出口托收押汇贷款发放的比例一般低于信用证项下的出口押汇

E. 银行办理的出口托收押汇业务量要远远大于信用证项下的出口押汇业务量

15. 转口贸易通常可以使用的结算方式有( )。

A. 即期信用证　　B. 背对背信用证

C. 对开信用证　　　　　　　　　D. 可转让信用证

E. 备用信用证

（四）判断题

1. 根据《跟单信用证统一惯例》的规定，凡信用证上未注明“可否转让”字样，即视为可转让信用证。（　　）

2. 汇票在承兑或付款前，出票人是主债务人。（　　）

3. 若信用证未表示禁止转船和分批装运，应理解为不许转船，但可以分批装运。（　　）

4. 根据《中华人民共和国票据法》，汇票表面必须表明“汇票”字样，但无须出票人签字。（　　）

5. 任何类型的信用证均须规定一个有效期，即交单付款、承兑或议付的到期日。（　　）

6. 对汇票的受让人而言，所有在他之前的背书人和出票人均对他负有担保汇票必被承兑或付款的责任。（　　）

7. 特别背书的汇票、空白背书的汇票以及限制性背书的汇票都可以再行转让。（　　）

8. 如果信用证规定在指定时期内分批装运，若其中某一期未按规定装运，则信用证对该期及以后各期均失效。（　　）

9. 在信用证业务中，信用证的开立是以买卖合同为基础的，因此，信用证条款与买卖合同条款严格相符是开证行向受益人付款的前提条件。（　　）

10. 在托收业务中，银行发现单据有不符点但仍寄往国外，付款人最终提出单据有误拒绝付款，银行对此应负有责任。（　　）

11. 根据《跟单信用证统一惯例》规定，除非信用证另有规定，商业发票无需签字。（　　）

12.《跟单信用证统一惯例》规定正本单据必须注有“Original”字样。

(　　)

13. 海运提单要求空白抬头和空白背书，就是指不填写收货人和不要背书。(　　)

14. 在承兑交单情况下，由代收行对汇票进行承兑后，向进口商交单。(　　)

15. 凡迟于信用证有效期提交的单据，银行有权拒付。(　　)

(五) 问答题

1. 汇票、本票和支票的异同点有哪些?

2. 信用证支付方式的特点和作用有哪些?

3. 为什么在出口业务中不宜轻易地使用D/P远期方式成交?

4. "国际货物买卖中，汇付是一种最安全的支付方式"，这种说法是否正确? 为什么?

5. 信用证业务中，买卖双方面临的主要风险有哪些?

6. 出口商审核信用证的主要依据是什么? 修改信用证应注意哪些问题?

(六) 计算题

1. 国内某企业从国外进口货物一批，采用即期信用证付款。外商如期完成装运，并开出金额为50万美元的汇票，银行垫付货款的时间是15天，如果银行放款的年利率为6%，请计算银行要向进口企业收取多少开证利息?

2. 某公司持有一张承兑期限为60天的银行承兑汇票，票面金额为100万美元，为提前取得款项，该公司将该汇票拿到市场上进行贴现。已知当时市场上的贴现率为8%，手续费为100美元，则该公司贴现后可获得多少美元?

3. 我国某公司出口一批原料至德国，原报价为每公吨1 000美元CFR

Hamburg，后客户要求以欧元计价，为保证我方净收入不变，应报价多少？（查中国银行汇率表，得知中国银行外汇牌价如下：(1 美元＝6.226 2～6.241 3 元人民币，1 欧元＝8.103 2～8.183 5 元人民币）

（七）案例分析题

1. 甲交给乙一张经付款银行承兑的远期汇票，作为向乙订货的预付款，乙在票据上背书后转让给丙以偿还原欠丙的借款，丙于到期日向承兑银行提示取款，恰遇当地法院公告该行于当天起进行破产清理，因而被退票。丙随即向甲追索，甲以乙所交货物质次为由予以拒绝，并称已于 10 天前通知银行止付，止付通知及止付理由也已通知了乙。在此情况下丙再向乙追索。乙以票据系甲开立为由推诿不理。丙遂向法院起诉，被告为甲、乙与银行三方。你认为丙方最终能够追讨回借款吗？

2. 天津某出口公司出售一批货物给香港商人，价格条件为 CIF 香港，付款条件为 D/P 见票 30 天付款，天津公司同意港商指定香港汇丰银行为代收行。天津公司在合同规定的装运期内将货物装船，取得清洁提单，随即出具汇票，连同提单和商业发票等委托中行通过香港汇丰银行向港商收取货款。5 天后所装货物安全运抵香港，因当时该商品的行市看好，港商凭信托收据向汇丰银行借单，提取货物并将部分货物出售。不料因到货过于集中，货物价格迅速下跌，港商以缺少保险单为由在汇票到期时拒绝付款。你认为天津出口公司应如何处理此事？说明理由。

3. 2011 年 10 月，我国某公司与加拿大商人按 CIF 条件签订了一份出口 10 万码法兰绒合同，支付方式为不可撤销即期信用证。加拿大商人于 5 月通过银行开来信用证，经审核与合同相符，其中保险金额为发票金额的 110%。我方正在备货期间，加拿大商人通过银行传递给我方一份信用证修改书，内容为将保险金额改为发票金额的 120%。我方没有理睬，按原证规定投保、发货，并于货物装运后在信用证有效期内，向议付行议付货款。议付行议付货款后将全套单据寄开证行，开证行以保险单与信用证修改书不符为由拒付。开证行拒付是否有道理？为什么？

4. 日本某银行应当地客户的要求开立了一份不可撤销自由议付信用证，出口地为上海，证中规定单证相符后，议付行可向日本银行的纽约分行索偿。上海一家银行议付了该笔单据，并在 L/C 有效期内将单据交开证行，同时向其纽约分行索汇，顺利收回款项。第二天开证行提出单据有不符点，要求退款。议付行经检查，确定不符点成立，但此时从受益人处得知，开证申请人已通过其他途径(未用提单)将货提走。议付行可否以此为理由拒绝退款？为什么？

5. 某出口公司对中东出口电风扇 1 000 台，信用证规定不允许分批装运。但在装船时，发现有 40 台严重损坏，临时更换又来不及。为保证质量起见，发货人员认为，根据《跟单信用证统一惯例》规定，即使合同未规定溢短装条款，数量上仍允许有 5%的增减，故决定少交 40 台风扇，即少交 4%。结果遭到银行拒付。为什么？

6. 某年，我国 A 公司以 CIF 条件、不可撤销即期议付信用证方式与某国 B 公司订立一份总值为 20 万美元的出口合同。B 公司通过当地银行开来的不可撤销即期议付信用证规定，受益人须提供“Inspection certificate issued by applicant and signed by their authorities officer(s) certifying that the goods have been inspected before shipment”，并要求“1/3 original ocean B/L must be directly mailed to applicant by express mail service after shipment”。货物在装运前经 B 公司的代表检验，但 A 公司在交单时 B 公司还未签发检验证书，不得已只能采用担保方式向议付行议付。单据寄到开证行，遭到拒付，但 A 公司认为未提交检验证书的责任在于 B 公司，坚持要求开证行付款。货物到达目的港后，B 公司凭我方寄去的正本提单将货物提取，并以此批货为筹码，对 A 公司前几次交货的质量提出索赔要求。经双方多次谈判，时隔半年，B 公司才付款，A 公司还被迫减价 6 万美元。试分析：(1) 开证行拒付是否合理？为什么？(2) A 公司在该笔交易中存在哪些问题？

（八）单据制作

1. 根据信用证制作单据

ISSUE OF A DOCUMENTARY CREDIT

Safe Reference: 01005302635640924

Received From: BEMBKLD
BELGIUM BANK, LONDON

Message Type: MT700 ISSUE OF A DOCUMENTARY

Date: SEP. 25 2011

Sequence of Total **27:** 1/1

Form of Documentary Credit **40A:** IRREVOCABLE

Documentary Credit Number **20:** 0307310065800

Date of Issue **31C:** 2011. 9. 24

Applicable Rules **40E:** UCP LATEST VERSION

Expiry **31D:** 2011. 12. 15 CHINA

Applicant **50:** GEBRS JONK COSTA
AV GEBRS 118
3760 PEDREGUER
LONDON

Beneficiary **59:** HANGHAI FORTUNE HOUSEWARE CO. LTD.
10/F COMMERCIAL AND TRAD CENTRE,
NO. 9 EAST ZHONG SHAN RD
SHANGHAI CHINA

Currency Code, Amount **32B:** USD 39 770. 00

Percentage Credit Amount Tolerance **39A:** 00/00

Available With …By… **41D:** ANY BANK BY NEGOTIATION

Drafts At… **42C:** SIGHT

Drawee	**42D**: BELGIUM BANK, LONDON
Partial Shipments	**43P**: ALLOWED
Transshipments	**43T**: ALLOWED
Port of Loading/Airport of Dep.	**4E**: SHANGHAI,CHINA
Port of Discharge/Airport of Dest	**44F**: SOUTHAMPTON, U.K.
Latest Date of Shipment	**44C**: 2011.11.30
Description of Goods and/or Services	**45A**:

QUILT SHELLS(被套) OF 100% COTTON

AS PER SALES CONFIRMATION

NO.2011FD563;

SIZE	ART. NO.	QTTY	USD/PC
155×200CM	W105	800PCS	17.30
155×220CM	Y231	900PCS	18.20
160×220CM	B424	500PCS	19.10

CFR SOUTHAMPTON (INCOTERMS 2010)

Documents Required **46A**:

+SIGNED COMMERCIAL INVOICE IN 6 FOLDS INDICATING ORDER NO. GENT353

+PACKING LIST IN TWO FOLDS

+FULL SET OF CLEAN ON BOARD OCEAN BILL OF LADING MADE OUT TO ORDER OF SHIPPER BLANK ENDORSED MARKED **FREIGHT PREPAID** AND NOTIFY **GEBRS JONK COSTA HESSL BLDG 142 8560 WEVEN SOUTHAMPTON**

+CERTIFICATE OF ORIGIN IN 1ORIGINAL PLUS 2 COPIES SIGNED BY CCPIT

+COPY OF FAX FROM BENEFICIARY TO APPLICANT SENT NOT LATER THAN 2 DAYS FROM LOADING DATE PROVIDING

FULL SHIPPING DETAILS (B/L NO. , SAILING DATE, VESSEL S NAME, CONTAINER NO. , QUANTITY OF PACKAGES, BRUT AND NET WEIGHTS AND VALUE OF GOODS). FAX TRANSMISION REPORT REQUIRED.

+ORIGINAL SIGNED INSPECTION CERTIFICATE ISSUED BY THE APPOINTEDE AGENT OF APPLICANT CERTIFYING THAT THE GOODS ARE IN GOOD ORDER AND CONDITIONS ACCORDING TO THE CONFIRMED SAMPLE. *

Additional Conditions　47A: MARKS: G J A C

07FD563

SOUTHAMPTON

C/NOS. 1-UP

Charges　71B: ALL BANKING CHARGES OUTSIDE THE ISSUING BANK, INCLUDING REIMBURSEMENT CHARGES ARE FOR BENEFICIARY S ACCONT.

Period for Presentation　48: DOCUMENTS TO BE PRESENTED NOT LATER THAT 15 DAYS FROM SHIPMENT DATE, BUT WITHIN L/C VALIDITY.

Confirmation Instructions　49: WITHOUT

Instruction to the Paying/Accepting/Negotiating Bank 78:

DOCUMENTS MUST BE SENT BY COURIER TO BELGIUM BANK, LONDON U. O. E. BANCA INTERNATIONAL AV. PUERTO, 31. 46021 LONDON U. K.

THE DISCREPANCY FEE OF USD60. 00 SHOULD BE DEDUCTED FROM YOUR CLAIM TO THE REIMBURSING BANK OR WILL BE DEDUCTED FROM PROCEEDS BY US IF DOCUMENTS ARE PRESENTED WITH DISCREPANCY (IES).

ON RECEPTION OF CONFORMING DOCUMENTS WE SHALL REIMBURSE THE NEGOTIATING BANK ACCORDING TO ITS INSTRUCTIONS

Advise Through Bank 57D：AGRICULTURAL BANK OF CHINA，THE 6/F：242 ZHONGSHAN ROAD SOUTH SHANGHAI，CHINA.

（1）根据信用证要求制作一份商业发票。

COMMERCIAL INVOICE

SELLER ①	INVOICE NO. HHFH563	INVOICE DATE Nov. 16，2011
	S/C NO. ③	DATE Sept. 20，2011
	SHIPPED BY Sea FROM SHANGHAI，CHINA TO SOUTHAMPTON，U. K.	
BUYER ②	L/C NO. ④	DATE ⑤
	ISSUED BY ⑥	

MARKS	DESCRIPTION OF GOODS	QTY.	UNIT PRICE	AMOUNT
⑦	⑧	⑨	⑩	⑪
TOTAL		⑫		⑬

×××××

HANGHAI FORTUNE HOUSEWARE CO. LTD

(2) 货物于 11 月 20 日在上海港装"长江(CHANGJIANG)"号轮船运往英国 SOUTHAMPTON。根据信用证要求填制一份提单。

提单

BILL OF LADING

托运人 ①

Shipper

收货人 ②

Consignee

通知 ③

Notify

船名 **CHANGJIANG** 航次 315 装货单号 866 提单号 678

Vessel Voy. S/O No. B/L No.

装船港: **SHANGHAI, CHINA** 卸货港: **SOUTHAMPTON, U. K.**

Port of Loading Port of Discharge

运费在 **SHANGHAI, CHINA** 支付

Freight payable at

托运人所提供的详细情况

Particulars furnished by the Shipper

标志和号数 Marks & Numbers	件数 No. of packages	货名 Description of goods	毛重 Gross weight	尺码 Measurement
④	⑤	**QUILT SHELLS 100% COTTON**	**1.6 m/t**	**5.0 cub. m.**
合计件数(大写) ⑥ Total Packages (in word)				

运费及其他费用: ⑦

Freight & Charges

签单日期 ⑧ 在 ⑨

Dated at

船长

For the Master

(3) 11 月 30 日，受益人 HANGHAI FORTUNE HOUSEWARE 向中国银行上海(Bank of China, Shanghai Branch)分行交单议付，根据要求填制一份汇票。

No. 2011FD563

Exchange *for* ___①___　　　　*Shanghai, China, Nov.* 30, 2011

At ___②___ *sight of this* ***First*** **of exchange**

(***Second*** *of the same tenor and duly unpaid*), *pay to*

the Order of ___③___

the sum of ___④___

Drawn under ___⑤___ **L/C No.** ___⑥___

Dated ___⑦___

To: ___⑧___

___⑨___

______

2. 根据合同资料和补充资料缮制结汇单据。

TIANJIN ABC IMPORT & EXPORT CO. LTD.

56 XUANWU ROAD TIANJIN, CHINA

Tel: 0086-22-62385859　　S/C No.: EUR070615

Fax: 0086-22-62385857　　Date: June 15, 2011

E-mail: TJC@ 163. corn　　P/I No.: EP11051806

SALES CONTRACT

TO: **NORWAY XYZ TRADING GROUP**

87, FLOWER ROAD, STAVANGER, NORWAY

Tel: 147－4536－2435　Fax: 147－4536－2434

This contract is made by and between the Sellers and Buyers, whereby the sellers agree to sell and the buyers agree to buy the under-mentioned goods according to the conditions stipulated below:

Name of Commodity and Specifications	Quantity	Unit Price	Amount
LINING SPORT SHIRT (1) Size A LINING SPORT SHIRT (2) Size B LINING SPORT SHIRT AS PER PROFORMA INVOICE NO. EP07051806 DATED MAY 18, 2011	5 000 SETS 1 500 SETS	FOB TIANJIN USD 25.00 USD 35.00	USD125 000.00 USD 52 500.00
Total Amount	6 500 SETS		USD 177 500.00

(1) **Packing**: Size A LINING SPORT SHIRT: Packed in 1 carton of 10 sets each;

Size B LINING SPORT SHIRT: Packed in 1 carton of 10 sets each;

Packed in one 20'FCL

(2) **Delivery From** **TIANJIN, CHINA** to **STAVANGER, NORWAY**

(3) **Shipping marks**: N/M

(4) **Time of Shipment**: Latest Date of Shipment Sep. 15, 2011

(5) **Partial Shipment**: Not Allowed

(6) **Transshipment**: Allowed

(7) **Terms of Payment**: By D/P at sight with draft to be issued by the seller.

(8) **Arbitration**:

Any dispute arising from the execution of or in connection with this contract shall be settled amicably through negotiation. In case no settlement can be reached through negotiation, the case shall then be submitted to China International Economic & Trade Arbitration Commission in Beijing (or in Shanghai) for arbitration in accordance with its arbitration rules. The arbitration award is final and binding upon both parties. The tee for arbitration shall be borne by the losing party.

The Seller: 

杨 淳

The Buyer: 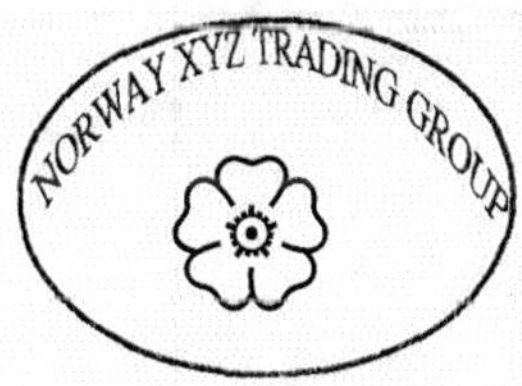

Christiana

(1) 商业发票(补充资料:发票号码:E117070826;发票开立日期:JULY 8,2011)。

TIANJIN ABC IMPORT & EXPORT CO., LTD.

56 XUANWU ROAD, BEIJING, CHINA

TEL: 0086-22-62385859 INV. NO.: ①

FAX: 0086-22-62385857 DATE: ②

S/C NO.: ③

COMMERCIAL ENVOICE

TO: ④

FROM ⑤ TO ⑥

L/C NO.: ISSUED BY:

MARKS & NOS.	DESCRIRTIONS OF GOODS	QUANTITY	U/PRICE.	AMOUNT
⑦	⑧	⑨	⑩	⑪
TOTAL		⑫		⑬

TOTAL AMOUNT: ⑭

WE HEREBY CERTIFY THAT THE CONTENTS OF INVOICE HEREIN ARE TRUE AND CORRECT.

×××

(2) 装箱单(补充资料：规格 A 的运动服：每个纸箱的总重为 10kg；净重 8kg；尺寸 0.03 m^3；规格 B 的运动服：每个纸箱的总重为 15kg；净重 13kg；尺寸 0.04 m^3)。

TIANJIN ABC IMPORT & EXPORT CO., LTD.

56 XUANWU ROAD, TIANJIN, CHINA

TEL: 0086-22-62385859　　INV. NO.: ①

FAX: 0086-22-62385857　　DATE: ②

E-mail: TJC@163.COM　　S/C NO.: ③

PACKING LIST

TO: ④　　**MARKS & NOS.** ⑤

GOODS DESCRIPTION & PACKING	QTY (SETS)	CTNS	G. W. (KG)	N. W. (KG)	MEAS (M^3)
⑥	⑦	⑧	⑨	⑩	⑪
TOTAL	⑫	⑬	⑭	⑮	⑯

SAY TOTAL PACKED IN ⑰ **ONLY.**

* * * * * * * * * * * * * * * * * *

⑱

(3) 2011 年 9 月 1 日，出口商天津 ABC 进出口公司委托中国银行天津(Bank of China, Tianjin Branch)托收款项，根据惯例制作汇票。

Exchange *for* ①	*Tianjin, China, Sep.* 1, 2011
At ② *sight of this* **First** *of exchange*	
(**Second** *of the same tenor and duly unpaid*), *pay to*	
the Order of ③	
the sum of ④	
Drawn under ⑤	
To: ⑥	
	⑦

二、部分参考答案

(五) 问答题

1. 三者均具有票据的一般特性和功能，即票据的货币性、债权性、流通性、无因性、文义性和要式性，以及票据的汇兑和信用功能；但在票据的当事人、票据属于委托支付证券还是自付证券或承诺证券、票据的到期日、是否需要承兑、出票人和付款人的法律关系等方面存在差异。

2. 信用证业务特点包括：(1) 信用证付款是一种银行信用，开证行负第一付款责任；(2) 信用证是独立于合同之外的一种自足的文件，在信用证业务处理过程中各当事人的责任与权利都以信用证为准;(3) 信用证是一种单据的买卖,其遵循的原则是“单单一致”“单证一致”的“单据严格相符”原则。信用证的作用:(1) 安全保证作用,基本解决了进出口双方互不信任的矛盾;(2) 资金负担较平衡,便利进出口商向银行融通资金,在利于他们的资金周转,扩大贸易额。

3. D/P 远期指进口商在汇票到期日付清货款后方可取得单据,使用这种方式具有较高的商业风险。如果货已到目的港而汇票未到期,进口商无法付款赎单,提取货物,容易贻误商机,所以进口商往往要求代收行给予融通:(1) 进口商向代收行出具信托收据预借单据,取得货权。(2) 进口商与代收行关系密切,做出某种承诺后可从代收行取得单据。如果代收银行和进口商的资信欠佳,可能会出现到期收不回货款的可能。此外,一些国家不承认远期付款交单,一直将 D/P 远期作 D/A 处理,两者在法律上的解释是一样的。

4. 这种说法不正确。汇付方式结算货款的过程中,银行提供的是服务而不是信用,因此,使用汇付方式完全取决于买卖双方中的一方对另一方的信任,并在此基础上提供信用和资金融通。由于商业信用不如银行信用可靠,提供信用的一方所承担的风险很大。如果是买方预付货款,则进口方的风险很大;如果是货到后付款,则出口方风险很大。因此,汇付并非绝对安全。

5. 在信用证支付方式下,买方面临的主要风险有:买方支付押金后,开证行倒闭;卖方伪造单据;收到的货物与单据不符;手续复杂,耗时较长,费用也较高。卖方面临的主要风险有:由于交货期、交货数量、规格等不符点而造成的风险;由于疏忽导致单证不符,从而遭到开证行拒付;因软条款而导致的风险;进口商利用伪造、编造的信用证绕过通知行直接寄给出口商,引诱出口商发货,骗取货物;正本提单直接寄给进口商,客户可以不经银行议付而直接凭手中的提单提走货物;进口商申请开立不合格信用证,并拒绝或拖延修改,或改用其他付款方式支付;开证行倒闭或无力偿付信用证款项。

6. 要点：出口商收到信用证后应该认真审核，审核信用证时的主要依据是交易双方达成的买卖合同、《跟单信用证统一惯例》的相关规定，以及实际业务的具体情况。通过对信用证的全面审核，如发现问题，应区分情况及时处理。对于影响安全收汇，难以接受或做到的信用证条款，必须要求国外客人进行修改。修改信用证时应注意以下几点：(1) 只有买方（开证人）有权决定是否修改信用证，只有卖方（受益人）有权决定是否接受信用证的修改；(2) 凡是需要修改的内容，应做到一次性提出，避免多次修改信用证；(3) 对于不可撤销信用证中任何条款的修改，都必须取得当事人的同意才能生效。

（六）计算题

1. 解：开证利息 $=500\ 000\times 6\%\times \frac{15}{365}=1\ 233$（美元）。

2. 解：贴现后的金额 $=1\ 000\ 000-100\ 000\times 8\%\times \frac{60}{365}-100=986\ 749.31$（美元）。

3. 解：CFR 欧元价 $=1\ 000$ 美元 $\times \frac{6.241\ 3\ \text{人民币/美元}}{8.103\ 2\ \text{人民币/欧元}}=770.23$（欧元）。

我方应该报价 CFR Hamburg 770.23 欧元。

（七）案例分析题

1. 法院应判甲向丙清偿被拒付的汇票票款、自到期日或提示日起至清偿日止的利息，以及丙进行追索所支付的相关费用，甲与乙的纠纷则另案处理。理由如下：(1) 票据具有流通性、无因性、文义性、要式性，只要丙是票据的合法持有人，就有权要求票据债务人支付票款，并且此项权利并不受其前手乙的权利缺陷（向甲交付的货物质次）的影响；(2) 丙在遭到主债务人（承兑银行）退票后，即有权向其前手甲、乙进行追索。同样由于票据的特性，甲不能以抗辩乙的理由抗辩丙。

2. 出口商应通过托收银行(中国银行)向代收行要求付款。因为代收行是在委托人未授权的情况下，擅自将单据借给进口商提货，违反托收委托中的付款条件，所以代收行应向托收行承担付款责任。

3. 银行无权拒付。不可撤销信用证必须经过有关各方当事人同意才能修改，在受益人表示接受以前，原信用证的条款仍然有效。此案例中，我方在备货时，进口方通过开证行传递一份信用证修改书，而我方并未理睬，所以原信用证仍然有效。在单证相符的情况下，银行无权拒付。

4. 不能拒绝退款。理由如下：(1) L/C 业务是纯单据买卖业务，单证不符不能付款，银行仅处理单据，对货物真实情况不予负责。(2) 尽管开证申请人将货物提走，但开证行并未将单据交给开证申请人。所以，议付行应向受益人追索所垫付的货款，退款给开证行。

5.《跟单信用证统一惯例》关于允许 5% 伸缩的规定并不适用于整件计价的货物。如："大米 100 公吨"，即使不规定可增减，也允许 5% 的增减。但是，若写明："大米 100 公吨，麻袋包装，每包 100 千克，共 1 000 包"，则交货时不得有任何增减。

6. (1) 开证行的拒付是有道理的。信用证审单的法理基础之一是单据交易原则，银行必须按照严格相符的原则，合理小心地审核信用证规定的一切单据，以确定单据表面上是否符合信用证条款。在不符合的情况下，银行有权拒付。(2) 本案中 A 公司的主要失误在于没有对信用证中的"软条款"或风险条款保持应有的警惕，如信用证中的规定"检验证书由开证申请人开立，并由其权威部门的长官签署"，这属于主动权掌握在开证申请人手中、受益人无法控制的"软条款"；而信用证的另一规定"货物装船后 1/3 的正本海运提单要直接以快递方式寄给开证申请人"，这一条款加大了卖方的风险，即买方能够在向银行付款赎单之前将货物提走。对于这类"软条款"或风险条款，卖方应要求开证申请人修改信用证，且不能急于出货，否则将陷于被动的局面。

(八) 单据制作

1. 根据信用证制作单据

(1) 商业发票

① HANGHAI FORTUNE HOUSEWARE CO. LTD.

10/F COMMERCIAL AND TRADE CENTRE,

NO. 9 EAST ZHONG SHAN RD

SHANGHAI CHINA

② GEBRS JONK COSTA

AV GEBRS 118

3760 PEDREGUER

LONDON

③ 2011FD563

④ 0307310065800

⑤ 2011. 9. 24

⑥ BEMBKLD

BELGIUM BANK, LONDON

⑦ G J A C

07FD563

SOUTHAMPTON

C/NOS. 1-2 200

⑧ QUILT SHELLS(被套) OF 100% COTTON

SIZE ART. NO.

155×200CM W105

155×220CM Y231

160×220CM B424

⑨ QTTY

800PCS

900PCS

500PCS

⑩ USD/PC

17.30

18.20

19.10

⑪ USD13 840.00

USD16 380.00

USD 9 550.00

CFR SOUTHAMPTON (INCOTERMS 2010)

⑫ 2 200PCS

⑬ USD 39 770.00

(2) 提单制作

① HANGHAI FORTUNE HOUSEWARE CO. LTD. (10/F COMMERCIAL AND TRAD CENTRE, NO. 9 EAST ZHONG SHAN RD, SHANGHAI CHINA)

② To order of shipper

③ GEBRS JONK COSTA HESSL BLDG 142 8560 WEVEN SOUTHAMPTON

④ G J A C

07FD563

SOUTHAMPTON

C/NOS. 1-2 200

⑤ 2 200PCS

⑥ Say Two Thousand and One hundred Pieces

⑦ Freight Prepaid

⑧ Nov. 20,2011

⑨ Shanghai

(3) 汇票制作

① USD 39 770.00

② * * *

③ BANK OF CHINA, SHANGHAI BRANCH

④ SAY US DOLLAR THIRTY NINE THOUSAND SEVEN HUNDRED SENVETY ONLY

⑤ BEMBKLD BELGIUM BANK,LONDON

⑥ 0307310065800

⑦ Sep. 24th, 2011

⑧ BELGIUM BANK,NEW YORK, N. Y. USA

⑨ HANGHAI FORTUNE HOUSEWARE CO. LTD.

2. 根据合同资料和补充资料缮制结汇单据。

(1) 商业发票

① E117070826

② July 08, 2011

③ EUR070615

④ NORWAY XYZ TRADING GROUP

87, FLOWER ROAD, STAVANGER, NORWAY

Tel: 147-4536-2435 Fax: 147-4536-2434;

⑤ TIANJIN CHINA

⑥ STAVANGER NORWAY

⑦ N/M ONE 20'FCL

⑧ LINING SPORT SHIRT

Size A LINING SPORT SHIRT

Size B LINING SPORT SHIRT

⑨ 5 000SETS

1 500 SETS

⑩ FOB TIANJIN

USD 25.00

USD 35.00

⑪ USD 125 000.00

USD 52 500.00

⑫ 6 500SETS

⑬ USD 177 500.00

⑭ SAY USD ONE HUNDRED AND SEVENTY SEVEN THOUSAND FIVE HUNDRED ONLY

(2) 装箱单

① E117070826

② July 08，2011

③ EUR070615

④ NORWAY XYZ TRADING GROUP

87，FLOWER ROAD，STAVANGER，NORWAY

Tel：147-4536-2435　Fax：147-4536-2434

⑤ N/M

⑥ LINING SPORT SHIRT

Size A LINING SPORT SHIRT PACKED IN ONE CARTON OF 10 SETS EACH

Size B LINING SPORT SHIRT PACKED IN ONE CARTON OF 10 SETS EACH

⑦ 5 000　⑧ 500　⑨ 2 500　⑩ 4 000　⑪ 15

1 500　　150　　4 500　　1 950　　6

⑫ 6 500　⑬ 650　⑭ 7 000　⑮ 5 950　⑯ 21

⑰ SAY TOTAL PACKED IN SIX HUNDRED AND FIFTY CARTONS ONLY

(3) 汇票

① USD 177 500.00

② * * *

③ BANK OF CHINA，TIANJIN BRANCH

④ UNITED STATES DOLLARS ONE HUNDRED SEVENTY SEVEN THOUSAND FIVE HUNDRED ONLY

⑤ SHIPMENT OF 650 CARTONS OF LINING SPORT SHIRT AS PER SALES CONTRACT EUR070615

⑥ NORWAY XYZ TRADING GROUP

87，FLOWER ROAD，STAVANGER，NORWAY

Tel：147-4536-2435　Fax：147-4536-2434

⑦ TIANJIN ABC IMPORT & EXPORT CO.，LTD.

第十八章

国际贸易争议的预防与处理

一、习　　题

（一）名词解释

1. 不可抗力
2. 仲裁
3. 索赔
4. 根本性违约
5. 法定检验
6. 检验证书
7. 违约金
8. 调解

（二）单项选择题

1. 以仲裁方式解决贸易争议的前提条件是（　　）。

A. 双方当事人订有仲裁协议　　B. 双方当事人订有合同

C. 双方当事人无法协商解决　　D. 一方因诉讼无果而提出

2. 按《公约》的解释，如违约的情况尚未达到根本性违反合同的规定，则受损害的一方（　　）。

A. 只可宣告合同无效，不能要求赔偿损失

B. 只可提出损害赔偿的要求，不能宣告合同无效

C. 不仅有权向违约方提出损害赔偿的要求，还可同时宣告合同无效

D. 只可要求违约方采取补救措施，不能要求损害赔偿

3. 国际上应用较广泛的商品检验时间、地点的规定方法是（　　）。

A. 装船前装运港检验

B. 装运港（地）检验重量，目的港（地）检验品质

C. 出口国装运港（地）检验，进口国目的港（地）复验

D. 进口国目的港（地）检验

4. 根据我国《合同法》的相关规定，买方B公司在合同签订后将10万美元定金先付卖方A公司，后A公司没有履行合同，A公司应该返还B公司（　　）万美元。

A. 10　　　　B. 20

C. 5　　　　D. 25

5. 我国某粮油食品进出口公司与美国田纳西州某公司签订了进口美国小麦合同。因麦收前田纳西州暴雨成灾，卖方交货时小麦价格大幅上涨。美方以天灾属于合同不可抗力条款的范围要求免责，我方应（　　）。

A. 同意免责，不可抗力事件成立，合同应予以解除

B. 不同意免责，不可抗力事件不成立，可以要求美方按合同规定交货

C. 同意免责，不可抗力事件成立，但美方必须赔偿我方损失

D. 不同意免责，不可抗力事件成立，美方可推迟到下年度交货

6. 下列关于仲裁裁决效力的描述中不正确的是（　　）。

A. 凡仲裁机构做出的裁决一般是终局性的，对双方均有法律约束力

B. 在裁决中败诉的一方不执行裁决，仲裁机构可以强制执行

C. 若败诉方不执行裁决，胜诉方有权向有关法院起诉，请求法院强制执行

D. 我国现已加入《承认与执行外国仲裁裁决公约》，但提出两项保留

7. 如果发生(　　),不能履行合同义务的一方可以援引不可抗力条款要求免责。

A. 战争　　B. 世界市场价格上涨

C. 生产制作过程中的过失　　D. 货币贬值

8. 在国际货物买卖中,不可抗力事件范围的常用规定方法是(　　)。

A. 概括规定　　B. 不规定

C. 具体规定　　D. 综合规定

9. 争议当事人优先采用的争议解决方式通常是(　　)。

A. 协商　　B. 调解

C. 仲裁　　D. 诉讼

10. 向出口方索赔时,不必出具的相关文件是(　　)。

A. 海运提单　　B. 装箱单

C. 发票　　D. 信用证

11.《联合国国际货物销售合同公约》将违约划分为(　　)。

A. 轻微违约和重大违约

B. 根本性违约和非根本性违约

C. 违反要件和违反担保

D. 延迟债务和不履行债务

12. 进口合同中的索赔条款有两种规定方法,在一般商品买卖合同中常用的是(　　)。

A. 异议与索赔条款　　B. 违约金条款

C. 罚金条款　　D. 定金法则

13. 中方与外商按 CIF 条件成交某商品 1 000 打,允许卖方有 5%的溢短装幅度,中方实际装 1 000 打,提单上也载明了 1 000 打,货抵目的港后,买方即来函反映仅收到 948 打,并取得船公司短少证明向中方索赔,中方可答复为(　　)。

A. 同意补装 52 打

B. 同意退52打的货款

C. 请对方与船公司和保险公司联系

D. 同意赔偿对方一切损失

14. 沈阳市某公司从韩国进口一批化妆品,从大连入境,入境后再运至沈阳,在沈阳再分销到长春、旅顺等地方。该批进境的化妆品由(　　)的检验检疫机构实施检验。

A. 大连　　B. 沈阳

C. 长春　　D. 旅顺

15. 下列解决国际贸易争议的途径中,(　　)最不利于双方贸易关系的维系和发展。

A. 协商　　B. 诉讼

C. 仲裁　　D. 调解

16. 关于违约金说法错误的是(　　)。

A. 卖方支付违约金后可以解除其继续履行合同的义务

B. 违约金实质上是法律强制违约人向受害人支付的一笔金额

C. 即使违约的结果并未产生任何实际损害,也不影响对违约人追究违约责任

D. 违约金有惩罚性的,也有补偿性的

17. 在我国,主管进出口食品标签审核管理的机构是(　　)。

A. 国家质检总局

B. 国家技术监督局

C. 食品卫生监督所

D. 中国检验认证集团公司

18.《商检法》规定,对列入《出入境检验检疫机构实施检验检疫的进出境商品目录》的进出口商品,商检机构应当在(　　)内检验完毕。

A. 不延误装运的期限

B. 国家商检部门统一规定的期限

C. 对外贸易合同约定的索赔期限

D. 商检机构根据货物情况自主确定的期限

19. 罚金的数额通常取决于(　　)

A. 违约时间的长短

B. 违约事件的严重程度

C. 违约事件的起因

D. 当时当地的政策

20. 如合同中未规定索赔期或品质保证期，则按《联合国国际货物销售合同公约》的规定，买方最长的索赔时效为收到货物之日起不超过(　　)。

A. 60天　　　　B. 180天

C. 1年　　　　D. 2年

（三）多项选择题

1. 按《联合国国际货物销售合同公约》规定，卖方所交货物与合同不符，买方可采取的救济方法有(　　)。

A. 对货物进行修补

B. 要求卖方交付替代货物

C. 无条件地立刻解除合同

D. 请求损害赔偿

E. 要求降低货价

2. 商检证书在国际贸易中的作用包括(　　)。

A. 证明卖方所交货物符合合同规定的依据

B. 卖方履行交货义务的证明

C. 海关征税和优惠减免关税的必要证明

D. 卖方办理货款结算的依据

E. 是办理索赔和理赔的依据

3. 某出口商按合同规定交了货，并向进口商提交了清洁提单，进口商收到货后发现，因外包装受损而导致包装内商品损坏，进口商可以向（　　）索赔。

A. 船公司　　B. 保险公司

C. 出口商　　D. 包装公司

E. 提货人

4. 罚金条款一般适用于（　　）。

A. 卖方延期交货　　B. 买方延迟开立信用证

C. 买方延期接运货物　　D. 商品质量不合格

E. 卖方不交货物

5. 某公司对外订立出口合同后，发生火灾，全部供出口的商品被毁。如果该合同中订有不可抗力条款，该公司可援引该条款（　　）。

A. 要求进口方按期付款

B. 要求免除对买方的赔偿责任

C. 要求撤销合同

D. 要求延期履行合同

E. 要求改换出口商品

6. 我国C公司与日本D公司签订了一份销售合同，其中仲裁条款规定在被诉人所在国仲裁。在履约过程中发生争议，日方为申诉人，可以在（　　）进行仲裁。

A. 北京　　B. 大阪

C. 上海　　D. 青岛

E. 东京

7. 由第三方参与解决国际贸易争议的方式包括（　　）

A. 协商　　B. 调解

C. 仲裁　　D. 诉讼

E. 谈判

8. 在对外索赔与理赔工作中,(　　)是关键的问题。

A. 保护好受损货物　　B. 设法核实对方的财产

C. 收集好索赔的依据　　D. 掌握好索赔的期限

E. 采取强硬的谈判立场

9. 下列事件和现象中,(　　)不属于不可抗力因素。

A. 政府禁令　　B. 能源危机

C. 市价跌落　　D. 战争

E. 自然灾害

10. 国际货物买卖合同中,仲裁条款的作用包括(　　)。

A. 表明双方当事人在发生争议时自愿提交仲裁

B. 使仲裁机构取得对争议案件的管辖权

C. 防止国际贸易争议的产生

D. 排除双方自行协商解决争议的可能性

E. 排除法院对于争议案件的管辖权

(四) 判断题

1. 根据《中华人民共和国进出口商品检验法》的规定,法定检验的商品就是明确列入《商检机构实施检验的进出口商品种类表》的商品。(　　)

2. 在国际贸易中,如果买方没有利用合理的机会对所收到的货物进行检验,就是放弃了检验权,也就丧失了拒收货物的权利。(　　)

3. 根据《联合国国际货物销售合同公约》规定,一方当事人违反合同,但并未构成根本违约,受损害一方当事人可以宣告合同无效,但不能要求损害赔偿。(　　)

4. 在国际货物买卖交易中,如果一方违反合同,另一方能够获得与其实际遭受的全部损失相等的赔偿金额。(　　)

5. 在国际货物买卖合同中,罚金与预定的损害赔偿性质是一致的。(　　)

6. 买卖双方为解决争议而提请仲裁时,必须向仲裁机构递交仲裁协议,否则,仲裁机构不予受理。(　　)

7. 仲裁协议必须由合同当事人在争议发生之前达成,否则不能提请仲裁。(　　)

8. 根据我国现行做法,对外订立仲裁条款时应争取在我国仲裁,如对方不同意,也可接受在被申诉国仲裁。(　　)

9. 国际货物买卖合同的当事人如果对仲裁裁决不服,可向法院起诉或向其他机构申请变更仲裁裁决。(　　)

10. 凡是遇到不可抗力事故,遭受意外事故的一方可以主张撤销合同。(　　)

(五) 问答题

1. 利用仲裁方式解决国际贸易争端有哪些优点?

2. 国际货物买卖中,确定损害赔偿金额的基本原则有哪些?

3. 在国际货物买卖合同中,对货物检验时间和地点的规定有哪些方法? 哪一种更容易被买卖双方所接受? 为什么?

4. 根据《联合国国际货物销售合同公约》的规定,对于买方违约,卖方可以采取哪些救济方法?

5. 不可抗力事件的处理原则是什么?

6. 在受理国外客户索赔时应注意哪些事项?

(六) 案例分析题

1. 我国某外贸公司与香港商人签订一份食品出口合同,并按港商要求将该批食品运往阿根廷的布宜诺斯艾利斯港,并通知当地的商人。货到目的港后,经阿根廷卫生检疫部门抽样化验发现霉菌含量超过该国标准,决定禁止在国内销售并建议就地销毁。阿根廷商人去电请示,并经港商的许可将货物就地销毁。随后,阿根廷商人凭该国卫生检疫机构出具的证书及有关单据向港商提出索赔。港商理赔后，又凭阿根廷商人提供的索赔依据向我国外贸公司索赔。你认为我方外贸公司应如何处理？

2. 我国A公司以CIF汉堡出口食品1 000箱，即期信用证付款。货物装运后，A公司凭已装船清洁提单和已投保一切险及战争险的保险单，向银行收妥货款，货到目的港后经进口商复验发现下列情况：(1) 该批货物共有10个批号，抽查20箱，发现其中2个批号涉及200箱食品细菌含量超过进口国标准；(2) 进口商只实收995箱，短少5箱；(3) 有10箱货物外表状况良好，但箱内货物共短少60千克。试问进口商应分别向谁索赔？为什么？

3. 中国香港某公司从法国某化工公司进口一批液体化工原料，到货时部分货物因包装不善有轻微渗漏。该公司发现后未采取任何措施，结果渗漏日益加重，最终导致货物自燃。事后该公司以火灾是由包装不善引起为由，向法国公司索取全部损失的赔偿，但遭到拒绝。试问法国公司能否拒绝赔偿全部损失？

4. 我国某出口企业以CIF纽约条件与美国某公司订立了200套家具的出口合同，合同规定2009年12月交货。11月底，我方企业存放出口商品的仓库发生雷击火灾，致使一半左右的家具烧毁。我方企业以发生了不可抗力事故为由，要求免除交货责任，美方不同意，坚持要求我方按时交货。我方无奈经多次努力，于2010年1月初交货，美方要求索赔。试问：(1) 我方要求免除交货责任的要求是否合理？为什么？(2) 美方的索赔要求是否合理？为什么？

5. 中国A公司与美国B公司签订进口1 000公吨小麦合同。事后A公司与中国其他两家公司分别签订转售500公吨小麦合同。合同履行期内，B公司因故明确表示无法履行合同。A公司多次交涉未果，遂向B公司提出如下赔偿要求：(1) B公司无法履行合同造成的利润损失；(2) 支付给国内两家公司的违约金；(3) 催促B公司履行合同等文电、办公费用；(4) 其他因B公司违反合同造成的损失。请问A公司的要求是否合理？为什么？

6. 加拿大某棉布批发商长期从江苏棉纺厂进口棉布。某日，该批发商寄来上衣一件，声称该上衣是江苏棉纺厂某出口合同项下所交染色棉布经其转销给某制衣厂制作成衣的样品，该上衣两袖的色泽有明显的不同，证明江苏棉纺厂所供货物品质有严重色差，不能使用。为此要求将全部已缝制的成衣退回，并重新按照合同规定的品质和数量交货。请问江苏棉纺厂应如何处理为好？简述理由。

7. 我国某公司与外商订立一项出口合同，合同中明确规定了仲裁条款，约定在履约过程中如发生争议，在中国北京仲裁。后来，买卖双方对合同商品的品质发生争议，外商不愿意在北京仲裁，于是向其所在国法院提起诉讼，法院发来传票，传我国公司出庭应诉。该公司应如何应对？

二、部分参考答案

（五）问答题

1. 仲裁在解决国际贸易争议中的优点：(1) 具有一定的灵活性，以双方自愿为基础，由双方当事人约定仲裁机构并自行选定仲裁员；(2) 程序较为简单，仲裁员一般是熟悉国际贸易业务的专家或者知名人士，故仲裁解决问题较快；(3) 费用比诉讼费用低；(4) 仲裁气氛缓和，不影响争议双方继续发展贸易关系；(5) 仲裁是终局性裁决，败诉方不得上诉，必须执行裁决。

2. 如果买卖合同规定有约定的损害赔偿金额或损害赔偿额的计算方法，通常应按约定的金额或根据约定的损害赔偿额的计算方法计算出赔偿金额。如果合同未作具体规定，根据有关法律和国际贸易实践，确定损害赔偿金额的基本原则为：(1) 赔偿金额应与因违约而遭受的包括利润在内的损失额相等；(2) 赔偿金额应以违约方在订立合同时可预料到的合理损失为限；(3) 由于受损一方未采取合理措施是有可能见减轻而未减轻的损失，应在损失金额中扣除。

3. 在国际贸易中，关于商品检验的时间和地点通常有以下 3 种规定方法：(1) 以装船的品质数量为准；(2) 以到岸品质和数量为准；(3) 以装运港的检验证书作为收付货款的依据，货到目的港后买方有复验权。上述各种规定中，以第三种最为常用。按照这样的规定，货物必须在装运前由装运港的检验机构进行检验，其检验证书作为卖方向银行交单结汇的单据之一。而在货物运抵目的港卸货后，买方有复验权，如经复验发现货物不符合同规定，并证明这种不符是在卖方交货时就已存在，买方可以凭复验证书向卖方提出异议和索赔。比较而言，这种规定方法更为公正，也更容易为买卖双方接受。

4. 根据《联合国国际货物销售合同公约》规定，对于买方违约，卖方可以采取：(1) 请求买方履行合同义务；(2) 解除合同；(3) 请求损害赔偿；(4) 规定一段额外的合理时间让买方履行其义务。

5. 不可抗力的后果是解除合同或延期履行合同，遭受意外事故的一方可以据此免除损害赔偿的责任。究竟如何处理，应视事故的原因、性质、规模及其对履行合同所产生的实际影响程度而定。不可抗力发生后，当事人一方因不能按规定履约要取得免责权利，必须及时通知另一方，并在合理时间内提供必要的证明文件，以减轻可能给另一方造成的损失。

6. 受理国外客户索赔时，应注意：(1) 做好调查研究，查清事实，分清责任；(2) 核实对方索赔证据是否充分，出证机构是否符合要求，有关检验方法、检验标准是否符合规定；(3) 注意索赔的时效性；(4) 合理确定索赔金额；(5) 既要坚持原则，正确运用合同适用的法律和有关国际贸易惯例，又要灵活处理，争取在友好的气氛下协商解决。

（七）案例分析题

1. 我国公司可以拒绝赔偿。港商在向阿根廷国商人理赔前未向我国公司通报任何情况，并允许阿根廷商人销毁货物，表明港商已经以货物所有权人身份处理货物，按一般法律原则，港商已经失去向我国公司索赔的权利，我国公司有权拒绝。

2. (1) 第一种情况应向卖方索赔，因为原装货物有内在缺陷；(2) 第二种情况应向承运人索赔，因承运人签发清洁提单，在目的港应如数交足；(3) 第三种情况应向保险公司索赔，属保险责任范围以内，但如进口商能举证原装不足，也可向卖方索赔。

3. 本案的事故是由法国公司包装不当引起的，但中国香港公司收到货物时已经发现渗漏，理应采取适当措施防止损失扩大。《联合国国际货物销售合同公约》规定："如果买方已收到货物，但打算行使合同或本公约规定的任何权利或把货物退回，他必须按情况采取合理措施，以保全货物。"因此，法国公司仅应对到货时的少数渗漏负责，而中国香港公司未采取合理措施，保全货物，造成损失扩大，应负主要责任。法国公司拒绝中国香港公司的全部赔偿要求是合理的。

4. (1) 我方要求免除交货责任的要求不合理。根据各国法律和国际贸易惯例解释，如果不可抗力致使合同的履行完全不可能，则可解除合同；如果不可抗力只是部分地或暂时地阻碍了合同的履行，则发生事件的一方只能采取变更合同的方法，减少另一方的损失。本案例中我方公司所出口商品确因自然灾害受到一定的影响，但尚不至于完全不能履行合同。我方只能要求延迟交货，不能免除交货责任。(2) 美方的索赔要求不合理。因为本案例中卖方的延迟交货是由于不可抗力事件造成的，卖方可以免除相关的损害赔偿责任。

5. A 公司提出的第(1)、(3)、(4)项赔偿要求是合理的，第(2)项不合理。理由：中美两国均为《公约》成员方，且合同中未排除对《公约》的适用，应适用《公约》。根据《公约》规定，一方违约应承担的损害赔偿的范围，应与对方因其违约而遭受的包括利润在内的损失额相等，但不得超过违约方在订立合同时预料到或者理应预料到的可能损失。本案中，A 公司与另外两公司的转售合同是在 A，B 公司合同签订之后，B 公司不知情且无法预料，所以要求 B 公司承担违约金是不合理的。

6. 江苏棉纺厂可以拒绝赔偿。理由如下：(1) 该商已将我方交付的棉布转销制衣商，构成了对我货物的接受。凡已接受货物，买方就丧失了退货和要求交付替代货物的权利。(2) 按《公约》第 82 条规定，买方如果不能按实际收到货物的原状归还货物，就丧失了宣告合同无效或要求卖方交付替代货物的权利。(3) 我方还可根据国际上通常执行的“纺织品一经开剪即不予考虑赔偿”的原则，拒绝理赔。

7. 仲裁条款或仲裁协议的订立排除了法院对案件的受理权，该公司应根据合同规定，要求在中国仲裁，而不必到对方国家法院出庭应诉。与此同时，仲裁庭作出的裁决是终局的，对双方当事人具有法律约束力。如果一方被申请一方不执行，申请方可以要求法院强制执行。

第十九章

进出口交易磋商与合同订立

一、习　题

（一）名词解释

1. 国际货物买卖合同
2. 交易磋商
3. 发盘
4. 还盘
5. 接受
6. 销售确认书
7. 逾期接受
8. 询盘

（二）单项选择题

1. 根据《联合国国际货物销售合同公约》的规定，合同关系成立的时间是（　　）。

A. 接受生效的时间　　B. 交易双方签订书面合同的时间

C. 在合同获得国家批准时　　D. 当发盘送达受盘人时

2. 某项发盘于某月12日以电报形式送达受盘人，但在此前的11日，发盘人以传真方式告知受盘人，原发盘无效，此行为属于（　　）。

A. 发盘的撤回　　B. 发盘的修改

C. 一项新发盘　　D. 发盘的撤销

3. 根据《联合国国际货物销售合同公约》的规定，发盘和接受的生效采取（　　）。

A. 投邮生效原则　　B. 签订书面合约原则

C. 口头协商原则　　D. 到达生效原则

4. 在国际货物买卖中，（　　）是交易磋商中必不可少的法律步骤。

A. 询盘和发盘　　B. 发盘和还盘

C. 发盘和接受　　D. 询盘和接受

5. 下列条件中，（　　）不是构成发盘的必备条件。

A. 向一个或一个以上的特定人提出

B. 主要交易条件完整齐全

C. 发盘的内容必须十分确定

D. 表明订立合同的意思

6. 我方 6 月 10 日向国外某客商发盘，限 6 月 15 日复到有效，6 月13 日接到对方复电称“接受你方 10 日发盘，以获得进口许可证为准”。该接受（　　）。

A. 属于还盘，仅在我方确认接受的情况下合同才成立

B. 属于有条件的接收，在我方缄默的情况下合同不成立

C. 属于有条件的接收，在我方表示反对的情况下合同不成立

D. 属于有效接受，在任何情况下合同均成立

7. 中方某公司于 7 月 3 日对外发盘，限 7 月 8 日复到有效，国外客户于 7 月 5 日回电还盘并邀请中方电复，此时，国际市场价格上涨，中方未予答复。客户又于 7 月 6 日来电表示接受中方 7 月 3 日的发盘，（　　）。

A. 该接受有效

B. 该接受属于有条件的接受

C. 如我方未提出异议，则合同成立

D. 该接受无效

8. 卖方发盘限于15日前复到有效，14日收到买方复电要求修改交货期，正准备答复时，次日收到买方来电接受原发盘。此时（　　）。

A. 合同已按卖方发盘条件达成

B. 合同尚未达成

C. 合同已按买方提出的条件达成

D. 合同是否达成无法判断

9. 英国某商人3月15日向国外某客户口头发盘，若英商与国外客户无特别约定，国外客户（　　）。

A. 在任何时间表示接受都可使合同成立

B. 应立即接受才可使合同成立

C. 当天表示接受才可使合同成立

D. 在两三天内表示接受可使合同成立

10. 国外某商行在我国国际商报上刊登广告，贱卖某种规格的羊毛毛毯，并注明“以商品未售出为准”，该广告属于（　　）

A. 邀请发盘　　B. 询盘

C. 发盘　　D. 还盘

11. 发盘生效后，发盘人以一定方式解除发盘对其的效力，这在法律上属于发盘的（　　）。

A. 撤回　　B. 撤销

C. 改发　　D. 取消

12. 我国某出口公司于3月5日对外商发盘，限10日复到有效。外商于8日以电传方式发出接受通知，出口公司于11日才收到接受通知，事后出口公司也未表态。那么（　　）。

A. 除非发盘人及时提出异议，该逾期接受仍有效

B. 该逾期接受无效，合同未成立

C. 只有发盘人毫不迟延地表示确认，该逾期接受才构成有效接受

D. 经电信部门出具有关证明后方可认定是否有效

13. 国际货物买卖交易的达成，根据相关的国际贸易惯例需要(　　)。

A. 交易一方对另一方发盘的默认

B. 交易双方在书面合同上签字

C. 经交易双方有关机构批准

D. 交易一方的发盘被另一方有效的接受

14. 我国某出口公司于2011年8月10日用特快专递向德国汉堡某公司发盘，限2011年8月25日复到有效。8月23日下午出口公司同时收到德国公司表示接受的邮件和撤回接受的传真。根据《联合国国际货物销售合同公约》，此项接受(　　)。

A. 可以撤回

B. 不得撤回，合同成立

C. 经我方同意，可以撤回

D. 不得撤回，但可以撤销

15. 根据《联合国国际货物销售合同公约》的规定，判断买卖合同是否具有国际性的标准是(　　)。

A. 双方当事人具有不同国家的国籍

B. 双方当事人的营业地在不同的国家

C. 合同项下的货物跨越国境

D. 货款的结算需要使用外币

16. 根据《联合国国际货物销售合同公约》，如果合同未对发货地点作规定，则卖方应在(　　)交货。

A. 卖方营业地

B. 买方营业地

C. 买卖双方营业地之外的第三方所在地

D. 买卖双方所在国的边境

17. 某发盘人在其订约建议中加有“仅供参考”的字样，则该一订约建议为（　　）。

A. 发盘　　B. 递盘

C. 邀请发盘　　D. 还盘

18. 下列发盘中，（　　）属于有效发盘。

A. 你方5日询盘红茶，请改报装运期，10日复到有效

B. 你方5日询盘红茶，每公吨300英镑FOB上海，装运期11/12月，20日复到

C. 你方5日询盘红茶，可供10公吨，参考价每公吨300英镑，20日复到

D. 你方5日询盘红茶，每公吨300英镑FOB上海，信用证或托收方式付款

19. 我国有权签订对外贸易合同的主体是（　　）。

A. 自然人　　B. 法人

C. 法人与自然人　　D. 自然人或法人且取得外贸经营权

20. 针对下列哪项内容的修改不属于实质性变更原发盘（　　）。

A. 解决争端的方法　　B. 数量、支付条款

C. 交货的时间地点　　D. 要求分两批装运

（三）多项选择题

1. 根据《联合国国际货物销售合同公约》规定，在（　　）情况下发盘失效。

A. 受盘人作出还盘

B. 发盘人在发盘规定的有效期内撤销原发盘

C. 发盘有效期届满

D. 发盘被接受前，原发盘人丧失行为能力

E. 受盘人同时收到发盘和撤回通知

2. 根据我国《合同法》,(　　)不是一项具有法律约束力的合同。

A. 通过欺骗对方签订的合同

B. 采取胁迫手段订立的合同

C. 我某公司与外商以口头形式订立的合同

D. 走私物品的买卖合同

E. 我国某公司与外商签署的备忘录

3. 根据《公约》的规定,受盘人对(　　)等内容提出添加或更改,均作为实质性变更发盘条件。

A. 价格　　B. 包装

C. 付款方式　　D. 数量

E. 交货期

4. 根据我国《合同法》的规定,除非另有约定,当事人订立合同的形式可以采用(　　)。

A. 口头形式　　B. 书面形式

C. 其他形式　　D. 默示形式

E. 任何形式

5. 根据《联合国国际货物销售合同公约》,一项发盘只需(　　),即为十分确定。

A. 写明货物

B. 明示或暗示地规定数量或如何确定数量

C. 明示或暗示地规定价格或如何确定价格

D. 规定货物的包装

E. 规定交货时间、交货地点及支付条件

6. 按照《联合国国际货物销售合同公约》的规定,受盘人表示接受的方式有(　　)。

A. 口头或书面通知发盘人

B. 缄默或不行动

C. 卖方着手备货

D. 买方开立信用证

E. 以电子邮件方式通知发盘人

7. 我国对《联合国国际货物销售合同公约》提出保留的条款为(　　)。

A. 关于公约适用内容的保留

B. 关于公约适用范围的保留

C. 关于公约适用程度的保留

D. 关于合同形式的保留

E. 关于合同要件的保留

8. 采用函电成交时,发盘人一般都明确规定发盘的有效期,其规定方法包括(　　)。

A. 规定最迟接受的期限

B. 规定一段接受的期限

C. 列明尽快接受即可

D. 规定一段接受的期限应从电报交发时刻或信上载明的发信日期起算

E. 规定一段接受的期限应按电报或信件送达受盘人时起算

9. 根据《联合国国际货物销售合同公约》,发盘不能撤销的情况有(　　)。

A. 发盘规定了有效期

B. 发盘未规定有效期

C. 发盘中明确规定该发盘是不可撤销的

D. 发盘中未规定是否可撤销

E. 受盘人有理由相信该发盘不可撤销,并采取了行动

10. 根据《联合国国际货物销售合同公约》的规定,接受生效的时间为(　　)。

A. 接受送达发盘人时

B. 受盘人采取某种行为时

C. 接受通告一经投邮或交给电报局发出时

D. 受盘人做出接受答复时

E. 原发盘有效期届满时

（四）判断题

1. 在交易磋商过程中，发盘是由卖方做出的行为，接受是由买方做出的行为。（　　）

2. 凡通过中间商进口的商品，为了发挥“货比三家”的作用，在打算进口商品之前，最好同时多向几家中间商发盘，以资比较。（　　）

3. 按照《联合国国际货物销售合同公约》规定，“接受”于到达发盘人时生效。（　　）

4. 一项发盘如果表明是不可撤销的，则发盘人无权撤回该发盘。（　　）

5. 发盘必须明确规定有效期，未规定有效期的发盘无效。（　　）

6. 一项逾期的接受，只要发盘人确认，该逾期接受也可视为有效的接受。（　　）

7. 询盘又称询价，即向交易的另一方询问价格。（　　）

8. 从法律效力来看，销售合同和销售确认书作为书面合同没有区别。（　　）

9. 如合同中未规定卖方在货物装船后发出装船通知，卖方就没有此项义务。（　　）

10. 还盘在形式上不同于拒绝，但还盘和拒绝都可以导致原发盘的失效。（　　）

（五）问答题

1. 进出口交易磋商有哪些形式？通常必须对哪些交易条件进行磋商？

2. 构成发盘和接受的必要条件有哪些？

3. 关于发盘的撤回和撤销，不同法律体系是如何规定的？《联合国国际货物销售合同公约》又是如何规定的？

4. 如何区分发盘和发盘邀请？

5. 接受在何种情况下可以被撤回？接受的通知送达发盘人后可否撤销？为什么？

6. 在国际贸易中，买卖双方经口头或书面磋商达成交易后，为什么还需要签订一份具有一定格式的书面合同？

7. 国际货物买卖合同有效成立的条件有哪些？

（六）计算题

1. 我国某外贸企业向美国销售一批男式衬衫，共计 10 000 件，装于一个 40 英尺的集装箱内，原报价为 USD20.00/PC FOB Qingdao，已知从青岛至纽约的海洋运输费用是每个 40 英尺的集装箱 5 000 美元，海洋运输投保一切险（费率为 1%）和海洋运输战争险（费率为 0.5%），投保加成率为 10%，现美方要求我方改报 CIFC3% NewYork 的价格，我方表示接受。为保证我方外汇净收入不变，应该报出的单价是多少？

2. 中国进口小汽车的现行税率为：排量为 3 升以上（包括 3 升）的关税税率为 80%，排量为 3 升以下的关税税率为 60%。海关对进口小汽车同时代征增值税和消费税，征收增值税税率为 17%，消费税的税率为 8%，如果进口一辆排量为 3 升的丰田牌小汽车，其 CIF 价格为 20 000 美元，如果经过海关审查，该价格可以作为完税价格，上月第三个星期三的外汇汇率美元中间价为 6.20 元。试计算这辆小汽车进口环节的综合税率以及海关应该征收的综合税额。

（七）案例分析题

1. 我某对外承包公司于 5 月 3 日以电传请德国供应商发盘出售一批

钢材。我方在电传中声明：要求这一发盘是为了计算一项承造一栋大楼的标价和确定是否参与投标之用，我方必须于5月15日向招标人送交投标书，而开标日为5月31日。德国供应商于5月5日用电传就上述钢材向我方发盘。我方据以计算标价，并于5月15日向招标人递交投标书。5月20日，德国供应商因钢材价格上涨，发来电传通知撤销他5月5日的发盘。我方当即复电表示不同意撤盘。于是双方发生争议。5月31开标，我方中标。随即电传通知德商我方接受5月5日的发盘，但德商坚持该发盘已于5月20日撤销，合同不成立。问：合同是否成立？为什么？

2. 我国某公司向英国A公司发盘出售一批大宗商品，对方在发盘有效期内复电表示接受，同时指出："凡发生争议，双方应通过友好协商解决；如果协商不能解决，应将争议提交中国国际经济贸易仲裁委员会仲裁。"第三天，我方收到A公司通过银行开来的信用证。因获知该商品的国际市场价格已大幅度上涨，我公司当天将信用证退回，但A公司认为其接受有效，合同成立。由于双方意见不一，于是提交约定的仲裁机构裁决。试问：按照《公约》的规定，如果你是仲裁员，你将如何裁决？

3. 某月18日，我方向德国A商发盘："可供一级红枣100公吨，每公吨500美元CIF纽约，适合海运包装。订约后即装船，不可撤销即期信用证付款，请速复电。"A立即电复："你18日电我方接受，用麻袋包装，内加一层塑料袋。"我方收到复电后着手备货，数日后，一级红枣的国际市场价格猛跌，A商来电称："我方对包装条件做了变更，你方未确认合同并未成立。"而我公司坚持合同已成立。请按照《公约》的规定分析合同是否成立？

4. 我方对外发盘轴承800套，分别为：101号/200套；102号/100套；103号/200套；104号/300套，限9月20日复到有效。对方在发盘的有效期内来电表示接受，并附第1080号订单一份。订单内表明的规格是：101号/200套；102号/200套；103号/300套；104号/100套。我方对来电未作处理。数天后收到对方开来的信用证，证内未对规格作详细的规定，仅注明：as per our order No. 1080。我方凭证按原发盘的规格、数量装运出口，商业发票上注明 as per order No. 1080。问：我方可否顺利交单结汇？为什么？

二、部分参考答案

（五）问答题

1. 进出口交易磋商，从形式上来讲有口头磋商和书面磋商两种。口头磋商包括面对面的谈判、电话磋商等形式。书面磋商包括双方交换信函、电报、传真及电子邮件等；进出口交易磋商的内容包括进出口合同的所有条款，即合同的标的、价格与支付条款、交货条件、预防与解决争议的条款等。

2. 构成有效发盘的必要条件有：(1) 向一个或一个以上特定的人提出；(2) 表明发盘人在得到接受时承受约束的旨意；(3) 发盘的内容十分确定；(4) 必须传达到受盘人。

构成有效接受的必要条件有：(1) 接受必须由特定的受盘人做出；(2) 接受必须表示出来，缄默或不行动本身不等于接受，要用声明、行动；(3) 接受必须在发盘的有效期内传达到发盘人；(4) 接受的内容必须与发盘相符。

3. 在发盘的撤回与撤销问题上，英美法与大陆法两大法系之间存在分歧。关于发盘的撤回，英美法认为，发盘原则上对发盘人没有约束力，发盘人在受盘人对发盘表示接受之前的任何时候，都可撤回发盘或变更其内容。而大陆法则认为，发盘对发盘人有约束力。关于发盘的撤销，英美法认为，在受盘人表示接受之前，即使发盘中规定了有效期，发盘人也可以随时予以撤销；大陆法系认为发盘人原则上应受发盘的约束，不得随意将其发盘撤销。

《公约》规定：一项发盘只要在其尚未生效以前，都是可以修改或撤回的，只要发盘的撤回或更改的通知赶在受盘人收到该发盘之前或同时送达受盘人；而在发盘已送达受盘人，但受盘人尚未表示接受之前，如果发盘人及时将撤销的通知送达受盘人，通常情况下发盘可以被撤销。但如果受盘人已经做出接受的通知，则发盘人无权撤销该发盘。此外，《公约》也规定一些发盘不得撤销的特殊情况。

4. 发盘是一项肯定的订约建议。一项法律上有效的发盘必须具备的四个条件：即表明订约意旨、向一个或一个以上特定的人提出、内容十分确定、传达到受盘人。

发盘邀请是一项不肯定的订约建议，它不同时具备构成发盘所必须具备的四项条件。虽然发盘可以向一个或一个以上特定的人做出，并送达对方，但作出发盘邀请的一方不承担与对方订立合同的确定责任；发盘邀请的内容也不是“十分确定”的。它所含的交易条件可能是不完整的，或不明确的，或并非终局性的。此外，发盘邀请不应规定有效期。

5. 接受于表示同意的通知送达发盘人时生效。在接受通知送达发盘人之前，受盘人可以撤回接受，但撤回的通知必须先于接受或与接受的通知同时到达发盘人。接受的通知一经到达收盘人即不能撤销，因为接受生效时合同即告成立。撤销接受在实质上构成违约行为。

6. 要点：签订书面合同的意义主要包括三个方面：(1) 作为合同成立的证据；(2) 作为合同生效的条件；(3) 作为合同履行的依据。

7. 国际货物买卖合同是营业地在不同国家的当事人之间订立货物买卖合同，其有效成立的条件包括：(1) 当事人必须具有签订合同的行为能力；(2) 合同必须互为有偿；(3) 合同的内容必须合法；(4) 合同必须符合法律规定的形式；(5) 合同当事人的意思表示必须真实。

（六）计算题

1. 解：

$$\text{CFR}=\text{FOB}+运费=20+\frac{5\,000}{10\,000}=\text{USD}20.5,$$

$$\text{CIF}=\frac{\text{CFR}}{1-110\%\times(1\%+0.5\%)}=\frac{20.5}{1-110\%\times(1\%+0.5\%)}=\text{USD}20.84,$$

$$CIFC\ 3\% = \frac{CIF}{1-3\%} = \frac{20.84}{97\%} = USD21.48,$$

我方应该报出的单价为：USD 21.48/PC CIFC 3% New York。

2. 解：

完税价格＝20 000×6.20＝124 000(元)，

进口关税额＝124 000×80%＝99 200(元)，

$$消费税税额 = \frac{124\,000+99\,200}{1-8\%} \times 8\% = 19\,408.7(元),$$

增值税税额＝(124 000＋99 200＋19 408.7)×17%＝41 243.48(元)，

综合税额＝99 200＋19 408.7＋41 243.48＝159 852.18(元)，

$$综合税率 = \frac{综合税额}{CIF价} \times 100\% = \frac{159\,852.18}{20\,000 \times 6.2} \times 100\% == 128.91\%,$$

该丰田小汽车的综合税率为 128.91%，综合税额为 159 852.18 元。

（七）案例分析题

1. 合同已经成立。根据《公约》的规定，发盘在某些情况下是不可以撤销的，例如当受盘人有理由信赖该项发盘是不可撤销的，并以本着对该发盘的信赖采取了行动。本案例中，我方的邀请发盘中已告知询价是为了计算一项承造一栋大楼的标价和确定是否参与投标之用；德方发盘后，我方又本着对该发盘的信赖计算标价，并向招标人递交了投标书。在此情况下已经成立，德方不能撤销。

2. 双方合同不成立，因为对方的回复修改了争端的解决方法，构成了实质性变更原发盘，属于还盘。除非我公司对此以口头或书面的形式确认，否则交易不能达成。

3. 合同成立。A 商的回电“你方 18 日电我方接受，用麻袋包装，内加一层塑料袋”是对包装条件的修改，属于对我公司发盘的非实质性变更。对于这种有条件的接受，除非发盘人及时向受盘人表示反对其间的差异外，仍构成有效接受。而此时，我公司已经开始着手备货履约，即以实际行动表示确认对方接受的有效性，合同已经成立。

4. 我方不可以顺利交单结汇。从本案中看出，对方的接受对我方发盘的内容进行了修改，已构成了还盘，但我方对来电未作处理，至此原发盘失效，交易未达成。后对方开来的信用证，其规定与我方发盘内容不符，而我方却按原发盘的内容出运货物，必然构成单证不符，我方无法顺利结汇。

第二十章 进出口合同的履行

一、习　　题

(一) 名词解释

1. 报验
2. 清关
3. 结汇
4. 外汇核销
5. 出口退税
6. 开证
7. 接货
8. 预约投保

(二) 单项选择题

1. 开立信用证的依据是(　　)。

A. 发票　　B. 合同

C. 汇票　　D. 开证申请书

2. 我国东部沿海地区在进口贸易中,为了国家多创汇,比较适宜采用的贸易术语是(　　)。

A. FOB　　B. CFR

C. CIF　　D. CIP

3. 信用证结算方式下,CFR 术语的进口贸易履行的先后顺序是(　　)。

A. 开立信用证、租船订舱、办理保险、审单付款、接货验收

B. 租船订舱、开立信用证、办理保险、审单付款、接货验收

C. 开立信用证、办理保险、审单付款、接货验收

D. 租船订舱、办理保险、开立信用证、审单付款、接货验收

4. 信用证结算方式下,CIF 术语的进口贸易履行的先后顺序是(　　)。

A. 开立信用证、租船订舱、办理保险、审单付款、接货验收

B. 租船订舱、办理保险、开立信用证、审单付款、接货验收

C. 开立信用证、办理保险、审单付款、接货验收

D. 开立信用证、审单付款、接货验收

5. 在 CIF 出口合同履行环节中,卖方通常最先需要办理的是(　　)。

A. 办理保险　　B. 租船订舱

C. 通关　　D. 制单结汇

6. 进口业务中,买方办理了水渍险和一般附加险,收到货物后发现包装箱内短量,买方的索赔对象(　　)。

A. 出口商　　B. 运输公司

C. 保险公司　　D. 开证银行

7. 在出口合同履行环节中,结汇方法有几种,其中带融资性质的结汇是(　　)。

A. 定期结汇　　B. 收妥结汇

C. 押汇　　D. 逐笔结汇

8. 我国海关对进口货物征收关税时,确定完税价格是以以下为依据(　　)。

A. FOB　　B. CFR

C. CIF　　D. 海关根据具体情况决定

9. 进口货物办理装运前检验，应当由以下机构负责检验并出具装运前检验报告（　　）。

A. 进口地所在国官方检验机构

B. 进口地所在国官方指定的检验机构

C. 出口地所在国任何检验机构

D. 出口地所在国官方指定的检验机构

10. 进口外汇核销手续，应当向以下部门办理（　　）。

A. 外汇管理机构

B. 外汇指定银行

C. 外汇管理机构或外汇指定银行

D. 外汇管理机构或任何商业银行

11. 在我国，信用证的开立必须提交（　　）。

A. 发票　　B. 有关合同的副本

C. 装货单　　D. 提单

12. 在信用证结算出口合同履行中，通知行审查的侧重点是（　　）。

A. 信用证的金额　　B. 信用证的性质

C. 信用证的有效期　　D. 信用证要求提交的单据

13. 出口方在信用证的审核中，审查的侧重点是（　　）。

A. 开证行的资信　　B. 开证行的付款责任

C. 信用证的索汇路线　　D. 信用证要求提交的单据

14. 信用证结算方式下，CFR 术语的出口合同履行的先后顺序是（　　）。

A. 备货与报验、催证审证改证、租船订舱、通关、装运、投保、制单结汇、索赔

B. 备货与报验、催证审证改证、通关、投保、装运、制单结汇、索赔

C. 备货与报验、催证审证改证、租船订舱、通关、装运、制单结汇、索赔

D. 备货与报验、催证审证改证、租船订舱、装运、通关、制单结汇、索赔

15. 信用证结算方式下，CIF 术语的出口合同履行的先后顺序是(　　)。

A. 备货与报验、催证审证改证、租船订舱、通关、装运、投保、制单结汇、索赔

B. 备货与报验、催证审证改证、租船订舱、通关、投保、装运、制单结汇、索赔

C. 备货与报验、催证审证改证、投保、租船订舱、通关、装运、制单结汇、索赔

D. 备货与报验、催证审证改证、租船订舱、投保、装运、通关、制单结汇、索赔

（三）多项选择题

1. 根据《联合国国际货物销售合同公约》的规定，在国际货物买卖中，卖方的基本义务有(　　)。

A. 提交合格的货物　　B. 提交合格的单据

C. 办理运输　　D. 办理保险

E. 转移货物的所有权

2. 企业在备货过程中应注意的问题有(　　)。

A. 特种专业用途货物备货应该在信用证开出之前

B. 特种专业用途货物备货应该在信用证开出之后

C. 备货的数量应适当留有余地

D. 备货时间按信用证规定，结合船期安排

E. 备货的数量应大于合同规定数量，小于信用证规定数量

3. 制作并审核结汇单据的基本原则有(　　)。

A. 正确　　B. 完整

C. 及时　　D. 美观

E. 简明

4. 在信用证项下的制单结汇中，如出现单证不符，可选择的处理方法有(　　)。

A. 表提　　B. 收妥结汇

C. 跟证托收　　D. 电提

E. 国际保理

5. 在我国出口业务中，信用证项下制单结汇的方式有(　　)。

A. 收妥结汇　　B. 押汇

C. 定期结汇　　D. 电提

E. 保理

6. 在我国自主签发产地证明书的机构包括(　　)。

A. 工商局　　B. 海关

C. 商检局　　D. 保险公司

E. 贸促会

7. 银行在审核信用证时应把重点放在(　　)。

A. 开证行的政治背景　　B. 开证行的资信能力

C. 开证行的付款责任　　D. 索汇路线

E. 信用证内容与合同是否相符

8.《跟单信用证统一惯例》规定，任何信用证都必须具备(　　)。

A. 到期日　　B. 到期地点

C. 承兑交单地点　　D. 议付交单地点

E. 出票地点

9. 必须先行在口岸办理检验，后办理进口通关手续的商品包括(　　)。

A. 活动物　　B. 植物

C. 钢材　　D. 药品

E. 残损货物

10. 信用证条件下 CFR 进口合同履行最重要的三个环节是（ ）。

A. 开立信用证　　B. 租船订舱和催装

C. 审单和付汇　　D. 报关和接货

E. 进口索赔

11. 出口业务中，出口商面临的索赔对象可能包括（ ）。

A. 进口商　　B. 商检机构

C. 保险公司　　D. 仲裁机构

E. 运输公司

12. 审单与付汇时，开证行审单重点内容包括（ ）。

A. 单据的种类、份数与信用证要求及议付行寄单回函所列是否相符

B. 汇票、发票上的金额是否一致，是否超信用证规定的最高金额

C. 单据中对货名、规格、数量、包装等描述是否与信用证要求相符

D. 实际装船的货物名称、种类是否与合同相符

E. 货运单据的出单日期及内容是否与信用证相符

13. 国际货物买卖合同中由进口方办理运输保险的是（ ）。

A. FOB 合同　　B. CFR 合同

C. CIF 合同　　D. CPT 合同

E. CIP 合同

14. 外贸业务实践中，进口商填写的开证申请书，作为其开立信用证的依据，一般一式三份，主要用于（ ）。

A. 业务部门　　B. 外汇管理部门

C. 财会部门　　D. 主管部门

E. 银行

15. 在使用"FCA 承德"价格术语的出口业务中，承德市某出口商需要同以下当事人做好协调关系（ ）。

A. 进口商　　B. 承运人

C. 供应商的生产工厂　　D. 保险公司

E. 开证银行

16. 信用证条件下进口企业审单付汇时主要审核(　　)。

A. 单单一致　　B. 单货一致

C. 单证一致　　D. 证同一致

E. 证货一致

(四) 判断题

1. 在审核信用证时，对于不符合合同规定的条款或不能接受的内容，受益人可以直接向开证行提出修改。(　　)

2. 一般由发货人凭大副收据向承运人换取正本已装船提单。(　　)

3. 如果国际货物买卖合同中做出某些与国际贸易惯例不同的规定,在处理合同争议时,应以国际贸易惯例为准。(　　)

4. 按国际惯例,进口商向银行申请开立信用证,应向银行交付一定比例的押金或其他担保金。(　　)

5. 银行对开证申请书没有统一格式要求,开证申请书是开证行对外开立信用证的基础和主要依据。(　　)

6. 修改信用证,如出口方提出的修改没有合理的理由,则修改信用证的费用由卖方负担。(　　)

7. 开证行或指定付款行收到国外寄来的全套单证后,需要对信用证条款全面逐项审核单证是否一致以及单据与单据之间是否相符,只有大致相符才能支付货款。(　　)

8. 信用证条件下 CIF 进口合同履行的几个重要环节是:开立信用证、租船订舱和催装、审单和付汇、进口报关和接货、进口索赔。(　　)

9. 信用证条件下 FOB 进口合同履行的几个重要环节是:开立信用证、租船订舱和催装、投保、审单和付汇、进口报关和接货、进口索赔。(　　)

10. 信用证条件下 CFR 出口合同履行的几个重要环节是:备货报验、催证审证改证、租船订舱、出口报关和装运、制单结汇、出口索赔。(　　)

（五）问答题

1. CIF术语条件下出口合同的履行主要包括哪些环节？

2. 出口企业和通知行在审查信用证时各有哪些侧重点？

3. 在FOB、信用证条件下的进口合同履行主要涉及的环节有哪些？

4. 进口业务中我国开证行收到国外寄来的全套单证后应重点审核哪些内容？

5. 按《公约》的规定，若卖方所交货物与合同不符，买方可以采取哪些救济方法？

6. 进口商对外索赔时一般应注意哪些问题？

7. 卖方履行出口合同发生违约行为时，买方可以采取哪些补救措施？为什么要求损害赔偿是最重要的补救措施？

（六）案例分析题

1. 我国某公司收到曼谷标准麦加利银行开来信用证，最大金额为90万美元，来证规定议付后向纽约大通曼哈顿银行电汇索偿，单据寄曼谷开证行。该公司于货物装运出口后第三天收到结汇货款。10天后曼谷开证行给议付行来电称“信用证BK9045号你行BP9038568单证不符，水分超过标准，买方不赎单，请退款”，议付行将该电转交该公司。问该公司应如何处理？

2. 我国某公司向瑞典某公司出口电脑，分多批交付，付款条件均为L/C即期。第一批交货顺利履行。第二批交货时，因中方错发了部分制式规格不同的电脑，从而导致该外商退货，我方补发符合合同制式规格的货物。此后，欧洲电脑市场转疲，该外商来电称，因我方错发货及产品质量问题，决定不再从我公司购货。随后也未开出第三批及以后的L/C，中方多次催开信用证未果，而国内购销合同已全部订妥，因制式问题国内无法销售积压电脑。我方应如何处理？

3. 国外客商开来不可撤销即期议付信用证，其中规定：装运期不迟于2013年4月30日(shipment not later than 30/4/2013)。我方出口企业于2013年4月20日将货物装上船后，按信用证规定备妥各项单据，于4月25日向银行交单，要求议付。出口企业所提交的单据中，海运提单表明装船日期为2013年4月20日；保险单中的交运日期(Date of Consignment)一栏注明“按提单”(as per B/L)，保险单的出单日期为4月23日。试问：银行可否接受上述保险单？理由何在？

二、部分参考答案

（五）问答题

1. 备货报验、催证审证改证、租船订舱、投保、出口报关和装运、制单结汇、出口索赔。

2. 通知行着重审核开证行的政治背景、资信能力、付款责任、来证性质和索汇路线等方面的内容，出口企业审证的依据主要是合同，侧重审核：信用证金额与货币，对商品的品质、规格、数量、包装等条款，信用证规定的装运期、有效期和到期地点，信用证对单据的要求和信用证的其他特殊条款。

3. 以采用FOB价格术语成交、信用证为支付方式的进口合同，在履行此类合同的过程中，主要涉及的环节有：开立信用证、租船订舱和催装、保险、审单和付汇、报关和接货、验收和拨交、进口索赔。

4. 开证行收到国外寄来的全套单证后，根据信用证条款全面逐项审核单证是否一致以及单据与单据之间在表面上是否相符，业务中重点审核的内容包括：(1) 单据的种类、份数与信用证要求及议付行寄单回函所列是否相符；(2) 汇票、发票上的金额是否一致，与信用证规定的最高金额相比是否超额，与议付行寄单回函所列金额是否一致；(3) 单据中对货名、规格、数量、包装等描述是否与信用证要求相符；(4) 货运单据的出单日期及内容是否与信用证相符；(5) 货运单据及保险单据等其他单据的背书是否有效。

5.（1）要求卖方交付替代货物。但是，根据《公约》的规定，此权利只有在卖方交货不符合合同构成根本性违约时，方可行使。同时，买方要求卖方交付替代货物，必须事先通知卖方。（2）要求卖方对不符合合同的货物进行修补。根据《公约》的规定，买方要求修补的通知必须在声称货物不符时或在发出不符通知后一段合理时间内作出。（3）要求减低货价。根据《公约》的规定，减价的幅度应按实际交付的货物在交货时的价值与符合合同的货物在当时的价值两者之间的比例计算。但如卖方已对货物进行了修补，买方就不能再要求减低货价，只能请求损害赔偿。（4）解除合同。根据《公约》的规定，在下列两种情况下，买方可以主张解除合同：一是卖方所交货物不符合合同构成了根本性违约；二是如卖方违约未构成根本性违约，但卖方未能在合理的时间内对货物进行修补或采取相应的补救措施或卖方声明不采取补救措施。（5）请求损害赔偿。按《公约》的规定，买方在卖方交货与合同不符时，可以要求损害赔偿，而且不因行使了其他的救济方法而丧失请求损害赔偿的权利。

6. 进口商对外索赔时一般应注意：（1）索赔证据。对外提赔，首先应制作索赔清单（详列货物损失细节及索赔金额），随附商检局签发的商检证书、发票、装箱单、提单副本；其次，针对不同索赔对象还须随附其他有关证件。分别是：如系 FOB 或 CFR 合同，须随附保险单一份；向船公司索赔时，须另附由船长及港务局理货员签证的理货报告及船长签字的短卸或残损证明；向保险公司索赔时，应另附保险公司与买方的联合检验报告等。（2）索赔金额。关于索赔金额，除受损商品价值外，有关的费用也可提出。如商品检验费、装卸费、银行手续费、仓租、利息等，都可包括在索赔金额内。至于包括哪几项，应根据具体情况确定。（3）索赔期限。无论向谁索赔，均应在索赔有效期内提出，如因商检工作无法在有效期内提出索赔，可向对方要求延长索赔期限。

7. 国际货物买卖合同订立后，卖方最常见的违约行为有不交货、延迟交货、所交货物与合同规定不符、不按合同规定移交合同规定单据等。对此，买方可以要求损害赔偿、继续履行、换货、对不符合同规定货物进行修补或减低价格等补救措施，甚至宣告合同无效。究竟采取何种措施，在很大程度上取决于违约的性质和具体情况。卖方在根本违反合同时，如完全不交货或不按照合同规定交货，卖方可以宣告合同无效；当卖方不构成根本违反合同，买方不能宣告合同无效，只能要求损害赔偿。

补救措施众多，但在实际业务中要求损害赔偿是最直接、最简单，也是最常用的措施。根据各国的法律。当一方违反合同而采取任何一种补救措施时，都不影响受损害方要求损害赔偿的权利。

（六）案例分析题

1. 首先检查我方库存同样货物水分是否超过标准，出口时有无商检证书，证书上的水分是如何表明的。其次，如出口时银行议付单据中有商检证书，且证书上所列水分未超过标准，则开证行无权拒付，不能凭开证申请人货到检验结果要求退款，但若错误确在我方，应请客户先赎单受领货物，再商议适当给予经济补偿。

2. (1) 首先应明确该合同应适用《公约》，因为合同双方营业所在国均为《公约》的缔约国。(2) 该合同为分批交货合同，根据《公约》第 73 条规定，买方无权以第二批交货与合同不符为理由而解除以后各批的交货，因为各批交货不是相互依存的，买方也不能据此断定今后各批交货都会发生根本违反合同的事情。(3) 外商单方面宣告解除合同，对中方多次催开信用证置之不理，已构成根本违约，我方有权解除合同，并有权请求损害赔偿。

3. 银行不能接受该单据，因为根据《跟单信用证统一管理》的规定，保险单出单日期必须不迟于运输单据上注明的货物装船或发运或接受监管的日期。而本案例中，保险单的出单日期为 4 月 23 日，而海运提单的装船日期为 2013 年 4 月 20 日，保单的日期迟于提单的日期，故银行不能接受。

第二十一章

国际贸易方式

一、习　　题

(一) 名词解释

1. 经销
2. 代理
3. 寄售
4. 展卖
5. 拍卖
6. 套期保值
7. 补偿贸易
8. 融资租赁

(二) 单项选择题

1. 寄售人和代销人之间的关系是(　　)。

A. 买卖关系　　B. 货主对货主的关系

C. 包销关系　　D. 委托与代理关系

2. 在独家代理和包销两种贸易方式中(　　)。

A. 前者是买卖关系,后者是代理关系

B. 前者是代理关系,后者是买卖关系

C. 两者都是买卖关系

D. 两者都是代理关系

3. 不享有独家经营权的代理方式是（　　）。

A. 独家代理

B. 一般代理

C. 销售代理

D. 购货代理

4. 在同一代理地区及期限内，对代理的特定商品（　　）。

A. 独家代理具有专营权，而一般代理不具有专营权

B. 独家代理和一般代理都具有专营权

C. 独家代理和一般代理都不具有专营权

D. 一般代理具有专营权，而独家代理不具有专营权

5. 拥有在当地指派分代理人权力的代理人是（　　）。

A. 总代理

B. 独家代理

C. 一般代理

D. 销售代理

6. 政府单位批量比较大的采购和大型工程以及各国间政府贷款和国际金融组织贷款的建设项目，一般采用的招标方式是（　　）。

A. 谈判招标

B. 两段招标

C. 公开招标

D. 选择性招标

7. 招投标双方当事人之间的关系是（　　）。

A. 竞争关系

B. 代理关系

C. 买卖关系

D. 合作关系

8. 投标人参加投标的前提是(　　)。

A. 支付保证金

B. 承认全部招标条件

C. 承认大部分招标条件

D. 提出招标条件修改意见

9. 荷兰式拍卖是一种(　　)。

A. 增价拍卖

B. 减价拍卖

C. 密封递价拍卖

D. 投标式拍卖

10. 货主与拍卖行之间的关系是(　　)。

A. 买卖关系　　B. 委托代理关系

C. 雇佣关系　　D. 经销关系

11. 与易货贸易相比较,互购具有以下特点(　　)

A. 只需要签订一个合同

B. 属于现金交易

C. 互购商品必须等值

D. 互购中一般不涉及第三方当事人

12. 进料加工和来料加工(　　)。

A. 都只签订一个合同

B. 都要签订两个合同

C. 前者需要签订两个合同;后者只签订一个合同

D. 前者只签订一个合同,后者需要签订两个合同

13. 进料加工业务的特征为(　　)。

A. 委托加工

B. 材料所有权仍属于供料方

C. 材料所有权转移至加工方

D. 收取工缴费

14. 加工装配业务本质上属于(　　)。

A. 商品出口　　B. 技术协助

C. 有形贸易　　D. 劳务出口

15. 下列贸易方式中不属于对销贸易的是(　　)。

A. 易货贸易　　B. 加工贸易

C. 补偿贸易　　D. 互购贸易

16. 产品回购的特征(　　)。

A. 双方所购商品必须等值

B. 属于现金交易

C. 运作过程与补偿贸易相似

D. 属于对销贸易,和易货贸易相似

17. 机器设备或技术的进口方不用直接产品补偿,而是以双方协定的其他产品清偿进口价款的补偿贸易方式为(　　)。

A. 直接补偿　　B. 间接补偿

C. 劳务补偿　　D. 综合补偿

18. 投机者估计某个期货行情看涨时,预先买进期货,一旦价格上涨,再抛出期货,从中赚取差价的交易行为是(　　)。

A. 买空　　B. 卖空

C. 空头　　D. 卖期保值

19. 经营者在买进一批实物的同时,为避免价格下跌所遭受的损失,而在期货市场预先出售同等数量的期货合同的行为(　　)。

A. 买空　　B. 卖空

C. 买期保值　　D. 卖期保值

20. 加工制造企业为了防止日后购进原材料价格上涨,先在期货市场买入与其将在现货市场上买入的现货商品数量相等、交割日期相同或相近的该商品期货合约的行为是(　　)。

A. 现货出售　　B. 买期保值

C. 卖期保值　　D. 买空卖空

(三) 多项选择题

1. 除正常的经销期满终止合约外,发生以下情况可以提前终止合约的是(　　)。

A. 任何一方有实质性违约行为,且在另一方要求其更正违约行为的书面告知后仍未改正的

B. 任何一方发生破产情况,另一方提出书面通知终止协议的

C. 如发生不可抗力等因素导致无法如期履行合同,另一方发出书面终止合同通知的

D. 一方在经销期满前由于对经营情况不满而单方面提出终止合同的

E. 任何一方发生资产重组情况,另一方提出书面通知终止协议的

2. 经销方式的优点包括(　　)。

A. 有利于调动经销商的积极性

B. 经销商不承担盈亏风险

C. 有利于利用经销商的销售渠道

D. 经销商不需要垫付资金

E. 可以避免多头竞争

3. 按照委托人的授权范围分,代理通常可以分为(　　)。

A. 总代理　　B. 独家代理

C. 一般代理　　D. 销售代理

E. 直接代理

4. 代理的特点主要包括(　　)。

A. 代理商不需要承担盈亏风险

B. 代理商一般以自己的名义签订合同

C. 代理商不需要垫付资金

D. 代理商不承担合同的履行责任

E. 代理商在代理范围内承担代理货物的销售不掉而造成货物积压的风险

5. 寄售的特点包括(　　)。

A. 寄售中的国外中间商拥有寄售货物的所有权

B. 寄售中的国外中间商不需要垫付寄售货物占用的资金

C. 寄售人在寄售中不承担任何风险

D. 寄售中的国外中间商不承担寄售货物销售不掉的风险

E. 寄售有利于调动国外中间商的积极性

6. 以下对拍卖方式描述正确的是(　　)。

A. 拍卖有自己的法律和规章

B. 拍卖的商品可以是现货,也可以是期货

C. 拍卖一定要在一定的机构中有组织的进行

D. 拍卖主要是针对一些品质不易标准化的商品

E. 买主需要与拍卖机构签订拍卖合同后,方可进入拍卖现场参与竞拍

7. 招标的基本程序主要包括(　　)。

A. 编制招标文件　　B. 发布招标公告

C. 对投标人资格预审　　D. 编制投标文件

E. 提供投标保证金

8. 商品采购中的招标投标业务通常包括以下步骤(　　)。

A. 招标、投标　　B. 开标、评标、竞标

C. 开标、评标、决标　　D. 评标、竞标、中标

E. 签订合同

9. 期货市场的构成主要包括(　　)。

A. 期货交易所　　B. 经纪商

C. 清算所　　D. 交易者

E. 监管者

10. 期货经纪商可能包括(　　)。

A. 证券投资公司

B. 清算所

C. 取得交易所会员资格的现货商人

D. 非会员现货商人

E. 专业期货公司

11. 期货经纪商的代理业务主要包括(　　)。

A. 执行客户交易指令,代理实物交割

B. 保管并处理客户保证金

C. 记录客户盈亏

D. 运用先进的设施和技术,为客户提供商品行情、市场分析、交易决策及相关咨询服务

E. 代替客户选择交易项目

12. 发展中国家开展对销贸易的优点主要有(　　)。

A. 可充分利用发达国家的营销网络

B. 容易找到合适的贸易对象

C. 在谈判中发展中国家具有主动权

D. 有利于突破发展中国家的外汇管制

E. 有利于发展中国家外汇收支平衡

13. 以下对易货贸易描述正确的是(　　)。

A. 对销贸易是易货贸易中的一种

B. 易货有利于突破国家的外汇管制

C. 易货是二笔现汇的进出口业务

D. 不易找到合适的贸易对象

E. 必须在二方商品价值完全相等的情况下才能贸易,否则无法开展易货

14. 以下对补偿贸易描述正确的是(　　)。

A. 有利于突破进口国外汇支付困难的限制

B. 是一方提供信贷的基础上进行的贸易

C. 双方不是买卖关系,在贷款没有还清之前,提供设备方拥有该设备控制权

D. 设备引进方可以利用返销产品,打开国际市场

E. 不易找到合适的贸易对象

15. 只需要签订一份合同的加工贸易主要有(　　)。

A. 进料加工　　B. 来料加工

C. 来件装配　　D. 技术服务

E. 来样加工

16. 以下国际租赁中,具有融资性质的租赁是(　　)。

A. 转租赁　　B. 经营租赁

C. 杠杆租赁　　D. 业务租赁

E. 回租赁

(四) 判断题

1. 在包销协议中,商品的范围应尽量大而全。(　　)

2. 经销商在合同区域内,可以间接代理与供应商相竞争的其他公司业务,也可以经销任何一种与供货商的指定商品相竞争的商品。(　　)

3. 在经销中供货商有促进销售和开展广告宣传的义务,广告宣传有关费用一般多由供货商自己承担。(　　)

4. 销售代理商实质上也是委托企业的职员或雇员。(　　)

5. 代理人一般不承担经营风险,也不负担盈亏。(　　)

6. 选择性招标亦称邀请招标,是无限竞争招标。(　　)

7. 投标价格是决定中标与否的唯一因素。(　　)

8. 投标是一个有效期较长的发盘,一旦报出,就不能随意撤回和撤销。

否则,招标人有权没收投标保证金。(　　)

9. 拍卖是一种期货交易。(　　)

10. 采用拍卖进行交易的商品,大多是一些标准化的商品。(　　)

11. 寄售人与代销人之间的关系是买卖关系。(　　)

12. 寄售业务中,代销人只享有对货物的控制权不享有所有权,因此货物出售前的风险由寄售人承担。(　　)

13. 进料加工是一种向国外企业仅收取工缴费的加工贸易方式。(　　)

14. 进料加工的业务是以所有权转移为特征的货物买卖,在具体实施过程中只需要签订一个合同。(　　)

15. 参与互购贸易的商品要求有相互联系,并要求进出口同步进行。(　　)

16. 互购贸易不是单纯的以货换货,而是相互联系的两笔现汇交易。(　　)

17. 投机交易和套期保值是期货交易的两种基本形式,其性质是相同的。(　　)

18. 套期保值能够全部转移风险或弥补、抵消现货的交易损失。(　　)

19. 期货交易市场是买卖标准交易合同的市场,同时也是买卖实际货物的市场。(　　)

20. 交易商一日取得了期货交易所会员资格,也就取得了清算所的会员资格。(　　)

(五) 问答题

1. 经销方式有哪些利弊?

2. 与经销相比,代理具有的哪些特点?

3. 寄售不同于一般的贸易方式,它具有哪些特点?

4. 对出口商而言，采用寄售方式具有哪些优缺点？

5. 展卖业务具有哪些特点？

6. 开展展卖业务应注意哪些问题？

7. 拍卖方式具有哪些特点？

8. 招投标方式与其他贸易方式不同，其特点有哪些？

9. 商品的期货合同的特点？

10. 期货交易与一般的商品现货贸易相比，具有哪些特点？

11. 易货贸易的利弊？

12. 互购与易货相比具有哪些特点？

13. 对交易双方而言，对销贸易各具有哪些利弊？

14. 补偿贸易一般具有哪些特点？

15. 补偿贸易对设备技术出口方和引进方而言，各具有哪些优点？

16. 补偿贸易的弊端有哪些？

17. 加工贸易与进料加工之间有何区别？

18. 加工贸易对承接方有哪些积极作用？

19. 加工贸易对委托方有哪些积极作用？

20. 融资租赁的特点主要有哪些？

（六）案例分析题

1. 新加坡 M 公司根据当地的市场情况，建议我国 A 公司生产一种中成药，条件是 A 公司将新加坡的独家经销权授予该公司。A 公司同意并签订了独家经销协议。A 公司并未自己生产，而是委托国内 B 公司生产并向新加坡 M 公司供货，同时 A 公司也提供部分药品。后来 B 公司在向 M 公司出口该中成药的同时，又在新加坡指定了另一家 N 公司作为该中成药的独家经销，并签订了协议。这样造成了一个地方有两家独家经销商的现象。新加坡 M 公司向 A 公司交涉，并要求赔偿损失。你认为此案应如何处理？

2. 美国 AAA 公司与我国华光公司签订一份独家代理协议，协议明确

AAA公司在中国地区的业务全部由华光公司负责。协议履行一年后，美国AAA公司对现有产品改进成功，并把这种改进成功的同类产品指定给北京的另一家公司独家代理。试问美国AAA公司有无此权利？为什么？

3. 我国A公司有一批商品由于式样比较老、功能欠缺，在国内无法销售，但仍可以使用并符合国际标准。A公司决定委托国外B公司寄售，双方同意并签订了寄售协议。在寄售协议有效期二年内，B公司在国外也尽力帮销售，但仍无法卖出。最后，B公司劳而无功，A公司决定将商品运回，损失惨重。试对该案例中A、B公司的行为进行分析，并说明原因。

4. 某年9月份大豆经销商A与B农场签订购货合同，合同规定交货期是10月份，价格7.00美元/蒲式耳，数量10 000蒲式耳。经销商A准备将这批大豆在12月份卖给一豆制品厂C，为了防止待售期间大豆价格下跌，A决定在期货市场上进行套期保值。9月份A在芝加哥商品交易所买入2份大豆期货合同，数量共1万蒲式耳、交货期为当年12月份，价格为7.30美元/蒲式耳。到12月份，A出售该批大豆，价格为6.6美元/蒲式耳，现货交易每蒲式耳亏损0.4美元，共亏损4 000美元。此时，期货市场上，由于原购期货合同交割期已到，必须平仓，经销商A在期货市场上则卖出2份大豆期货合同，数量为1万蒲式耳，交货期为12月份，价格为6.95美元/蒲式耳，期货交易则每蒲式耳亏损0.35美元，共亏损3 500美元。经销商A在这笔大豆交易中共计亏损7 500美元。试分析经销商A应从该案例中吸取哪些教训？

5. 某企业与一家外国工厂签订了来件装配一种家用电器5 000台的合同，规定采用信用证分别结算配件和成品的价款，由我方开出见票后90天付款的不可撤销远期信用证向对方购买配件，但须在对方开出向我方购买成品的即期回头信用证后方开始生效。两份信用证总金额的差额即为外方付给我方的工缴费。

合同按期履行后，双方又按照原合同续订5万台分5批执行的新合同。第一、二批共2万台按时顺利地履行了合同。其后外商突然提出，由于我方开出的信用证中有须在我方收到回头信用证后方开始生效的条款，当地银行认为有此附加条款的信用证不能视作已经生效的信用证，因此，外商不能凭此融通资金，从而发生经营困难。为了顺利履行余下的三批装配合同，外方要求我方开出新证并取消上述附加条款。我方认为，通过前几批合同的执行，说明对方是可以信赖的。于是，接受了对方的要求。在后三批合同的信用证中取消了附加条款，外商按我方信用证规定向我方发运配件，但外商始终没有回头信用证开出，我方银行被迫垫付价款500万美元。我方多次交涉没有结果。事后查明，因该成品销路不佳，且价格大幅度下跌，整机价格还不如原定配件价格高。外商利用我方开出的信用证处理了剩余配件，而不履行购回成品义务，造成我方的重大损失。试分析我方应从此案例中吸取哪些教训？

二、部分参考答案

（五）问答题

1. 采用经销方式，通过专营权的给予，有利于调动经销商经营的积极性，有利于运用经销商的销售渠道，达到巩固和扩大国际市场的目的，并可避免多头经营的自相竞争弊病。但另一方面，如果出口商不适当运用经销方式，可能使出口商的经营活动受到不利的影响，出现经而不销的情况。同时，还要注意经销商可能利用其垄断地位，操作价格和控制市场。此外，在经销方式下，出口商一般只同经销商打交道，而不能同其他客户普遍联系成交，缺乏机动灵活性。故出口方在选择进口经销商时一定要慎重，应进行通盘考虑。

2. 与经销相比，代理具有以下基本特点：(1) 代理人只能在委托人的授权范围内，代表委托人从事商业活动；(2) 代理人一般不以自己的名义与第三者订立合同；(3) 代理人通常是运用委托人的资金从事业务活动，不管交易的盈亏，只收取佣金；(4) 代理人只管介绍生意，招揽订单，但他并不承担履行合同的责任。

3.（1）寄售是一种委托买卖，寄售人与代销人的关系是委托代售的关系，而非买卖关系。代销人（受托人）只能根据寄售人的指示处置货物。货物在寄售地出售之前其所有权仍属于寄售人。因此，在货物销售之前，包括运输和到达寄售地的一切风险和费用，均有寄售人承担。（2）寄售是先出运后成交的一种贸易方式，即寄售人先将货物运到目的地市场（寄售地），然后经代销人在寄售地向当地买主销售。因此，它是典型的凭实物进行买卖的现货交易。

4. 寄售的优点：（1）寄售货物出售前，寄售人持有货物的所有权。因此尽管货物已运往寄售地，但对货物的销售处理和价格确定等权力仍操控在寄售人手中，有利于随行就市，又可以利用代销人的销售渠道扩大自己的产品销售。（2）货物与买主直接见面，有利于成交。（3）代销人不负担风险与费用，费用一般由寄售人垫资，代销人不占用资金，又能取得一定的佣金收入，可以调动其经营的积极性。

寄售方式的缺点：（1）出口方寄售人承担风险过大。运输、储存、销售及价格变动的风险都由寄售人承担，如果代销人资信不佳，则风险更大。（2）不利于出口方的资金周转。先运出后成交，会占用寄售人大量资金，要经过很长时间才能收回货款。（3）负担费用较多。货物售出前的运输、保险、储存、销售等费用以及各种税费，一切均由寄售人承担，另外还要支付代销人佣金，增加了出口商的负担。

5. 开展展卖业务的方式多种多样，其特点、效果也各有不同。但就总的情况来说，运用展卖形式，有利于扩大影响，促进成交；有利于进行市场调研和商品研发工作，特别是在国际博览会上，通过货比货以及客户的评价和反映，既可以互相学习，取长补短，又可以获取有关市场信息，为进一步做好推销工作打下基础。因此，展卖是一种将宣传、推销和调研结合起来的贸易方式，它所带来的经济效果，往往不能单纯从一次展卖会的销售额来衡量。实践证明，一次成功的展卖会结束后，可能在会后相当长的一段时期内，给参展人带来数量可观的订单。

6.（1）要正确地选择展销商品。参加展卖的商品应力求质量好，风格独特，有竞争力；品种档次应力求齐全，以适应各种消费者需要；要有针对性，品种、规格、款式、性能等应适应国外市场需要。（2）要选择适当展出地点。展卖地点要选择交易集中，市场潜力大，有发展前途的商品集散地和市场交易中心地带。同时还应考虑当地各项设施的方便条件和有关服务的收费水平。（3）选择适当的时机。要根据不同季节，展销不同商品。每次展销时间不宜过长，以免耗费过大，影响效果。（4）物色好的合作客户。选择好合作对象是成功的关键。对方的资信、知名度、经营能力、销售渠道等都应该很好。（5）做好宣传组织工作。展卖本身是一种宣传活动，但要成功地进行展卖，更需要大量的宣传组织工作。

7.（1）拍卖一般都是在拍卖中心或拍卖行的统一组织下进行的。（2）拍卖不同于一般的进出口贸易，它具有独特的法律和规章。这不仅体现在交易磋商的程序和方式上，也表现在合同的成立和履行等问题上，许多国家的买卖法中对拍卖业务有专门的非同一般的规定。此外各拍卖行还订立了自己的章程和规则，供拍卖时采用。（3）拍卖是一种公开竞争的现货交易。拍卖采用事先看货，当场叫价，落槌成交的做法。成交后，买主就可以立即付款提货。（4）买主通常须向拍卖机构缴存一定数额的履约保证金。若买主落槌成交后不付款提货，拍卖机构则没收其预先缴存的保证金。（5）拍卖机构根据达成的交易收取一定的报酬，通常称为佣金或经纪费。佣金收取没有统一规定标准，一般根据拍卖行的规章或根据当地的习惯确定。

8.（1）招投标具有组织性。招投标有固定的组织机构、固定的场所、固定的时间、固定的规则。招投标的组织性较强。（2）招投标具有公开性。招标机构要通过各种形式发布招标公告，只要符合条件有能力的供应商都可以参加投标。（3）招投标具有公平性。招标机构在评标和决标过程中，均按照预先公布的招标规则进行公平竞争，确保招投标的有效性。（4）招投标具有报价一次性。一般贸易方式下的报价可以通过多次磋商,在招投标中,往往由投标人以投递标书形式进行报价,标书投递后,一般不得撤回或修改,没有讨价还价的余地。

9.(1)期货合同的商品品级都有统一规定。在一般商品贸易中,商品往往有多种品级,但在期货合同中只规定一个基本品级,一般期货合同下的一种商品往往具有相同的品质。但商品交易所对同一种商品规定一个基本品质的同时,也规定了若干可供交割的品级,在进行实际交割时,其价格要根据基本品级的价格作相应的调整。(2)期货合同的商品数量都有统一规定。期货交易所对每份合同的商品数量都作了统一规定,买卖商品的数量只能折算成期货合同的份数进行买卖。(3)期货合同的商品交割月份都有统一规定。各种商品的期货合同的交割时间,期货交易所都有统一规定,不能买卖规定月份以外的商品期货。如芝加哥农产品交易所小麦期货规定的交割月份只有五个,分别是:7月、9月、12月和次年的3月、5月。(4)期货合同到期一般不进行实际商品的交割。期货合同到期可以进行商品实物交割,但这种业务在期货市场上比较少,一般都是通过对冲交易(在期货合同到期前在期货市场上做与原来相反的买卖),即买进或卖出与原来相同的商品期货份数、相同交货期的期货合同,使期货合同买卖相互抵消。这种交易方式称为对冲交易或平仓。对冲交易后,只要结算前后两次买卖期货合同的价格之间存在差额,这个差额就是这次期货合同操作的盈利或亏损。

10.(1)期货市场上交易的标的物不是一般现货交易的实物商品,而是各种商品的标准期货合同。(2)期货必须在期货交易所进行,并且在规定的交易时间内达成。(3)大多数的期货买卖客户并不是想购买或销售期货合同下的货物,而是通过期货合同的买卖差价来获取利润。(4)期货商品价格比现货市场商品价格波动更加迅速猛烈,变化幅度更大。期货市场商品价格不仅受现货价格因素的影响,而且还受投机行为的影响,各种因素对期货价格影响更激烈,使得期货价格变得极不稳定。(5)期货交易一般都通过清算所进行结算,与现货交易在买卖双方结算不同。大量的期货交易都是通过清算所运用记账方式进行对冲，只有少部分未能及时对冲的期货合同才进行实际交割。(6) 进行期货交易前必须向清算所交纳一定的保证金。保证金只供清算所在交易者进行期货交易出现亏损时用以支付亏损额，这和现货交易中的履约保证金不同。

11. 易货贸易方式的优点主要有：(1) 体现了平等互利、互通有无的原则。资本主义对外贸易的一个特点是片面贸易，即尽可能多出口，少进口，以获得最大限度的出超。而易货的基本原则是有进口有出口，进出平衡。因此，易货贸易充分体现了平等互利、互通有无的原则。(2) 有利于发展对外贸易。易货贸易一般不用现汇支付，对外汇比较紧缺、支付比较困难的国家，只要能提供对方所能接受的某些货物，就可从国外进口所需的某些货物，这就有利于这些国家利用这种方式发展对外贸易，并通过对外贸易的发展，来带动本国经济的发展。(3) 有利于促进贸易进出口平衡，同时也能避免外汇市场动荡的影响。

易货贸易方式的弊端主要有：(1) 不易找到合适的贸易对象。易货贸易的货物必须为对方所需要。而一般的进出口商，大都有一定的经营范围，在易货方式下，要达到满足双方所需要的商品，并且金额又要相等。这就有一定的困难。(2) 资金有被积压的可能。在记账结汇的情况下，一定时期内双方贸易额难以平衡，出现顺差的一方出口了商品，却没有进口等值的货物，这实际上是为逆差国提供了无息贷款，造成一部分外汇的积压。

12. (1) 互购属于现金交易，无论哪一方必须以现金支付对方所出售的货物。先进口的一方必须先支付现汇给出口方，待对方履行互购义务时，对方也要用现汇支付。因此，互购贸易中存在着实际货币的结算。(2) 互购贸易当事人分别签订两个合同。即双方都必须签订一份出口合同和一份进口合同。在第一份合同中必须规定先出口方要承担购买先进口方的货物，一旦先出口方确定了购买的货物，再签订第二份合同。(3) 先出口方承诺购买先进口方的产品可以具体化，也可以不具体化，待先出口方在实际购买时再具体化。(4) 互购中，互购的商品可以不等值。(5) 互购通常会涉及第三方当事人。先出口方可以把以后的购买义务在征得对方同意后转让给第三方，但在合同中必须规定，如果第三方不能履行购买义务时，先出口方仍有履行购买的责任。

13. 对销贸易的有利面：对发达国家或其大企业而言，对销贸易是击败不具备对销贸易的那些竞争对手的手段，可以扩大对发展中国家的出口。

对发展中国家而言，对销贸易的好处更多，主要有：(1) 运用对销贸易，可以通过发达国家的销售网扩大出口，使出口商品多样化。(2) 对销贸易是发展中国家解决贸易逆差、缓和债务负担的重要措施之一，也是对贸易保护主义的一种冲击。(3) 便于在外汇资金短缺的情况下，互通有无，发展对外贸易。(4) 有利于带动本国经济发展，保护本国市场，开发国外市场。

对销贸易的不利面：对销贸易涉及面广、手续复杂、时间较长。对销贸易的商品往往需要转售，在剧烈竞争的条件下，会出现削价销售现象，不仅使交换者有遭受损失的风险，而且也影响商品出口国的国际市场。

14. (1) 它是在卖方为买方提供信贷的基础上进行的贸易。买方在引进设备、技术时，无须运用外汇，只是在引进设备与技术形成生产能力后，用其生产的产品进行分期偿还，实际上是偿还引进设备与技术的贷款。(2) 它是进口与出口紧密结合的贸易。出口设备与技术的一方必须同时承诺回购进口方的产品或劳务，以使进口方用所得价款分期偿还设备与技术的价款，为进口方提供了偿还贷款的能力。整个贸易过程，双方既是买方，又是卖方。(3) 贸易的双方属于买卖性质的关系。贸易双方都各自承担着向对方购买商品的义务。进口设备方是在信贷的基础上购买设备，进口方对设备拥有完全的所有权和使用权。在用产品偿还时也是如此，进口方在经营上与卖方没有关系，这不同于合作或合资经营。

15. 对设备出口方而言，主要有以下几个有利方面：(1) 有利于突破进口国外汇支付困难的限制，扩大产品销售，增加贸易机会；(2) 通过返销，可取得原材料或其他急需品，以保持企业供应稳定；(3) 利用对方劳动力和原材料较为低廉的有利条件，取得较低廉的补偿产品，可获得较大的利润。

对设备技术引进方而言，其有利方面有：(1) 引进先进技术和设备，填补国内空白，加快产品升级换代，促进老企业技术改造，提高工业生产水平；(2) 解决外汇资金不足的困难；(3) 可以利用对方的销售渠道，打开国际市场，带动本国产品出口；(4) 补偿贸易方法比较灵活，规模可大可小，合作期限可长可短，引进技术与设备可多可少，缺什么引进什么，是发展本国生产的有效途径；(5) 直接产品补偿方式，双方利益紧密相连，使设备和技术出口方关心产品质量及生产情况，容易学到先进的生产技术和管理经验，同时对引进设备和技术的质量提供了一定保证。

16. (1) 有些设备、技术出口方不愿承担风险来接受产品返销或回购，有的缺乏返销产品销售渠道，寻找合作对象困难。(2) 引进设备和技术的项目，一般是产品在国际市场上比较畅销的产品。对于最先进的或尖端技术难以引进。(3) 补偿贸易风险比现汇贸易大。设备技术出口方往往会提高设备和技术的价格，降低补偿产品的价格，来赚取高额利润。(4) 补偿产品不易被供方接受。因为进口方在提供的补偿产品时要求不能影响本国同类产品出口销售。

17. 进料加工是指用外汇购进国外的原材料，利用本国的技术、设备和劳动力，加工成产品后，自行销往国际市场。它与加工贸易有以下本质区别：(1) 进料加工业务中，经营企业是以买主的身份与外商签订购买原材料合同，又以卖主的身份签订产品出口合同。这里实际上是两笔交易，这两笔交易都体现为以所有权转移为特征的货物买卖，企业与外商的关系是货物买卖关系。而加工业务却纯属提供加工劳务为特征的交易，一般不存在所有权转移问题，企业与外商的关系是委托加工关系。(2) 在进料加工中，原材料的供应者与成品的购买者之间没有必然的联系，不象加工贸易中，原材料或配件的提供者同时又是成品的接受人。(3) 在进料加工中，企业从事进出口活动，赚取的是外汇表示的商品附加价值(additional value)，而在加工贸易中，企业得到的只是劳务收入。至于由原材料或配件转化为成品过程中所创造的附加价值，基本上被外商占有。因此，进料加工的经济效益通常要高于加工贸易。(4) 进料加工业务，要承担价格风险和成品的销售风险，而加工贸易是委托加工，不存在这些风险。

18. (1) 克服本国生产能力有余而原材料不足的矛盾，为国家多创外汇。(2) 有利于引进国外先进技术和管理经验，增强出口商品在国际市场上的适应性。在加工贸易中，由于委托方非常关心承接方加工产品的质量，委托方在技术和管理上通常要对承接方给予指导。(3) 有效地利用外资，促进本国经济发展。通过加工贸易，一方面可以引进部分先进的加工技术和设备，解决资金不足的困难，另一方面可以增加对外交流的机会，为招商引资，促进对外经贸发展打下基础。(4) 开发本国劳动力资源，扩大就业机会。发展加工贸易，不仅可以缓解我国就业压力，扩大就业机会，而且为我国培训了一批高素质的适应现代要求的技术熟练工人，使我国劳动力资源得到有效开发。

19. (1) 降低产品成本，增强产品在国际市场上的竞争力。(2) 利于委托方调整产品结构。对于一些自己没有能力加工的临时需要的产品，或者自己虽然有能力加工，但并不能体现自己的优势的产品，可以通过发外加工进行生产，以便委托方调整产品结构。如劳动密集型产品可以委托发展中国家进行生产，可以使产品成本大幅度降低。

20. 融资租赁实质是承租人筹措资金的一种租赁方式，它的特点主要有：(1) 融资租赁是一项至少涉及三方当事人的交易，即出租人、承租人和供货商，并至少由两个合同构成(买卖合同和租赁合同)的自成一体的三边交易。这三方当事人相互关联，两个合同相互制约。(2) 租赁的设备由承租人自行选定，出租人只负责按用户的要求给予融资便利，购买设备，不负责设备质量、交货等责任和设备维护的义务；承租人也不得以此为由拖欠和拒付租金。(3) 金额清偿。即出租人在基本租期内只将设备出租给一个特定的用户，出租人从该用户收取的租金总额应等于该项租赁交易的全部投资及利润，或根据出租人所在国关于融资租赁的标准，应等于投资总额的一定的比例，如 80%。(4) 不可解约性。对承租人而言，租赁的设备是承租人根据其自身需要而自行选定的，因此，承租人不能以退还设备为条件而提前中止合同。对出租人而言，因设备为已购进商品，也不能以市场涨价为由而在租期内提高租金。总之，一般情况下，租期内租赁双方无权中止合同。(5) 设备的所有权与使用权长期分离。设备的所有权在法律上属于出租人，设备的使用权在法律上属于承租人。(6) 设备的保险、保养、维护等费用及设备过时的风险均由承租人负担。(7) 在租期结束时，承租人对设备拥有留购、续租或退回三种选择权。

(六) 案例分析题

1. A公司应该赔偿。A公司违反了将新加坡的独家经销权授予M公司的独家经销协议，A公司不能生产，就不应该签订该协议，或签订该协议时，同时应该和国内B公司再签订一个协议，要求B公司将新加坡的独家经销权授予A公司。这样可以确保M公司的经销权利，但A公司未能履行其义务，所以应该赔偿。

2. 美国AAA公司没有该权利。因为美国AAA公司与我国华光公司签订一份独家代理协议，协议明确中国地区的业务全部由华光公司负责，而美国AAA公司未履行其义务。

3. 在制定产品寄售协议时，应该考虑不同国家的工业发展水平、经济发展水平、需求状况。我国A公司的商品虽然仍可以使用并符合国际标准，但式样比较老、功能欠缺，在国内都无法销售，这意味着该商品在我国已经属于淘汰商品，如要寄售应该考虑B国的情况，如不能销售而冒险，这样会损害双方的利益，最后造成双方受到损失。

4. 该公司在期货市场操作错误，操作方向错误，使该公司没有达到套期保值的作用，反而使公司的亏损加大。9月份A在芝加哥商品交易所卖出2份大豆期货合同，数量共1万蒲式耳、交货期为当年12月份，价格为7.30美元/蒲式耳，到12月份，经销商A在期货市场上则买入2份大豆期货合同，数量1万蒲式耳、交货期为12月份，价格为6.95美元/蒲式耳，期货交易则每蒲式耳盈利 0.35 美元，共盈利 3 500 美元。A 现货亏损 4 000 美元，期货赢利3 500美元，共亏损 500 美元，这样达到平衡的作用。

5. 我方应该坚持开出的不可撤销远期信用证，必须在对方开出即期回头信用证后方开始生效。外方寻找不同借口，骗取我方资金，掩盖了商品销路不佳，且价格大幅度下跌的事实。在实际执行过程中，我方应该及时了解国际市场动态，掌握该商品国际市场信息，避免上当受骗。

参考答案

上篇　国际贸易理论与政策

第一章　导　论

一、名词解释

答案略

二、单项选择题

1	2	3	4	5	6	7	8	9	10
C	B	C	C	C	A	C	A	D	A
11	12	13	14	15	16	17	18	19	20
B	C	A	C	B	B	C	A	A	C
21	22	23	24						
A	D	A	D						

三、多项选择题

1	2	3	4	5	6	7	8
ABC	ADE	BCE	ABCE	ABD	CDE	DE	BD

四、判断题

1	2	3	4	5	6	7	8	9	10
√	×	×	√	×	×	√	×	√	√
11	12	13	14	15					
√	√	×	×	×					

第二章　古典贸易理论

一、名词解释

答案略

二、单项选择题

1	2	3	4	5	6	7	8	9	10	11	12
C	A	B	A	B	B	C	B	A	A	A	A

三、多项选择题

1	2	3	4
ABCD	AD	BCDE	AD

四、判断题

1	2	3	4	5	6	7	8	9	10
√	√	√	×	×	×	×	×	×	√

第三章　新古典贸易理论

一、名词解释

答案略

二、单项选择题

1	2	3	4	5	6	7	8	9	10	11
A	A	D	C	C	B	C	C	D	A	A

三、多项选择题

1	2	3	4	5					
BCD	ABC	ADE	ACDE	AC					

四、判断题

1	2	3	4	5	6	7	8
×	×	×	√	×	√	×	×

第四章　当代国际贸易理论

一、名词解释

答案略

二、单项选择题

1	2	3	4	5	6	7	8	9	10
D	B	A	D	D	B	A	C	B	D
11	12	13							
A	B	A							

三、多项选择题

1	2	3	4	5
AC	ABD	ABD	ABCD	BC

四、判断题

1	2	3	4	5	6	7	8	9	10
×	×	×	×	√	√	×	×	×	×

第五章　生产要素的国际流动

一、名词解释

答案略

二、单项选择题

1	2	3	4	5	6	7	8	9	10
C	C	C	D	B	B	D	C	B	A
11	12	13	14	15	16	17	18		
B	B	A	A	B	C	D	A		

三、多项选择题

1	2	3	4	5	6	7	8	9
ABE	AB	AB	BCD	ACD	CDE	ABC	ABC	ACE

四、判断题

1	2	3	4	5	6	7	8
×	√	×	√	×	√	√	√

第六章　进口保护政策:关税

一、名词解释:

答案略

二、单项选择题

1	2	3	4	5	6	7	8	9	10
A	B	C	D	C	B	C	B	B	A

11	12	13	14	15	16	17	18		
B	D	A	C	D	C	C	C		

三、多项选择题

1	2	3	4	5	6	7	8	9	10
ABCD	CD	CD	ACE	ABD	ABCD	ABC	BCD	ADE	ABD

四、判断题

1	2	3	4	5	6	7	8	9	10
×	×	√	√	×	√	×	√	√	√
11	12	13	14						
×	×	√	×						

第七章　进口保护政策:非关税壁垒

一、名词解释

答案略

二、单项选择题

1	2	3	4	5	6	7	8	9	10
B	A	A	B	B	C	B	B	C	C
11	12	13	14	15	16	17	18		
C	B	D	C	C	A	A	A		

三、多项选择题

1	2	3	4	5	6	7	8	9
ABCE	ABC	BCD	ACE	ABE	AB	BC	ABCDE	BCDE

四、判断题

1	2	3	4	5	6	7	8
×	√	×	×	√	√	√	×

第八章　出口鼓励与其他政策

一、名词解释

答案略

二、单项选择题

1	2	3	4	5	6	7	8	9	10
D	B	C	B	B	A	B	B	C	B
11	12	13	14						
C	B	B	B						

三、多项选择题

1	2	3	4	5	6
AC	ABCDE	ACDE	ABCDE	CDE	ABCE

四、判断题

1	2	3	4	5	6	7	8
×	×	√	×	×	×	×	×

第九章　贸易保护理论

一、名词解释

答案略

二、单项选择题

1	2	3	4	5	6	7	8	9	10
B	A	B	C	C	A	B	C	C	D
11	12	13	14	15					
C	C	C	C	A					

三、多项选择题

1	2	3	4	5	6	7
AE	BE	AC	ABD	ABCD	ADE	CD

四、判断题

1	2	3	4	5	6	7	8	9	10
×	√	√	×	×	×	√	√	×	√

第十章　世界贸易组织

一、名词解释

答案略

二、单项选择题

1	2	3	4	5	6	7	8
B	B	B	C	D	A	D	B

三、多项选择题

1	2	3	4	5
ABD	ABDE	ABCD	ABCDE	BCD

四、判断题

1	2	3	4	5	6	7	8
√	√	×	×	×	×	×	√

第十一章　区域经济一体化

一、名词解释

答案略

二、单项选择题

1	2	3	4	5	6	7	8	9	10
D	B	B	D	C	A	B	D	C	B
11	12	13							
B	B	A							

三、多项选择题

1	2	3	4	5	6
ABCDE	CE	AC	BC	BCD	ABCDE

四、判断题

1	2	3	4	5	6	7	8
×	×	×	√	√	×	√	√

第十二章　国际服务贸易与技术贸易

一、名词解释

答案略

二、单项选择题

1	2	3	4	5	6	7	8	9	10
C	B	C	A	C	D	B	C	D	B

三、多项选择题

1	2	3	4	5	6	7	8	9	10
ABCE	ABCD	ABD	ABDE	ABCE	ABCE	ABCD	ABC	ABCD	ABCDE

四、判断题

1	2	3	4	5	6	7	8	9	10
×	×	×	×	√	×	×	√	√	√

下篇　国际贸易实务

第十三章　国际贸易合同标的

一、名词解释

答案略

二、单项选择题

1	2	3	4	5	6	7	8	9	10
A	C	D	D	C	C	A	C	A	A
11	12	13	14	15	16	17	18	19	20
D	D	D	D	B	B	B	A	A	B

三、多项选择题

1	2	3	4	5	6	7	8	9	10
ACDE	ACD	CD	BE	ABCD	ABC	ABCDE	BCE	BCE	ABC

四、判断题

1	2	3	4	5	6	7	8	9	10
×	×	×	×	×	×	×	×	×	√
11	12	13	14	15					
×	×	√	√	√					

第十四章　国际贸易商品价格和贸易术语

一、名词解释

答案略

二、单项选择题

1	2	3	4	5	6	7	8	9	10
C	B	C	C	B	A	A	B	A	A
11	12	13	14	15	16	17	18	19	20
C	B	A	D	D	C	C	D	D	B

三、多项选择题

1	2	3	4	5	6	7	8	9	10
BCDE	AB	BCDE	ABE	ACDE	ABC	ACDE	AC	CDE	ABCD
11	12	13	14	15					
ABE	ABD	BE	BCDE	ABCDE					

四、判断题

1	2	3	4	5	6	7	8	9	10
×	√	×	×	√	√	√	×	×	×

第十五章 国际货物运输

一、名词解释

答案略

二、单项选择题

1	2	3	4	5	6	7	8	9	10
C	B	D	B	A	D	C	B	C	C
11	12	13	14	15	16	17	18	19	20
B	C	A	A	B	A	C	B	D	B

三、多项选择题

1	2	3	4	5	6	7	8	9	10
BDE	AE	BD	CDE	ACDE	ABC	ABC	AB	BCDE	ABCDE

四、判断题

1	2	3	4	5	6	7	8	9	10
×	×	×	√	×	×	×	×	×	√
11	12	13	14	15					
√	√	√	√	√					

第十六章 国际货物运输保险

一、名词解释

答案略

二、单项选择题

1	2	3	4	5	6	7	8	9	10
A	A	C	A	C	A	C	C	C	C

11	12	13	14	15	16	17	18	19	20
C	C	C	B	C	C	C	B	A	B

三、多项选择题

1	2	3	4	5	6	7	8	9	10
ABC	AC	ABD	ABCD	ABCE	ADE	BDE	ABCD	AC	ABCD

四、判断题

1	2	3	4	5	6	7	8	9	10
×	√	√	×	×	×	√	×	×	×

第十七章　国际贸易货款收付

一、名词解释

答案略

二、单选题

1	2	3	4	5	6	7	8	9	10
D	B	D	A	D	B	C	D	D	C
11	12	13	14	15	16	17	18	19	20
C	C	C	B	A	B	B	A	D	B
21	22	23	24	25					
C	B	C	A	D					

三、多选题

1	2	3	4	5	6	7	8
BCDE	ABDE	ABC	ACE	ABCE	ABCD	ABD	CE
9	10	11	12	13	14	15	
ACE	ABDE	BDE	BCD	BC	ABD	BD	

四、判断题

1	2	3	4	5	6	7	8	9	10
×	√	×	×	×	×	×	√	×	×
11	12	13	14	15					
√	×	×	×	√					

第十八章　国际贸易争议的预防与处理

一、名词解释

答案略

二、单项选择题

1	2	3	4	5	6	7	8	9	10
A	B	C	B	B	B	A	D	A	D
11	12	13	14	15	16	17	18	19	20
B	A	C	A	B	A	A	B	A	D

三、多项选择题

1	2	3	4	5	6	7	8	9	10
ABDE	ABDE	AB	ABC	BD	ACD	BCD	ABCD	BC	ABE

四、判断题

1	2	3	4	5	6	7	8	9	10
×	√	×	×	×	√	×	√	×	×

第十九章　进出口交易磋商与合同订立

一、名词解释

答案略

二、单项选择题

1	2	3	4	5	6	7	8	9	10
A	A	D	C	B	C	D	B	B	A
11	12	13	14	15	16	17	18	19	20
B	A	D	A	B	A	C	B	D	D

三、多项选择题

1	2	3	4	5	6	7	8	9	10
ABCDE	ABD	ACDE	ABC	ABC	ACDE	BD	AD	ACE	AB

四、判断题

1	2	3	4	5	6	7	8	9	10
×	×	√	×	×	√	×	√	×	√

第二十章　进出口合同的履行

一、名词解释

答案略

二、单项选择题

1	2	3	4	5	6	7	8	9	10
B	A	C	D	B	C	C	C	D	B
11	12	13	14	15					
B	B	D	C	B					

三、多项选择题

1	2	3	4	5	6	7	8	9	10
ABE	BCD	ABCE	ACD	ABC	CE	ABCD	AB	ABDE	ACD

11	12	13	14	15	16				
ACE	ABCE	ABD	ACE	ABC	AC				

四、判断题

1	2	3	4	5	6	7	8	9	10
×	√	×	√	×	×	×	×	√	√

第二十一章　国际贸易方式

一、名词解释

答案略

二、单项选择题

1	2	3	4	5	6	7	8	9	10
D	B	B	A	A	C	C	B	B	B
11	12	13	14	15	16	17	18	19	20
B	C	C	D	B	C	B	A	D	B

三、多项选择题

1	2	3	4	5	6	7	8	9	10
ABCE	ACE	ABC	ACD	BDE	ACD	ABC	ACE	ABCD	ACE
11	12	13	14	15	16				
ABCD	ADE	BD	ABDE	BC	ACE				

四、判断题

1	2	3	4	5	6	7	8	9	10
×	×	×	×	√	×	×	√	×	×
11	12	13	14	15	16	17	18	19	20
×	√	×	×	×	√	×	×	×	×

11	12	13	14	15	16				
ACE	ABCE	ABD	ACE	ABC	AC				

四、判断题

1	2	3	4	5	6	7	8	9	10
×	√	×	√	×	×	×	×	√	√

第二十一章　国际贸易方式

一、名词解释

答案略

二、单项选择题

1	2	3	4	5	6	7	8	9	10
D	B	B	A	A	C	C	B	B	B
11	12	13	14	15	16	17	18	19	20
B	C	C	D	B	C	B	A	D	B

三、多项选择题

1	2	3	4	5	6	7	8	9	10
ABCE	ACE	AB	ACD	BDE	ACD	ABC	ACE	ABCD	ACE
11	12	13	14	15	16				
ABCD	ADE	BD	ABDE	BC	ACE				

四、判断题

1	2	3	4	5	6	7	8	9	10
×	×	×	×	√	×	×	√	×	×
11	12	13	14	15	16	17	18	19	20
×	√	×	×	×	√	√	×	×	√